李道萍 主编

走进羌族

四川民族出版社

图书在版编目(CIP)数据

走进羌族 / 李道萍主编.-- 成都：四川民族出版社，2022.3
ISBN 978-7-5733-0476-6

Ⅰ.①走… Ⅱ.①李… Ⅲ.①羌族-民族文化-中国-文集 Ⅳ.①K287.4-53

中国版本图书馆CIP数据核字（2022）第052162号

走进羌族
ZOU JIN QIANG ZU

李道萍 主编

出 版 人	泽仁扎西
责任编辑	周文炯
封面设计	力扬文化
责任印制	谢孟豪
出版发行	四川民族出版社
地　　址	四川省成都市青羊区敬业路108号
邮政编码	610091
印　　刷	成都兴怡包装装潢有限公司
成品尺寸	170mm×240mm
印　　张	14
字　　数	220千字
版　　次	2022年4月第1版
印　　次	2022年4月第1次印刷
书　　号	ISBN 978-7-5733-0476-6
定　　价	88.00元

版权所属，盗版必究。

《走进羌族》编委会

主　任：杨国庆
副主任：周　正　李道萍
委　员：王明军　高　璐　卢艳琴

总　编：杨国庆
主　编：李道萍
编　辑：杨国庆　周　正　杨　超　李道萍
　　　　王明军　高　璐　卢艳琴

了解历史，拥抱未来

——《走进羌族》序

徐希平

　　《走进羌族》，是面前这部有关羌族历史文化论文集的书名，也是我长期追寻的一个目标。几十年来，我就一直在通过各种历史文献、文学作品和田野考察等途径，努力探寻，增加对博大精深的羌族文化的了解，试图一步步走进羌族。《羌族文学》杂志"走进羌族"栏目也是我特别感兴趣的特色栏目，几乎每一期都要浏览，从中获益良多。而今，面对《走进羌族》这部文集，我自然感到十分亲切。

　　2021年3月，我应《羌族文学》主编、著名羌族诗人杨国庆（羊子）先生之邀，带着几位在读博士生参加了刊物的年度总结会，除编辑部全部编辑之外，还邀请了阿坝州内外的作家和学者。会上，羊子就刊物的办刊宗旨、编辑方针、栏目设置、封面设计等作了详细的介绍，让大家对《羌族文学》有了更加深入系统和全面的了解。与会者对历任主编和编辑部成员的文学初心、严谨认真和坚守使命留下深刻印象，对其所取得成绩予以充分肯定。作为国家羌族文化生态保护区唯一纯文学期刊，《羌族文学》坚守数十年，出刊逾百期，培养了许多各民族作者。使命担当，成果丰硕。祝愿他们继往开来，发扬光大，迎接更加美好灿烂的明天。

　　在杨国庆先生的主持下，《羌族文学》内容愈益充实，体裁愈益丰富，视野愈益宏大，除了传统的"小说在线""诗歌在线""温情人生"等固定栏目发表相关文学作品之外，还辟有"校园文学"扶持年轻作者，同时文学评论与创作经验交流也占了相当的篇幅，如"阅读与欣赏""刊物内外"等，近年开设的诺奖作家作品赏析无疑是一个亮点，他山之石，可以攻玉；学习借鉴，促进提高。也就是在这样开放的办刊原则指导下，刊物长期设置了"走进羌族"这样一个似乎离当代文学观念稍远却十分重要的专栏，有助于使羌族作者加深对本民族历史文化的理性认识，从而艺术地加以体现，更可以扩大其读者群，有利于羌族文化的研究探讨和交流传播。

羌族是一个历史十分悠久的民族，在漫长的岁月中，羌族与中华各民族交流融汇，共同发展，中国广大的土地上尤其是西部和西南地区许多民族都有古羌人的基因。古羌被称作一个向外输血的民族，有关历史文化研究工作任重道远。《羌族文学》青年编辑李道萍女士将此栏目代表性文章选编成书，便于大家集中阅读了解，为羌族历史文化研究添砖加瓦，意义重大。

该书所涉猎面十分广泛，内容十分丰富，包括羌族悠久历史、神秘释比图经、歌舞羌戏艺术、社会民风习俗、语言词汇概述、民间宗教信仰、建筑手工工艺以及现实问题应对等多个方面。地域跨度以岷江流域上游羌族聚居区为主，但也不仅仅限于此，还延伸到陕西和西北党项羌所居的西夏地区，另外还从西方传教士视角对羌族文化予以分析研究者。既有"羌族对中国文化的贡献""羌族历史文化和汶川精神的现实表述"等宏观选题，更多则是对有关具体问题的介绍和深入探讨。按照发表时间为序，简单浏览就可以对羌族文化有一个初步的认识了解。

该书所选论文作者队伍也可谓阵容强大，既有国内著名的羌族研究学者，也有长期从事羌族历史文化和文献整理工作的本民族著名学者和基层文化工作者，为文章的学术质量提供保障。论文形式也十分多样，有的严格遵照一般学术论文规范，更多的则是灵活自由，文笔质朴，清新无饰，均无生涩枯燥之弊，总体风貌浅显流畅，通俗易懂，娓娓道来，颇具可读性。

入编论文还有一个鲜明的特点，注重文献与实地考察相结合，具有民俗文化研究特性。如李绍明先生的《理县羌族铁林寺、天元寺、白空寺三寺》，在介绍三寺之前，以丰富的历史考古文献和实物史料，对其所处桃坪羌族地区远古文化、历代建置和族体等予以考察梳理，再以美国学者葛维汉、英国学者陶然士与我国著名历史学家马长寿等人著述中有关三寺的记载，说明羌族信仰从原始宗教自然崇拜阶段受到邻近汉藏宗教文化影响的发展演变，白石主体与泥塑神像共存，条分缕析，甚为精当。我曾经深入理县桃坪，从高高的增头寨远眺白空寺，听当地民众介绍过其历史和地位，也存在一些疑问，而读了李绍明先生有关白空寺民间信仰的考订，对有关情况有了更深入的认识。其他许多文章也大多如此，论从史出，平实通达，避免牵强附会，因此所介绍的内容较为客观可信。

羌族的民族性格乐观豪迈，豁达包容，具有坚韧不拔、积极进取的民族精神，因而数千年来能够在极为艰苦的条件下繁衍生息，有许多独特的生存密码还有待进一步发掘破解，与神秘的巴蜀文化有十分特殊的关系，本书的一些探讨也有助于相关思考。如号称"天书"的释比图经，三星堆神树与羌族释比神树比较，以及杨国庆、李道萍对羌族几个基本问题的讨论："羌"是地名，还是族名？岷江文化或江源文明的缔造者究竟是哪个民族？《羌戈大战》中存留有多少重要的历史信号？白石崇拜与羌族的南迁是否有必然的联系？如此等等，都显示出作者的深度思考。无论读后是否接受其观点，这些连续提出的追问和探讨，无疑会给人以启迪。

以上是我读此文稿的收获与粗浅体会，由衷地感谢编者的学术眼光，精选出这些高质量的成果，可以促使人们进一步展开思索，探寻羌与巴蜀文化、中华文明的渊源联系，了解羌文化相关学术动态和热点奥秘，从而更深地认识羌族，走进羌族，了解历史，拥抱未来！

《羌族文学》编辑部的朋友们身份是编辑，本身又都是作家和诗人，同时也是学者。他们对民族文学与文化充满感情，具有创作的冲动，也有学术的追求，十分难得，相信他们一定会继续努力，发挥其优势，为民族文化的传承保护和学术研究的深入推进，也为进一步铸牢中华民族共同体意识，再作贡献，再造佳绩！

谨为序！

2021 年 4 月 23 日

目录 CONTENTS

羌族对中国文化的贡献 …………………………………… 天　儀 / 001

神秘"天书"谁能识
——话说羌族释比图经 …………………………………… 李祥林 / 006

羌族释比文化中的神灵观念 ……………………………… 陈兴龙 / 012

羌族"释比"及其经文与法术 …………………… 邓宏烈　杨顺康 / 017

浅析羌族民歌的艺术特色 ………………………… 杨碧嫦　陈远贵 / 025

三星堆神树与岷江上游羌族释比神树的比较 …………… 赵　洋 / 041

理县羌族铁林寺、天元寺、白空寺三寺 …………………… 李绍明 / 047

西北羌人故地行 …………………………………………… 杨光成 / 054

"小传统"不可忽视 ………………………………………… 李祥林 / 061

羌族民间舞蹈的调查与研究 ……………………………… 杨　莉 / 067

西方传教士眼中的羌族神灵信仰 ………………………… 邓宏烈 / 081

浅析羊皮鼓舞与释比文化 ………………………………… 王颖杰 / 087

羌语词汇及羌族拼音文字概述 …………………………… 何星俊 / 095

烧拜香：宁强县羌族旧时风俗 …………………… 王永清　周　凯 / 103

本是同根生，同曲又同情
　　——觱篥、胡笳、羌笛、芦管在唐诗中的同质化 ………… 海　滨 / 106
羌族释比的神旗制作与其艺术表达 ………………………… 余永清 / 114
回眸隐入历史的青衣羌 ……………………………………… 彭元江 / 118
羌族释比文化与传承方式 …………………………………… 汪友伦 / 121
羌族释比文化中"比先"举行"比革札"及其意义 ………… 王小荣 / 127
羌族修房上梁习俗 …………………………………………… 陈晓华 / 132
执掌羊毛索卦的释比 ………………………………………… 王术德 / 139
浅析羌戏沿革及"刮浦日"的艺术特征 …………………… 王明军 / 145
羌族传统大漆工艺的运用 …………………………………… 杨　洋 / 153
羌族地区村落社会中的灾难应对机制研究 ………………… 王永安 / 163
汶川历史文化和汶川精神的现实表达 …………… 李道萍　杨国庆 / 182
羌族最基本的几个问题 …………………………… 杨国庆　李道萍 / 197

后　记 …………………………………………………………………… / 212

羌族对中国文化的贡献

天 仪

商朝时，在现在的甘肃、青海一带，有一个民族以牧羊为生，在甲骨文的记载中，商人称之为"羌"，即"羊人"或"牧羊之人"。羌族的妇女则为"姜"，即"羊女"或"牧羊女"。众所周知，"姜"也是中国很古老的一个姓氏。远古时代，中国是母系社会，儿女子孙均以母姓为姓。姓姜的很可能是"牧羊女"的后人。其实，羌族在商代以前就生活在中国西北一带。商代因将文字刻画在甲骨上长久保存，成为中国历史上第一个用文字将羌族记录和保存下来的朝代。在此以前，所有关于羌族及姜姓的记载只是后人记下的古代传说，例如《说文解字》上说，神农姓姜，也有学者认为神农即炎帝，故炎帝亦姓姜。《史记》上也说，周代祖先后稷的母亲叫姜嫄，她是帝喾的元妃。其后，又有姜太公，名尚，字子牙，为周朝文王、武王、成王、康王四代的太师，为周代开国元勋。从帝喾到文王约一千三百年，为时甚久。但姜嫄与姜子牙均与周代王室有极密切的关系，令人不得不联想到姜嫄和姜子牙是否有悠久的血缘关系？这将是历史上耐人寻味而无法解答的一个问题。这些记载显示，自古以来羌族和"中原人"，即后来的汉族，就有很密切交往，他们杂居，通婚。商代卜占甲骨上也记载了与羌族的战争。在这种情况下，羌族对中国文化有所影响是显然的。但在中国历史上，关于羌族对中国文化的贡献很少记载和讨论。本文试用甲骨文七个与"羊"有关的字，对羌族文化在中国某些文字的创建时所作的贡献进行探讨。

七个字中"羌"和"姜"是名词，无好、坏、善、恶、美、丑之类的价值观。其他的五字，"羊""養""美""羞""義"，均有价值评判的含义，且都具褒义的正面价值。此一事实表明，这一组字的原始创造人对羊有很深厚的感情。正如我们对自己尊敬和喜爱的人们总认为他们是最良善、最完美的。读者或认为有很多含"羊"的字有负面价值，如"痒""恙"等字。这些都是后世发展的形声字，以"羊"为字之声而已，对字意没有关系。根据李孝定先生所编甲骨文字典"羊"部内只有以上所列五字具有正面价值，其余字中有"羊"的字均无价值观念。

李孝定编述《甲骨文字集释》，"中央研究院"历史语言研究所，台北，台湾。

　　图中左边是甲骨文"羌"字的写法，右边是楷书的"羌"字。甲骨文的"羌"字，上部两只角代表"羊"，下部是甲骨文的"人"字，右边的曲线是人体的躯干臀部和腿的描绘，下部左边一斜划是伸出的胳臂，上下部相合，整个字是"羊人""牧羊之人"，即"羌"。

　　甲骨文的"姜"字，如上所说，头上两只角代表"羊"，下边是一个很生动的女人描绘，中央直线代表人体的躯干，下面弯曲部分是下肢呈跪坐之形。古人无椅，在室内均长跪而坐，字中部的长方形为左右肩臂，在两臂尽头两手相交于胸前，两部相合是为"羊女"，或"羌人之女"，即"姜"。

　　甲骨文的"羊"字是对一个羊头的描绘，头上两只曲弯的角，中间的一贯穿中线的短横划代表耳朵，下部是尖形的嘴。"羊"除了用于一种家畜的名称外，在甲骨文记录中，也用作"祥"或"善"字解。牧羊为生的民族，衣食均取自于羊，长时间与羊生活在一块儿，他们每天早晨要为羊找有美好水草的地方放牧，晚上要把羊安放在安全的山谷里以防豺狼，有时甚至冒着生命危险与狼搏斗以保护羊群。如此长期互相依赖的生活，使羌人与羊之间建立了深厚的感情，以羊为"祥""善"的象征是很自然的。但当时生活在黄河流域中段的民族（即今日之汉族），甲骨文的主要原始创造者，是否有如此想法，则颇有商榷的余地。

汉族在商代以前很久，即已从事农耕。羊仅是农家饲养家畜之一。除羊以外还有猪、牛、马等其他家畜。这些动物都需要农家的照顾。其与羊的接触较少，对羊的感情不会像羌人那样强。再者，羊头上锋利粗壮的角是两个危险甚至可致命的武器。所以在纯汉人观念中，羊和"祥""善"联想不是一个自然趋势。因此笔者认为，创造"羊"字同时用来表示"祥"和"善"意的人，可能受了羌族文化的影响，也可能他是居住在汉族中的羌人，也可能是有羌族血统的汉人，总之，他是一个受了浓厚羌族文化熏陶的人。以后世事渐繁，"祥"和"善"字从"羊"字分出来，但仍保留"羊"字为"祥""善"字的一部分。

甲骨文"養"字是由左上角的"羊"和字右边的一手执杖组合而成。字中部的一直画，代表木杖，右下角三指为手。甲骨文中"三"是代表三或多于三。在此代表手的五指，整个字表示手执杖驱羊，即"牧羊"或"養羊"，亦可用为，或稍后延伸为抚养儿女和小孩，亦即为"養育""教養"或"培養"年轻人。这可能是甲骨文中很少或仅有的一个例子，以一个原为家畜动物造的字用于人类及其后代。这可以显示羊在造字人的文化背景中的重要性。

在这里，笔者想从另一方面来检视，或可能加深读者对这一观察的认同。猪是汉人饲养的另一种家畜，在汉族（中原人）心目中占有很重要的地位。猪是中原人在八千年前将其家畜化的，是世界重要家畜中，汉人首先家畜化用为肉食的动物。其他羊、牛、马都是后来从西部地区传来中原。猪的重要性显示在甲骨文中的"家"字。甲骨文的"家"字上，是在房中有一只猪而为"家"。这就表示猪的家畜化，导致汉人第一次产生定居在一个固定地点，即"家"之观念。在此以前，汉人与其他原始人相同，过的是游荡生活。哪里有可吃的野生植物和可猎的野味，就住在哪里。当地的这些食物收获完后就移到另一处有食物的地方。猪被家畜化后可以圈养，成为一种重要食物。再加上猪圈附近一块小米田，人们的两种重要食物可以在一处长期供应。汉人的祖先就在当地搭一小屋定居。自此，放弃了他们祖先的游荡生活，而此前游荡生活是他们所知的唯一生活方式，由此可见汉人对猪的感情的深厚。但在创造"養"字时与羊相比，猪还是稍逊一筹。笔者认为，这很可能是受了羌族文化的影响。为什么笔者会有这样的想法，需要加以解释。

另一个与猪有关的字"豢",其甲骨文的写法是在右图中的字。字中是一只怀孕的猪,两手(代表人)在旁尽心照顾。"豢"的初意是饲养猪,后延伸为饲养一般的家畜。"養"与"豢"初意同为饲养家畜,一为羊,一为猪。其后"養"延伸为"培养"人,"豢"延伸为"饲养"家畜。由此可见,造字人对此两动物的不同偏好。从纯汉人的观点,自然的趋势是很可能会用"豢"来表示"培养"人,因为汉人与猪相处的历史远比羊要长久,因而感情亦较深厚,但最终"養"被延伸为"培养"人。笔者认为造字人这一选择是受了羌族文化的深远影响。

甲骨文的"美"字上部两角和两耳代表"羊",以下是一人直立之形,并将其双臂和腿伸长到最大的程度以表示"大"。两部相合即意"大羊"或"肥大之羊"。在以牧羊为生的羌人的眼光中,没有任何形象会比一只肥大之羊更美丽了。而在纯汉人的目光中,则很可能认为一只肥大的猪会比肥大的羊更美丽,很显然,以肥大之羊为"美"也是受了羌族文化之影响。

"羞"原为"珍羞","美食"之意,后来又用于"羞耻"之意。甲骨文的写法是左边为羊,右边为手,即以手执羊或手执一块羊肉,将"美食"呈献给长者。以羊肉为珍羞的美食也是羌人的口味。汉人多以猪肉为美食,甚至现代大多数的中国人,还以猪肉为首选的肉食。

甲骨文"義"字的上部是一只羊,下部是古人战争时用的武器。这武器左上部有一小三角,表示武器上佩戴了一面旗帜。这种旗帜可能是世族的图腾或是统帅的标识,作战时统帅在此旗帜下指挥作战。这里是一只羊和统帅旗站在一块,表示这是羊部落的领袖。而这一只羊,牧羊人称之为"头羊"。当羊群被狼攻击时,头羊会不顾自身的安全,奋勇向前与之搏斗,牺牲自我以保卫群体乃"義"之本意,牺牲自我以保群体,乃群居动物领袖的本能。羊并不是唯一具有这种本能的动物,未被去势的牛、马都有这种本性。甲骨文以"头羊"而不以"头牛""头马"为"義",显然也是深深受了羌族文化的影响。

结　语

　　在以上所举五例中，每一个字的创造人都可选择其他任何野生或家畜动物来另外造形。有些字从汉人的观点还可选择其偏爱的动物——猪，但是结果都是选择了羊。这绝不是偶然的。笔者认为这些选择是受了羌族（一个以羊为生的民族）文化的影响。以上的意见，是笔者学习甲骨文时所得的一些启发和思考。本文的目的旨在指出其可能性，抛砖引玉，希望能引起羌族历史文化专家学者的一些提示性的讨论和批判，甚至期待未来一些专题研究项目可以进一步探索或印证这一可能性。

（原载于《羌族文学》2010年第2期，总第69期）

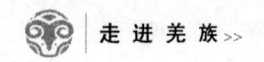

神秘"天书"谁能识

——话说羌族释比图经

李祥林

2009年元月上旬,四川省第二批省级非物质文化遗产名录评审会议在成都召开。从各地申报上来参评的项目共有270多个,涉及民俗、民间文学、传统音乐、传统舞蹈、传统美术、传统医药、传统手工技艺等类别,其中,属于羌族民间文化遗产的有"羌族口弦""羌族萨朗""羌族推杆""释比唱经""羌戈大战""大禹的传说""羌族石碉建筑工艺""'刷纳日'羌族释比绘画经卷"等。所谓"刷纳日",乃羌语译音,又作"刷勒日",在这次评审项目总表中被列入传统美术类,项目代码为"VII",编号为"126"。经历了"5·12"汶川特大地震,本着紧急抢救保护的原则,与会的评审专家们对来自灾区的民族民间文化遗产项目给予了特别关注。这次所报的羌族文化项目基本上通过了,但唯有"'刷纳日'羌族释比绘画经卷"不在其列,原因不在项目内容及价值本身,而是因为有关方面没来得及替此项目做出申报书文本。按照评审会惯例,此项目只好暂时不作评议,留待下次。尽管如此,笔者作为评审委员在会上依然结合羌族释比文化,向大家介绍了释比图经《刷勒日》的濒危现状,呼吁有关部门加快对其抢救和保护。

按照羌族民间传统,释比做法事要击鼓唱经、念咒。但是,羌族没有自己的文字,汉文古籍中亦基本不见释比唱经的资料。20世纪上半叶,随着一些历史学家、社会学家、民族学家、考古学家来到川西北岷江上游调查羌族历史文化,方有相关文章见诸《边疆研究论丛》《民族学研究集刊》《康导月刊》《边疆服务》等,关于释比唱经的信息才开始在这些文章中渐渐有所披露，但总的说来，对其系统整理还谈不上。直到20世纪70年代末，学界对此的搜集整理工作才重新开始，经过多年努力，取得了今天看来不可谓不宝贵的成果。世纪之交，随着非物质文化遗产保护从世界到中国兴起，为了抢救羌族释比文化遗产，有关方面从2004年以来走访了近50位释比，对其唱诵的经文进行录音、记音、翻译和整理（有些经文，由于种种原因，仍被释比保留而未透露出来）。在此基础上，作为"十五""十一五"全国少数民族古籍重点出版项目，《羌族释比经典》于2008年底推出面世，其中收入经文362部，分为史诗、创世纪、敬神、解秽、婚姻、丧葬、驱害、符咒、禁忌、法具、战争、建筑、农牧、医药、释比戏、祝福词、祭祀还愿、哲学伦理、天文历算、科技工艺、乡规民约等22篇。作为积淀丰厚的羌族口述文化遗产，古老的"释比唱经"在上述评审会上得到与会专家一致重视，乃是自然而然的。

释比作为羌族文化的重要掌握者，在羌民社会中享有甚高威望，从村寨到家庭，人们生产生活中每逢大事，诸如请神还愿、驱邪治病、婚礼丧仪等，都要请他们到场唱经、做法事。根据所做法事性质不同，一般认为，释比唱经分为上、中、下三堂经。根据20世纪来自田野的有关资料，大致说来，上堂经法事为神事，即向神灵许愿还愿，如以村寨为单位，春播时许愿，秋收后还愿；以家庭为单位，因稀儿少女、爹娘生病、修房造屋而许愿还愿等等，向神灵祈求或答谢人寿年丰，人畜兴旺，合家安乐，地方太平。在村寨或联寨春祈秋报，祭天祭山还大愿时，要演唱全部上堂经，演唱和其他法事配合进行，至少一天一夜，从前要两三天。中堂经法事为人事，通常以家庭或村寨为单位，举行预防性的打太平保护等巫术性法事，意在解秽、驱邪、招财、治病，或者婚丧嫁娶时敬神祈禳等等，主要是向神灵祈求人兴财发、林茂粮丰、人畜两旺，家庭或村寨无灾无难。为达此目的，也要对邪魔鬼怪进行警告斥责，甚至加以驱赶。时间视具体情况而定，多为半天或一夜，有的也达两三天。下堂经法事为鬼事，一般以家庭为单位，驱鬼治病，主要是治重病；为凶死者招魂超度，打扫山场等等，以免家庭和村寨再发生类似事件。下堂经法事过程中，唱经多与巫术并行，甚至表演大型巫术。总的说来，神秘的释比法事中，有着丰富的文化内容。

根据田野调查，三堂经经文有数十部之多，在山高谷深的岷江上游地区，其口述版本因流行区域不同而在内容上互有出入，但皆跟羌人的社会历史、生产生活、风土人情以及精神信仰、文化心理、人伦纲常等密切相关。如汶川龙溪乡余明海等演唱的上、中、下堂经经文32部，其中有：1. 坐坛（"刮祖"）；2. 解秽（"刮司莫"）；3. 扫地安神（"出学"）；4. 开坛请天神（"格底莫比阿拉奇"）；5. 跪地向神通白（"刮巴"）；6. 请地盘业主神和寨神（"阿补齐雅"）；7. 请神验收还愿牲畜（"热拔"）；8. 用青稞请神（"兹且足"）；9. 颂锄神（"觉比"）；10. 唱婚嫁（"母齐"）；11. 请祖神（"玉奚初"）；12. 颂祖先（"木吉卓"）；13. 羌戈大战（"戈基嘎补"）；14. 说买铁（"锡米补"）；15. 除农害（"日区"）；16. 说修房（"锡答柳"，又称"勒日足耶"）；17. 修磨坊（"勿达柳"）；18. 释比哪里来（"厄阿子促"）；19. 采花（"凿"）；20. 唱十二月季节变化（"厄"）；21. 说黄牛（"鄂"）；22. 说犏牛（"士"）；23. 说猎狗（"壳"）；24. 说马（"勿"）；25. 还羊愿（"勒日卡"）；26. 收庄稼敬神（"喜自维"）……至于篇幅较大者，则有汶川县绵虒镇沟头寨释比王治国的诵唱本，包括上堂经22部、中堂经8部、下堂经12部，总共是42部。此外，2004年茂县羌族文学社整理编辑的《西羌古唱经》，亦包括上、中、下三堂经共32部，但具体内容跟前者比较有异同。释比唱经内容丰富，包罗万象，可谓是羌民社会的"百科全书"。

除了以上口述经文，作为羌族民间文化遗产，古老的释比图经也是值得我们高度重视的。美国人类学者葛维汉（David Crockett Graham）1924年至1948年间，先后8次到川西北少数民族地区考察羌族文化。他曾写道："羌族巫师有时候有一本用于占卜的图书，上面没有写或印一个字……拥有这些书的巫师称，在占卜时这些东西都必不可少，通过它们可预测未来，解决很多棘手的问题。"（《葛维汉民族学考古学论著》）释比图经，羌语又称《刷勒日》（意即历算的文字、算书等），其作为羌族释比的宗教经典，乃以图像呈现，不用文字（画面上仅仅有"八月十九""九月十六"之类表示日期的少数汉字）。释比做法事时，依照图经画面的提示，凭记忆唱诵相应的经文。释比图经为彩色手绘折叠式，其质地或为麻质涂白彩绘，或为绢本彩描，或为纸质画本。图像按照部类划分，涉及羌族的狩猎、游牧、农耕、衣食住行、婚俗丧仪等生产生活内容。具体说来，其内容大致可以划分为"祭祀图""大葬图""婚配图""幸运图""箭位图""蛇神图""驱邪图""生肖图"等多个部分，每部分又由若干小图分释。根据有关方面的解释，整本图经蕴涵了上、中、下三堂经。上堂经由"序经""正经"组成，论"神"，共12部；中堂经说"人"，也分12部；下堂经除"鬼"，也由若干部分组成。以上堂经为例，《笛雪尔匹》是还愿的开始，《波》是祭祀白石神，《出学》意为解秽，《木吉卓》为颂扬经。上堂经的《木吉卓》为羌族著名的爱情史诗，早有汉文译本公开出版；中堂经的《缔》，意即"缔基格补"（赤吉格补），乃是羌族释比唱经中著名的英雄史诗。

据羌族友人告知，阿坝州图书馆地方文献室目前藏有《刷勒日》的电子文本，收藏档案为"Ⅰ羌……Ⅱ余……Ⅲ羌族算簿——葬图经。馆藏号：B992.2/0641"，是他们1997年从茂县肖姓老释比处获知并拍摄的，该图经为麻质涂白彩绘折叠式，彩页上有线描着色的服饰形态各异的人物以及花草、动物、日月等，色彩鲜艳，造型颇为生动。羌族释比图经《刷勒日》为折叠彩绘的一页页书牒，有的说有120幅，有的说有108幅，版本不一。阿坝州图书馆收藏的《刷勒日》电子文件，约有80页完好，作为民间宗教仪式中供主持者"看图唱经"之物，流传在羌族地区的释比图经，尽管所存甚少，但并非仅此一本。据《羌族释比文化研究》（茂县政协，1995）、《羌族释比文化探秘》（中国戏剧出版社，2003）等书介绍，前些年茂县维城乡曾发现版本有别于州图书馆收藏的《刷勒日》，其封面、封底为香木版包夹，也是以麻布涂白粉为底作画，画卷总长176厘米、宽16厘米，有图画108幅。此外，在岷江上游北部羌区释比手中，还发现了3部图经。根据有关信息，图经在南部羌区亦有之。2008年7月，有采访汶川绵虒羌锋释比王治升的文章写道："文化大革命"时期，释比文化受到严重冲击，红卫兵冲进他家，把神龛上供奉的释比祖师猴头神砸得粉碎，抄走了一只小响盘、传了12代的神棍、5只羊皮鼓、算簿和释比图画经书《刷勒日》……看来，古老的释比图经在羌区的遗存状况，还有继续发掘和发现的空间。

释比图经《刷勒日》中，不乏造型奇特、内涵神秘的图像，它们反映着羌族人古老原始的民间信仰，有待研究者从文化人类学层面深入探考。以被称为"蛇神图"的部分为例，共有八幅，其中蛇神形象乃是人、蛇结合体，主要造型上身为裸体女性而下部为蟒蛇盘绕，有的女神手中还握着一条蛇，有的女神头上帽檐还露出三个蛇头。羌族人何以敬奉蛇神呢？根据《羌族释比文化探秘》等书介绍，释比们说敬奉蛇神，一是颂其先祖，二是请美女蛇神来解除病人秽气，使病者脱离痛苦。又说，蛇神是专门为羌族妇女解除缠身病魔，除秽祛病的女神。因此，按照羌族人的观念，遇见蟒蛇乃是吉祥的兆头，是值得庆幸的事。又有传说，蛇神的神力巨大，仅次于释比。蛇神的来历颇为神奇。据说羌族人的祖先易母（圣洁女神）原来是蟒蛇所变。经文《则席》是这样说的，过去有一位蛇神，非常美丽、文静，被羌族人比卓爱上了，后来二者结了婚。为了共筑人间美好的山间平原，他们日夜劳动，还打开了"九魂链"，救出了苦难中的羌族人。从此以后，蛇神便受到了羌族人的无比崇敬。文化人类学提醒我们，"蛇、女合体"意象在人类文化史上由来古老，并且在中国境内诸多民族的神话传说中有生动体现，是民间叙事中反复出现的母题之一。因此，立足多民族语境，在文化比较视野中从原型批评角度研究释比图经中的"蛇、女合体"，对于我们深入解读羌族传统文化必定多有裨益。

在西南地区少数民族当中，拥有类似宗教性图经的不止羌族，其他如纳西族的东巴经为众所周知，彝族毕摩也有图画符号式的鬼板图像，在四川凉山越西、甘洛的尔苏藏族和平武、九寨沟的白马藏族的巫师中亦有图经发现。然而，迄今为止，学术界对于这些少数民族图经的研究还相当有限，正如刚刚去世的民族学家李绍明先生在为《羌族释比文化探秘》作序时所指出："目前，学术界对这些图经还缺乏深入的研究，尤其是它们之间有无关系还不甚明了。"比如，纳西族与羌族在历史上的血缘关系为学界所知，但是，以象形文字及符号组成的东巴经跟释比图经是否存在瓜葛？又如，从民俗艺术的角度看，释比图经的美术价值何在，恐怕也是羌族文化遗产研究中不该缺少的题目。还有，或以为此乃羌族的图画文字，由于仅限于释比使用而未在全社会传播，以致最终没能演变为系统的书写记录羌族语言的文字……诸如此类，留给学界诸多有待探究的课题。不能不指出，作为羌族民间文化遗产，释比图经在今天有很高的濒危度。这种濒危，不仅仅在于释比图经的各种文本实物存世者极其有限（"5·12"汶川特大地震肯定又对此造成了损害），更体现在今天能够识读图经内容的释比已越来越少。集巫、医、学、艺等于一身的老释比相继离世，给本来就神秘难辨的《刷勒日》的收藏与研读带来了更大的困难。2006年，曾有调查者走访了余明海、龙国志、肖永庆、王治升等羌区老释比，结果发现，除了龙、肖二人尚能解读几幅图经，其他释比已不能完整地解读释比图经《刷勒日》的内容。

其实，又何止以图像示意的《刷勒日》，现存释比口述经文同样存在着能演唱而不能释读的严重问题。翻开刚刚出版的《羌族释比经典》，其中《开坛》开头4行和中间5行，《献青稞》开头18行和中间3行，《唱面馍》开头8行和末尾7行，《竹溜子》开头8行和中间6行以及《天宫龙潭》中间18行，《吉》开头14行，《招魂》开头6行，《送草把人》开头7行，《打整房子》开头6行，凡此种种，为数不算少，皆是仅存羌语读音而不知其义；有的篇章，如只有29行经文的《敬师祖师爷》，竟有18行翻译不出来，比例上占了过半篇幅；更有甚者，有些由释比敬神所唱《敬神》和驱邪所唱《解秽》，前者34行经文和后者46行经文，通篇意义都无人知晓……问世于当今的《羌族释比经典》乃是集近50位羌区释比之力而成，从该书记载来看，其中年龄最大者有1901年出生的刘光元、1902出生的袁祯其、1904年出生的王长生保等，今犹在世的年长释比还有1918年出生的余明龙、1922年出生的陈兴太、1935年出生的仁永清等，可是，尽管如此，依然未能在搜集者的协助下完成所搜集经文的全部释读，如此状况，不能不让人深感遗憾。难道一份古老的民族民间文化遗产，就这样在岁月的无情磨洗下渐渐淡出人们的记忆，最终成为无人读得懂的神秘"天书"么？

（原载于《羌族文学》2010年第2期，总第69期）

羌族释比文化中的神灵观念

陈兴龙（羌族）

笔者将48位羌族释比唱诵的经典所涉及的神灵作了初步归纳，它们大致可分为五大类：第一类是自然界诸神，如天神、地神、山神、树神、火神、羊神等；第二类是始祖神，如炎帝、大禹、阿爸白苟、阿爸木纳、赞米西木娜、木吉珠、斗安珠等；第三类是家神，如木祖、活叶衣西、赤衣西、亦吉、米帕鲁、西帕露、斯吉单、玉木等；第四类是劳动工艺之神，如建筑神、石匠神、铁匠神、木匠神等；第五类是各村寨的寨神，有的是石羊，有的是石狗、石牦牛，有的是鹰，等等。

羌族信仰的诸多神灵中，除火神是以火塘上用于搁锅的三块石头（原始形态亦为白石）为代表外，其余诸神均以乳白色的石英石作为表象，被广泛地供奉在山巅、水边、地里、屋顶以及石砌的塔上。

羌族地区的神灵究竟有多少？释比们说多得很，因为羌区各地自然、地理条件的差异，所以又有名称不一的地区性的神灵。虽然信奉的神灵很多，但归纳起来只有"xseh（正神、善神）和"du"（邪神、恶神）两大类。所谓正神，指凡是能佑护人类清静平安、庄稼丰收、禽畜兴旺、族群繁荣昌盛的神，如前文介绍的自然界神、始祖神、家神、劳动工艺之神等等，羌族人都崇敬、热爱，对之虔诚供奉；所谓邪神，指凡是残害人畜、制造灾祸、为非作歹的鬼怪，如荡游在山野、林间、路旁、水中、寨子周围、房前屋后等处的山妖（zRuda）、树精（phudu）、畜兽精（phlluxcydu）、路鬼（jywedu）、吊死鬼（setsdu）、淹死鬼（tsutedu）、魔头（duVze）、黑煞（dupa）、毒药猫

(dupuYzem) 等等。羌族人对这些邪神、恶鬼又是惧怕，又得安抚，唯恐其危害人畜。在事不顺遂时，就认为是这些邪神恶鬼在作祟，自己不能对付时，羌族人必请释比作法驱除。

一、万物有灵观念和自然崇拜

羌族释比经典所反映的羌族人民的宗教，一直保持着原始宗教的特色。这种宗教思想所反映的，更多的是人与自然的关系，而较少人类社会的状况，即人与人之间的关系。羌族人所构拟的偶像体系庞大而完整，"天神一千，地神八百"，其中羌族人最普遍的崇拜对象是与生产、生活关系密切的神灵。也就是说，羌族人将那些与他们自身生产生活密切相关的自然物赋予了灵性而加以崇拜，而代表阶级社会等级观念的形象，如帝王、官僚等，则很难进入这一偶像体系。与其他原始宗教相比，羌族宗教有其显著的特点，这就是万物有灵观念和自然崇拜。这是释比文化的核心。万物有灵观念和自然崇拜，即把自然界的一切当作崇拜的对象，天地、日月、山川、风雨、水火、树木、盐铁、五谷、家畜、家禽、房门、火塘等都被赋予了灵性。从广义上说，羌族人崇拜的祖先神、劳动工艺之神等，也可以看作自然界曾经存在过而被神化了的自然物。

应该说，万物有灵的观念，是羌族人民生存状况和生存方式的必然产物。岷江上游的高山河谷地区，自然环境十分险恶，羌族人世世代代生活于此，深感自然万物对生存发展的重大意义；而频繁的天灾，更强化了他们对自然的敬畏之情。这些都使他们在自然面前深感自身的渺小，从而对自然之物虔诚地顶礼膜拜。在羌族漫长的历史进程中，自然崇拜的宗教思想一直是羌族人民处理人与自然的关系的最高准则，使人们力求与自然和谐相处，客观上起到了保护羌区生态平衡的重要作用。倒是近些年来，在现代文明的冲击之下，人们逐渐抛弃了这一传统思想之后，出现了一些破坏生态的行为，不能不说是件憾事。

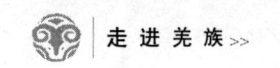

二、主神观念

羌族的宗教观念，已把神鬼分开，认为神是善的、净的，能降福于人，能控制邪恶与灾难，也产生了主神观念：诸神之中，天、地和太阳最大，赐予羌族人温暖和丰收；在此之下有自然神和人神、羊神、石匠神、铁匠神、木匠神等，有功的祖先和妇女也被列入神之中，表现了感恩报德的思想。因为崇拜神，所以在羌区，人取神名的情况极为普遍，如太阳宝、火神宝、山神宝、石匠宝、木匠宝等。敬神的方式主要是焚香、燃柏枝、点烛，奉献鸡、羊、牛、刀头、酒、馍馍等，以祈求风调雨顺、五谷丰登，统管猛兽猛禽，祛除疾病，使人畜平安兴旺。如山神，它是大山的主宰，可以给人以佑护，让人畜不致遭受野猪、老熊、雨雪冰雹的侵害。在为山神还愿的祭祀活动中，释比这样唱道：

> 山中万物山神管，生产生活全靠它。
> 霜雪冰雹落荒山，庄稼地里落不得。
> 山神天神管野兽，避免庄稼被糟蹋。
> 庄稼生长靠雨露，狂风暴雨来不得。
> 林茂粮丰好年景，人畜兴旺庆丰收。
> 天神山神恩情大，羌人崇拜永不忘。

按照释比的观点，羌族人是天神的子民，羌族人的女始祖木吉珠、释比的祖师西瞒都来自天上，释比唱经中有的就颂扬木比塔派神到人间，战胜人间妖魔鬼怪，消除了洪水、巨龙、蟒蛇，战胜了瘟疫，战胜了自然灾害。由于有了主神观念，羌族人祭天神自然要选择离天界最近的雪山，这正符合"因高去高，顺其类也""天以高而尊，地以厚为德"的观念。羌族人把祭坛选择在各村寨的山腰平地，以"纳萨"（石塔）和白石作为雪山的象征，并作为最主要的祭祀之地，这不仅是羌人主神观念的客观反映，也表现出羌人视"纳萨"为人神关系的"纽带"和沟通思想的"桥梁"的意愿。

羌人祭祀主神的历史，可以追溯到殷商时期，其方式包括"以人祭祀，诰天"，即宰杀奴隶来祭祀天神。历秦汉，至隋唐，祭祀的规模都是盛大的。

羌族人祭天的主要场所是白石塔，这是释比活动的中心圣地。

羌族的祭山大典是用以表达对主神的崇敬。释比的解释就是天神地祇，天是万物之神所居之处，同时也是羌族人祖先木吉珠的娘家；"白石塔"周围的树林是神林，参天古树是主神"木比塔"的象征。古羌人对至高无上的天神顶礼膜拜时，也没有忘记孕育万物生长的大地的神灵。所以，兼天地祭成为释比祭山还愿的主题。神恩惠泽、阳光雨露哺育万物生长，羌族人才得以生存发展。

三、邪魔鬼怪观念

在羌族人的传统观念中，邪魔鬼怪主要是凶死夭亡之人所化而成。凡犯恶病如吐血等而死之人，难产致死的产妇，因坠岩、溺水、雷击等而死的人，夭折的少年，人们均认为是煞气大，会成邪成怪，危害人畜。对这类死者，都要火化。此外，还会有一些孤魂野鬼，也会使人生病，使畜受害。每当这类鬼怪危害人畜时，都要请释比诵经施法，将其赶走或送走；必要时，释比还要请有关神灵佑助驱鬼逐魔。

释比把邪魔鬼怪视为害人精。在众释比所唱的经段中，咒经用于驱鬼逐魔，铿锵有力，有一种战胜一切的昂扬气魄。释比经典中《笛》《拙学》就叙述了羌族人遭受病魔缠身而释比求助祖先铲除病根的情况。释比通过还愿来驱赶病魔，利用《拙学》经咒为病者家庭解秽。在这一过程中，释比与邪恶比高低，道法与魔法较量，可谓惊心动魄。释比在施用法器时面目凶狠，怒发冲冠，气氛十分紧张。在用于送鬼的《陆比萨》经咒里，龙溪释比这样唱道：

> 总之古来位上在，天地神灵都恨鬼。
> 今天请神还大愿，行将鬼送东门口。
> 上坛还愿须洁净，送走鬼怪敬神灵。

羌族释比的古唱经已有上千年的历史，记录着古老的传统观念。在这一观念中，善恶分明，美丑对立。惩恶扬善，表现了羌民对美好事物的不懈追求和与邪恶势力长期斗争的精神。比如《惹都》唱经，抨击邪恶淋漓尽致，

015

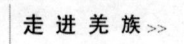

憎恶与赞美泾渭分明。美丑的对比，善恶的反差，形成了羌民的神灵鬼怪观念。这种观念渗透在释比文化之中，对羌族的发展有着引领默化的作用。

四、灵魂不死观念

羌族人相信人有魂，人死了，魂魄是不死的，将会转生为其他生物。魂魄的行动及变成了什么，释比可以看出。羌族人相信人生随时都可能有吉凶祸福，冥冥中自有主宰。释比可以采用卜、卦的方法测知吉凶祸福，并能施法禳解祸害，以求趋吉避凶。

释比经典中有许多关于人死魂魄在的篇章，比如："人的父母没有选择，人的死和他的去处有选择，人死了，其灵魂还在生他养他的地方转悠。"释比经典都含有这样的意思：人在世时的所作所为与他死后灵魂的去处有密切的联系。那些好逸恶劳、好吃懒做、作恶多端的人，不仅死得凄惨，死后释比还会用严厉的法事制裁他，将他的灵魂打到十八层地狱里，让他再也做不了人。

灵魂不死观念把人的生与死紧密地联系在一起，道出了羌民关于生死的哲学思考。它告诫人们，人活着要走光明正道，与邪恶斗争，不要为非作歹，否则，将会受到严厉的惩罚。显然，这种观念在对社会进行道德规范方面有着不可忽视的意义，它同时也是与邪恶作斗争的民族精神的体现。

（原载于《羌族文学》2008 年第 1 期，总第 58 期）

羌族"释比"及其经文与法术

邓宏烈（羌族） 杨顺康（羌族）

羌语称"释比"，汉语称"端公"。在羌族地区，不同的地方对"释比"有不同的称谓和解释。汶川县绵虒的"释比"祖师叫"阿爸木拉"，端公称"诗卓""什比"或"比"，传说他是天神家族专管占卜吉凶、驱邪治病、除妖驱鬼的人，随同天神三公主嫁给燃比娃时下凡。龙溪一带的"释比"祖师称"十打齐莫""哈比母"，尊称为"比不若娃"，释比称"比""诗卓"，理县薛城一带称"诗谷"。汶川县雁门一带的"释比"祖师称"阿爸锡拉"，尊称为"比"，自称为"许"。上述关于"释比"的各种称谓和解释，基本都来源于一个相同而神奇的传说。相传"释比"祖师到西天取经，归途中，睡觉时经书被白羊吃了，祖师哀哭，遇一神猴（金丝猴）教他杀羊、食肉、皮绷鼓，做法事时，"一敲鼓就会念唱全部经文"，祖师照做，果然灵验。猴死，祖师感恩，奉猴为师，将猴头供奉于神龛上，每作法时必戴猴皮帽，法后必祭还。又一传说是木吉珠和燃比娃成婚下凡后，带下的"天书"被牧羊童偷看。牧羊童不识，睡觉时置之一旁。牧童醒后，发现"天书"已被羊吃，于是悲而杀羊，神猴教其将皮为鼓，每敲一下，天书上的"经文"就会传出，后来牧童遂成"释比"。汶川县绵虒和平村曾有女"释比"，据传其父"释比"传子经典时，于那呼，首教不值，其女侧听，得其精华。释比及其准师的称调不同，既可能是先族不同支系在宗教文化上的反映，也可能是受不同文化影响的结果。引证了史籍所载，羌地种类繁多，有六夷、七羌、九氐之称这一情况。由于羌族无文字，释比起源于何时已无从确考。传说远古羌族先民在战胜"戈基人"的时代，宗教祭祀活动由部落首领主持，后来逐渐演变而为"释比"主持，成为专门祭司。他们是一种不脱产的与政治无涉的宗教祭司。

"释比"是羌族文化的传承者。他们熟谙本民族的社会历史和神话传说，精通阴阳八卦、术数算理、天文地理以及本教的教义、教规、教史等方面的知识，具备一定的医药知识，能背诵宗教经典。应该说，"释比"与羌人的生活、生产都密切相关，没有哪一项生产、社会活动离得开他们。"释比"的活动包罗了羌人生活的各个领域，许多"释比"经文还记述了羌人的历史和阐述了各种事物的看法以及产生和发展的过程，所以，"释比"倍受羌人尊崇信赖，甚至起着某种精神领袖的作用。

"释比"是不脱离农业生产的羌族宗教祭司，几乎每一羌寨都有一名，有的则不止一名，是羌人中执行与神鬼交往的判官，在羌人中享有崇高威望，带有高深莫测的神秘色彩。"释比"仅限于男性充任，并可结婚成家。他们没有宗教性的组织和寺院，但要供奉历代祖师和"猴头童子"。据传，金丝猴是"释比"的护法神，所以他们供奉的祖师爷和使用的猴头法器、头戴的猴皮帽均与金丝猴有关，就是跳神的步法——常用两脚紧并、上下左右跳跃，也象征着猴的动作。"释比"的传授除少数是父传子承外，一般都是师承一人，术各有异，约分十二支派，互显神通，经过三年拜师学艺而成。"释比"从事的法事有祭山、还原、安神、驱鬼、招魂、治病、除秽、消灾、灭祸、丧葬、嫁娶超度等。"释比"的法器有猴皮帽、羊皮鼓、神棍（杖）、师刀、猴头、铜锣（铃、印、镜）、令牌、献骨器（卦、骨、爪、齿）、古钱、法水瓶、响盘、骨珠项链等，其中以猴皮帽和猴头最为贵重。"释比"作法时，头戴猴皮帽（猴尾作帽上三尖，一尖代表黑白分明，二尖代表天，三尖代表地），帽上缀七或九颗贝壳。身着白衣白羊皮褂（毛向外），套白裙，手敲羊皮鼓，足踏"禹步"（半蹲蹋蹋而行），口念经文，在众目睽睽下临场作法或演练法术。其经文分上、中、下堂经。上堂经说神事，中堂经说人事，下堂经说鬼事。上堂经在还大愿、祭山、设坛敬神时才诵。另外，上、中、下堂经使用的皮鼓分为白黑黄三种，经文说："木比制就三种鼓，颜色各异不同用，白鼓拿来上堂用，黑鼓拿来家庭用，鬼事凶事用黄鼓。"[1]这表明了在羌族的宗教观念中，已经把神鬼严格区分开来，是该民族扬善惩恶、是非分明、祈福苍生的个性心理特质在宗教思想上的突出反映。

关于"释比"作法时所诵的经文，需要说明的是由于羌族无文字，汉文典籍中基本上没有羌族释比唱经的记载。二十世纪三四十年代，一些历史学家、社会学家、民族学家、考古学家，备历艰辛，到川西北岷江上游，汉汶山郡故地，调查羌族文化历史，羌族释比的某些唱经在一些文章中始有披露，但却未系统整理公诸于世，能了解的也很有限。新中国成立后，在民族调查中，由于认识上的原因，简单地把羌族释比当成迷信活动者，把他们排除在调查范围之外，直到七十年代末，这项工作才重新开始，并已经取得一些成果。目前，国家立项的《释比经典》课题正在对羌族地区释比进行广泛的调查。此乃可喜之举。据笔者六七十年代在羌寨生活经历的见闻，"释比"作法时都是口诵经文，信口拈来，娴熟有秩，如数家珍，更无半点照经说文之嫌。正因为羌族没有文字，"释比"的经典皆靠口传心授，博闻强记，一代代沿传下来。这样就有了用汉文记音的《释比经典》的一些抄本。经文全为韵文，四字一句，两句一节，音韵优美。如在十月祭山还愿时，"释比"念的一段经文，译为汉文是"千千兵马，万万神军。从前羌民风餐露宿，靠了石匠砌起房屋，才得安居乐业。但身体不好，骨瘦如柴。羌民无奈，在神前许下一台天愿，下年庄稼收了，猪养肥了，酒做起了，五谷之神不吃，羌民不敢吃，所以现在敬酒还愿——让一寨老少男女无灾难，无病痛——"《释比经典》按做法事性质的不同，分为上中下三坛。根据对一些老释比掌握的全部唱经的调查了解，目前流传的上中下三坛唱经各有十多部，共约四五十部。经文由于世代口传，师承不同，故各地释比掌握经典的多少与内容也不大相同。从目前流传的这些唱经中还能看到许多有价值的东西，内容非常丰富，除部分为讲述神道鬼外，大都与羌人衣食住行、生产生活、社会历史、风土人情、民族关系等密切相关。以上是关于《释比经典》的第一点说明。

其二，发现于茂汶县的《释比图经》是羌族一部无文字说明的图化经卷。它是羌族"释比"流传下来的"图画经典"，被羌族人民誉为"圣书"，羌语称"刷勒日"。据羌族"释比"和有关专家初步考证，画卷绘制的时间较长，流传于岷江上游的羌族聚居区，即唐时的悉州，今茂县维城乡。有学者认为，此画卷绘于唐代,并已成为孤本,但也有学者认为是出于元代的画卷。该图经从宗教的角度出发,把一些自然的、人文的、社会的种种现象都融入图经里,是一部难得的研究羌民族宗教文化艺术的宝贵资料。

《释比图经》为折叠式两面绘画图,长176厘米,宽16厘米,共108图,分9个部类。经卷以羌族的白色麻织布作底,表面为一层类似涂料的白粉。颜色是由蓝、黄、红、绿、黑各色构成。因历时已久,又经复制使用,少数图象已变得模糊不清,但大部分颜色鲜艳、线条清晰。《释比图经》无文字说明,编著释译者根据近现代"释比"的唱经结合图把经卷分为三大部类,即上、中、下三坛经,上坛经为神事,分为序经和正经两个部类,共十二部;中坛经为人事,也分为十二部类;下坛经为鬼事,分为三部类。

羌族宗教图画经卷《刷勒日》内容广泛,包括神灵崇拜、驱鬼降魔、人间婚丧嫁娶等方面,即祭祀图、大葬图、幸运图、箭位图、蛇神图、驱邪图、生肖图、商人图、工匠图、属相图十个部分,是羌族"释比"百科全书式的原始图画经典,有极其丰富的文化内涵。它融人、兽、鸟、花草、庙宇等为一体,以看图诵经的方式将羌族宗教中所有经典、知识展开诠释。画卷所描绘景色,涉及人文地理和社会历史,举凡古羌族的游牧、射猎、农耕建造、丧葬、婚嫁服饰以及宗教民俗等内容,皆可入画。图中所绘各类动物栩栩如生、跃然纸上,而"释比"根据每一动物形态均可唱出一段经文,颂扬羌人与这些动物的亲善与和睦,突出了神界、动物界与人十分密切的协调关系。

《释比图经》的释读为我们研究羌族宗教、历史、文化、社会发展等诸多领域提供了形象的直观的资料,这对于一个没有文字的民族研究来说,不仅可以解开很多羌族"释比"宗教文化之谜,也可以解开羌族历史发展、社会生活等方面的未及研究之谜,同时也可为其他少数民族的研究提供例证参考资料。

羌族"释比"的法术或法事(俗称"更功夫")包括预卜、送鬼(送茅人)、踩红锅、踩犁铧头等。预卜有羊髀卜、鸡蛋卜、白狗卜等。羊髀卜渊源甚古,据《西夏记事本末》载:"西夏旧俗,凡出兵先卜,卜有四:一炙勃焦。以艾灼羊髀骨卜师,谓之厮乱,视其兆谓之死跋焦。其法兆之上为神明,近脊处为坐位,坐位者王位也,近傍处为客位。盖西戎之俗,所居正寝常留中一间以奉神鬼，不敢居，谓之神明，主人乃坐其傍，以此占主客胜负。二擗竹。擗竹于地以求数，若揲蓍然。三呢羊。先呢粟以食羊，羊食其粟则自摇其首，其夜牵羊焚香祷之，又焚谷火于野。次晨屠羊视其五脏，羊肠胃通则吉；单心有血则败，谓之生跋焦。四矢击弦，听其声知胜负及敌至之期。"到元代时，则有羊髀卜。《元史·张庭瑞传》载："近者生裂羊髀卜之，视肉之纹理何如，则吉其兆。"此俗在明清时期继续保留下来。嘉靖《四川总志》记松潘地区风俗说："炙羊膀以断吉凶。"《道北茂州志》亦有"占——以薪炙之，验纹路，占一年吉凶，曰炙羊膊。"直到新中国成立前后亦如此。占卜所用的羊髀骨，是祭山时杀之"神羊"，"释比"拿回备用。主要用于卜病因、卜时运、卜家人或在外者的吉凶祸福。每卜问一事，要同时点燃艾叶三粒、五粒、七粒或九粒，置于骨面上，综合各处裂纹判断吉凶。羊骨之中，以祭白石神所杀羊的肩胛骨最为"灵验"。[2] 鸡蛋卜，主要卜病因，最常见的是受到惊吓，久病不起。病者将鸡生的头蛋交给"释比"，"释比"通符念咒后，主家持蛋七晚在门口呼叫病者之名，后将蛋煮熟，请"释比"视蛋清（白）上呈现的图象花纹，找出病因，"释比"就此"病因"进行法事。鸡蛋卜的另一种叫烧蛋，挂卜原因同上一种相同。病者请"释比"到家并交给其头蛋一只，"释比"执蛋划水后拴上彩线，再在蛋上着上符图（如九鬼图五牛图）。图案上有代表七星（北斗二十八宿的笔画然后将蛋放入"红灰"（大塘内烧红的灰）里，到一定时刻取出，打开蛋壳，观已熟鸡蛋上之效图，认定是何种病因后，"释比"念经作兜，叫病者食之。

　　白狗卜，此卜系祭山或祈年的"还愿"活动，称"吊白狗卜丰欠"。胡鉴民在其《羌民之信仰与习为》记有："茂县东路水镇沟之仁村，尚保守着吊白狗卜丰欠的风俗。"[3] 届时，端公念经，将早已育肥的一条白狗倒吊在神林内的"吊狗树"上，狗头下置一串白面馍馍，但有小距离，使之不能及，同时燃点柏枝或香烛。七天之后狗若不死，则预示丰年，否则为凶年，要格外祈祷，以求神的保护。

　　踩铧头，此法多用于食欲不振、面黄肌瘦之人或小孩脏臟病（俗称"痞子"）。"释比"作法时，将铧头烧红，用舌舔脚踏，口中念咒语，将踏着铧头的脚踩在病者疼痛处。踩红锅，又称跳红锅，作此法事是为了驱鬼治病。

021

作法时,"释比"光着脚在烧红的大铁锅内跳进跳出,念咒击鼓驱邪。据说,"释比"在踩红锅前,必须驾"雪山凌"(令)云:"恭敬祖师,雪山太子,雪山娘娘,雪山长老——一更下凌罗(雪霜),二更下长江——",念此令即红锅不烫人。

送茅人,据说羌族地区有"茅人"害羌人的传说,说羌人原来人畜兴旺,五谷丰登,突然从山里出了"茅人",给羌人带来各种灾害,"释比"作法,认定是"茅人"作祟,遂扎"茅草人"并给穿上纸衣纸裤,然后将其送出山寨。除上述法术外,"释比"还能作"招魂""除煞""划水"(化骨吞念)"走阴"(充当"阴差")"看地"(死人葬地)等法。另据著名学者、神话研究专家袁珂研究员认为,假若"禹兴于西羌""禹家于西羌,地曰石纽"这类传说是有根据而不是无稽妄谈的话,那么传说中的禹,就是羌族中的第一个酋长而兼释比的人物。何以知其然呢?扬雄《法言重黎》书中说巫步多禹。其实"禹步"就是"巫步","俗巫"所"效",正是他们的祖师爷禹作法时的那种步调。道教经典说得更为明白,《洞神八帝元变经禹步致灵第四》载:"禹步者盖是夏禹所为术,召役神灵之行步,以为万术之根源,玄机之要旨。"道教法师将他们所行法的创始者归之于古代的禹,不是没有缘由的。这可从一则羌族民间神话中找到解释。罗世泽收集整理的《羌族释比与张道陵》这样讲:"古昔羌族释比与张道陵乃师兄弟,同师学道。羌族释比习武,有法绳,能咒语;张道习文,能经书,画符灵。二人学成,同路返家。火塘旁,并坐烤火。张语释比云:师弟,以法绳予我观之。释比不疑,随手付与。谁知起心不善,投火塘中焚之。释比急从火塘中攫绳出,此法绳已断为六节。故今羌族释比所用绳为六根,两端俱有火烧之痕迹。"[4]袁珂指出,"据此,可知在民间传说中道教和释比的渊源。道陵在蜀中所创道教,盖和蜀地古羌族的巫教出同源。《华阳国志》所称'鬼道',大约就是古羌族的巫教,是张道陵在蜀地创教时既互相排斥而又互相融会吸收的。所以后来羌族的释比所行的法事中,也吸收了不少道教的成分。其实他们端公和道士的共同祖师,都该是神话传说中治水的大禹。"[5]如今羌族端公在举行祭山大典时走的"跳神"或曰"巫步"就是仿效传说中的禹作法时的步调。20世纪80年代初期,许多人类学、民族学学者以及宗教学研究者对羌族地区的社会历史和宗教文化进行了深入广泛的调查研究,得到了许多珍贵的资料和宝贵的成果。他们发现,许多羌族地区的端公念经作法时都供奉道教神灵。如理县羌区的道士分为两种:一为出家道士,住大庙修持,可接受信众委托,在庙内念经作法,一般不到信众家中开展宗教活动,可以各处云游。一为活居道士,不出家,可娶妻生子,平时从事生产劳动,与常人无异,只在信众邀请时才到信众家中从事宗教活动,如为死者念经,为村寨打清醮等。活居道士"作法时穿黄色大圆领衣,铺设道场香案,张挂神像,供元始天尊、灵宝天尊、道德天尊、太上老君和邱真人五尊神牌位。"[6]茂县渭门乡的端公以从事农业生产为主,主持宗教祭祀活动是兼业性质的,作法时"端公供奉的神为太上、三清和北方真武祖师,称太上和三清为传教祖师,称北方真武祖师为掌教祖师。"[7]台湾学者王明珂这样认为,羌族"释比的经典与施法,在绝大多数学者的描述中都大量搀杂着道教文化"[8]。

用人类学、民族学和马克思主义历史观点来看,羌族释比传承的羌族宗教文化可以说是该民族光辉灿烂的文化遗产的一部分,也是羌民族社会历史发展中的重要组成部分。由于社会的不断发展和进步,在当代羌民族中,特别是在年轻一代的羌族人中,宗教的影响和作用已渐减弱,但羌族宗教作为羌民族精神生活不可或缺的部分,必将随着该民族生产、生活、教育、科技、文化的发展而不断完善、丰富和发展,这是民族现代化进程中不可替代的重要因素。

参考文献:

[1] 燕松柏.雀丹.阿巴地区宗教史要 [M].成都:成都地图出版社,1993,22.

[2] 林声.记彝、羌、纳西族的"羊骨卜" [J].考古,1963 (8).

[3] 李绍民,程贤敏.西南民族研究论文选(1904—1949) [C].成都:四川大学出版社,1991,208.

[4] 罗世泽.羌族释比与张道陵 [J].四川民族,1987 (3).

[5] 袁珂.神秘的白石崇拜——羌族的信仰和礼俗(序) [M].成都:四川民族出版社,1992.

[6][7] 吕大吉，何耀华. 中国各民族原始宗教资料集成·羌族卷[Z]. 北京：中国社会科学出版社，2000，588，589.

[8] 王明珂. 羌在汉藏之间——一个华夏边缘的历史人类学研究[M]. 台北：联经出版事业股份有限公司，2003，356.

（原载于《羌族文学》2006年第3期，总第51期）

浅析羌族民歌的艺术特色

杨碧嫦（藏族）　陈远贵（羌族）

从总体上说，羌族民歌的艺术特色主要表现在以下几个方面：

一、表达方式的多样性

羌族民歌表达方式多样，多不受场地限制，无论在山上还是在田间，无论在家中还是在野外，无论在田边地角还是在宽敞的坝子，都能听到羌族人在唱歌。其歌唱形式可分合唱、独唱、对唱三种，从内容上可分为劳动歌、情歌、祭祖歌、时政歌、生活歌。

（一）劳动歌

顾名思义是劳动时唱的歌，大致可分为两种，一是曲调悠扬缓慢，无定式节奏，随意性较大的，如《耕地歌》《割麦歌》等；另一种则曲调明快、紧凑、节奏感强，如《打麦歌》《挖窝子歌》等。

《耕地歌》表现劳作的艰辛、耕地的艰辛和对牛的怜悯："瓦依拿啦……我年轻的犏牛俩，你俩跑得多快啊，像插翅腾飞呀！转弯了，我的犏牛俩，你俩多辛苦啊，我也心痛你们，看到地头边啊，已快耕拢了。"

《割麦歌》表现人们丰收时欢乐、喜悦的心情："呀呀拉呀米子！这块地的麦子长得好，也很饱米。快收割吧！快收割吧！都像这块地，收成该多好。"

《挖窝子歌》表现挖窝子时人们你追我赶、不甘落后的情形："挖啊挖，快快挖，我已经挖起走了，你赶快跟起来。"

（二）情歌

情歌是男、女青年表达爱情、互诉衷肠时唱的歌。由于羌族后期受汉族文化影响，包办婚姻比较普遍，由此情歌的内容有的直抒胸臆，有的缠绵悱恻，有的坚如磐石，有的柔情似水，有的顾虑重重，有的大胆直率。

1. 直抒胸臆的

《新打的镰慢慢弯》："新打的镰刀慢慢弯，缠不上小妹我心不甘，等到哪天缠上了，我心中就像扇子扇。"

2. 表现缠绵悱恻的

《太阳落坡》："太阳落坡翻大桠，正好玩耍要回家。脚踏铜蹬上了马，舍不得眼前一枝花。"

3. 表现坚如磐石的

《太阳出来照河口》："太阳出来照河口，我跟小妹手挽手。要得我俩分了手，除非河干石头朽。"

4. 表现柔情似水的

《一进沟沟沟又长》："一进沟沟沟又长，芹菜韭菜排两行，郎吃芹菜勤想姐，姐吃韭菜久想郎。"

5. 表现大胆直率的

《不要红爷也成亲》："高山麦子遍山青，郎放鹞子姐放鹰。半空虚楼打一卦，不要红爷也成亲。"在羌族民歌中，有一首《马五哥》广为流传。此歌情节生动、曲折，人物形象栩栩如生。歌中的一对青年男女，为了追求真正的爱情，在女方已婚（是包办婚姻，且丈夫是个智障者）的情况下，频频相会，后有了闲言碎语。当时，离婚是被当作耻辱的事。在此紧急关头，二人采取了极端的做法，杀死了女方的憨丈夫。由此，女方招来了杀身之祸。临刑之前，女方从容不迫，毫无畏惧："石步子来叮当响，打开箱子取衣裳。左手拿的青布衫，右手拿的萝卜鞋。萝卜鞋上两朵花，中间还有锯子口。"对于这桩为爱而献出了鲜血和生命的事情，女方丝毫也不后悔："小哥哥，莫要慌，后头还有两句话。这世夫妻没做成，二世夫妻早团圆。小哥哥，莫要慌，人虽死了情还在。"

6. 表现顾虑重重的

《郎上山来姐下河》："郎上山来姐下河，我们二人坐到太阳落，你是男子不开口，我是女子咋说出？"

（三）仪式歌

仪式歌是羌族人民在举行某种仪式时唱的歌，大致可分为：祭祀、祭奠、喜事、改煞、狮灯等。

1. 祭祀歌

最具代表性的是《求雨歌》。它的唱词较为特殊，有的唱词极为虔诚，有的却大骂老天爷。开始，人们极为虔诚地拜谒上苍，希望它能降雨："老天爷，快下三场雨啊！眼看天这样干，快下三场雨嘛。鸡公也给你拿来了，你快下点雨吧！"即使人们如此虔诚，老天却无动于衷，还是在一个劲地干，人们不辞辛劳："我们找海子，翻了九架山；我们找水源，走了九条沟。"人们的辛劳与诚心，仍没有感动老天爷，人们忍不住质问上苍："八十岁的老人都没有水吃了，老天爷，你有没有眼睛哟？地上的庄稼全要干死了，老天爷，你有没有眼睛哟？三个月的婴儿也没有水吃了，老天爷，你有没有眼睛哟？山上的百萎蔽①都挤不出水了，老天爷，你有没有眼睛哟？"如此的质问，老天爷仍然无动于衷，人们愤怒了，决心依靠自己的力量去寻找水源："老天爷，我们要砸烂你的水井！老天爷，我们要砸烂你的闸水板！"于是人们把狗血、人粪等不洁之物撒向老天爷。这一做法，民间称之为"龉"，即以此方法激一下老天爷，使它反省，以此达到降雨的目的。

2. 祭奠歌

祭奠歌是羌人对死者表示追悼、敬意时唱的歌，分合唱和独唱两种形式。合唱的歌悲壮、激昂，大有视死如归的精神，如《油油来》："哦，油油来哦，在布谷鸟叫唤的时候，我们的英雄（已战死）从前方回来了。我们抬着你走啊，英雄。哦，酒不多，吃的东西也不多，我们就用简单的仪式埋葬你吧，我们就用歌声为你送葬吧，英雄。"

独唱的祭奠歌，专门是在哭丧时唱的歌，唱词不太规范，随意性较大，

---

① 方言，苔类植物，善吸水。

一般是哭丧的人诉说父母或长辈在世的艰辛，养儿育女的不易，儿女或下辈没有来得及报恩的遗憾，及下辈人失去长辈时的悲伤心情。其曲哀婉、凄凉，声声如泣，字字涌泪，无不令听者动容。

（四）喜事歌

可分为迎亲、接亲、挂红、周堂。

1. 迎亲歌

迎亲歌是新娘之母在接待客人时唱的。歌中有礼节性的谦虚："我的弟兄姊妹们，没有很好来接待你们。我应该十里铺毡，五里结彩来接你们，十里铺毡，五里结彩没有来接待，我的亲戚六眷们，望你们不要多心啊！"也有养女的烦恼、遗憾及别女的痛苦："哥哥啊，你的妹妹我命不好，我是帮人下苦盘儿盘女的。原先儿女干贵，现在儿女多了，不值钱了。我的女儿要是个儿子，他就能顶替我的一只肩膀，可是，她是个女儿啊，而且她今天就要走了。我帮人下苦把她盘大，现在她就要走了。她长大，她要嫁给人家当媳妇了。"①有临别时对女儿的教诲："我吃了人家的酒，比大海都深啊！我吃了人家的肉，比大山都高啊！我的女儿，你当人家的媳妇，要听话啊！我的幺女儿乖乖，你要争气啊。"有对亲戚们的感激："我的弟兄姊妹们，我困难时，你们给了我吃和穿，都是为了我盘儿盘女啊！现在女儿要走了，我也不晓得咋样感谢你们才好。"

2. 接亲歌

接亲歌是男方到女方家去接亲时，到了女方家后与女方的亲友对唱的歌。去接亲时，要带圆馍馍，并要把它放在女方的神拿上，还要牵一只接亲的羊放在女方圈中。

对唱时，问的一方是女家，答的一方是男家。通过一问一答的方式，充分表现了羌人的聪明、智慧，同时也真实反映了羌人的婚姻习俗。

喜事歌中有一首《花儿纳吉》传唱极广，曲调与盘歌一致，悠扬清新，舒缓而细腻。它是女方在临出嫁的前一天晚上唱的。羌人的规矩，女家在嫁

---

① 此处的称呼并不固定，视来者的身份而定，可以是长辈，也可以是同辈的姐或妹。"干贵"是稀少，珍贵之意。羌族常有俗语曰"儿女干贵""脚步干贵"。订婚时兴吃酒，"吃酒"就表示订了婚。"去吃酒"表示到结婚人家祝贺。"做酒"表示结婚，不能反悔。

女的前一晚上，要举行"花夜"。花夜时，女方将寨中与自己女儿年龄相近的女子全请到家中"陪花夜"。姑娘们从"一张桌子四角方，刚好坐到八姊妹"，一直唱到姊妹分手："弟兄分家分田地，姊妹分家分条路。"全歌大致可分为：花夜姑娘落座、与婆家接亲人争辩、指责媒人、新人拜见长辈、诉说女子在娘家与婆家的差别等几大部分。歌中对包办婚姻及重男轻女的现象表示了极大的不满："今晚妹妹是个儿，头戴簪花拜祖宗，今晚妹妹是个女，头戴纸花要改姓（那时女的嫁到男方去后，就得随男方的姓）。"指责媒人的歌词辛辣而尖刻："红爷公来红爷婆，红爷儿子吃抹盒（欺头）。红爷儿子是条猪，这边吃了那边拿。红爷儿子是条狗，这边吃了那边走。""今晚莫得轿子来，红爷拿来当马骑，今晚莫得吹吹（唢呐）来，红爷拿来做火筒。红爷不吃骑马肉，三十初一做刀头。"

3. 挂红

挂红是以词的形式出现，一般是花夜时长辈们给新郎挂红时的颂词。它喜庆、吉祥，多是祝福之词，随意性也较大。

如：挂红词：

一根绊儿九尺多，今晚拿来贺新哥。
新哥本是天生子，十个儿子九登科。
一对金花喜洋洋，今晚拿来贺新郎。
左插一支生贵子，右插一支点状元。

4. 周堂

周堂是男女举行婚礼时，司仪的祝词。它喜庆、吉祥，既有颂赞，也有祝福。

周堂词：

东方一朵紫云来，西方一朵紫云来。两朵紫云来相会，有请新人出堂来。一步一莲花，二步二莲花，三步三莲花……一拜长命富贵，二拜荣华富贵，三拜富贵双全……同杯饮酒，天长地久！地久天长，常常大吉大利！天无忌，地无忌，年无忌，日无忌，时无忌，常常大吉大利，像雪菇水籽一样发展。

5. 改煞

改煞有改煞、解遇等。

（1）改煞：改煞是新娘进男方大门时，为避新娘随带的邪气，由司仪口念而成，言词庄重、虔诚："……四方镶起云牙板，中间焚起一路香。一张钱纸白如云，将来回送车马神。女方车马请回去，男方车马出来迎。"

（2）解遇：为解人身上所遇的不洁之物而念的歌谣。它有对神灵的敬畏，也有解遇者的自负："天地自然，遇气分散……八方威神，使我自神，神录护命，讦告九天，斩妖祛邪，杀鬼万千。中山神咒，原始谕文，吾颂一遍，驱鬼一连。……魔王缩手，是为我宣，凶遇消散，道气常存。"

6. 狮灯

狮灯歌是羌人庆新年时唱的歌，有两种形式，一种是《狮子词》，一种是《正月好唱祝英台》。前一种是新年时用"耍狮子"的形式向邻居、亲戚、长辈拜年时唱的，后一种通过十二个月的变化，唱出农人们耕作时的繁忙。

《狮子词》是喜庆之时唱的，全歌轻松、活泼、简单、明快，充分表现了羌人喜庆新年时的愉悦心情。歌中多为祝福及赞美之词："这个财门高又高，财门底下金狮子。""左边贴的摇钱树，右边贴的聚宝盆。""左盘三转生贵子，右盘三转点状元，状元头上插金花，荣华富贵到你家。"表赞美的有："中梁本是檀香木，下梁本是紫檀木。""这个神台修得好，中间搁的檀香炉，两边插的金蜡烛。""一对香炉圆又圆，一对金狮往内盘。""多谢茶来承谢酒，阳雀过山远传名。"

从狮子在接受拜年的主人门前一直唱到主人开门，进门后再从柱子、中梁、下梁唱到堂屋，又从堂屋唱到火堂，再由火堂唱到神台，再唱主人的热情，最后唱狮子出门。顺序清楚，重点突出。

（五）生活歌

生活歌内容较多，涉及面广，凡与生活有关的都要涉及，从表现内容上，一般分为悲苦、欢乐、颂赞三大部分。

1. 苦情歌

表达悲、苦之情的歌，称为"苦情歌"，表达主人公内心深处的苦楚或悲惨的身世等。它的特点是：以第一人称的方式出现，充分表现主人公内心深处的活动及想法。唱词质朴，真切痛楚，声声泪，字字血，曲调缓慢而低沉，如《前娘后母歌》：

一个鸡蛋两个黄，一个冤家两个娘。
前娘喊我么儿子，后娘喊我龟儿子。
前娘煮饭留米饭，后娘煮饭留米汤。
米汤倒到潲缸头，抱到潲缸哭一场。
爹爹问我哭啥子？劳慰爹爹讨后娘。

再如《苦情歌》：

我唱歌，唱什么歌？
唱去唱来还是只有唱个苦情歌。
……
人家走在路上，有说有笑，
我走在路上却没有人理睬。
人家有姊有妹的，做啥事都有帮手，
可我一个人，哪个来帮我？
人家一家人吃饭，嘻哈打笑的，
可我一个人吃饭，冷秋秋的。
人家走哪里，都有人打伴儿，
可我走哪里，却只有我的影子陪我。
人家出门一回家，这个问，那个问，
可我出门回家，只有鬼来问我。
……

2. 欢乐歌

表达欢乐的歌，内容比较丰富，有独唱、对唱两种形式。它欢快、风趣、幽默，与生活息息相关，其中《盘歌》最具特色。它通过一问一答的方式，解释生活、自然中的许多问题及现象，充分显示了羌族人民聪明、智慧、精明、干练的特点。《盘歌》的内容不很固定，看到啥就唱啥，想到哪就唱哪，这就需要对歌人的机智和灵敏，也需要随机应变，由此有"山歌不要银钱买，只要心中有肚才"一说。但通过长期流传，"盘歌"也有它自身的规律，它所唱的内容，一般都是与人们的生活密切相关的，是人们比较熟悉。歌词生动形象，妙语连珠，就"圆"这个字，问者一连提了九个问，回答之人从容应答。

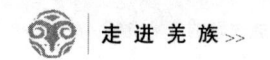

3. 表颂赞的歌

表颂赞的民歌较少,在羌族地区广为流传的就是《歌唱茂州城》。茂县,是羌族聚居地,也是全州、全省、全国乃至全世界羌族人口最多的地方。因它是中心城市,自然成了羌民心中最向往的地方,加上当时交通的不发达,许多唱歌人,都没到过茂县,由此,歌中多夸张和颂赞:"松潘下来起朵云,端端照在茂州城。茂州城来修得好,四门都是铁皮包。……一出南门振兴桥,振兴桥上好抬轿。二出东门较场坝,较场坝上好跑马。三出西门转角楼,转角楼上好吹箫。四出北门后花园,后花园里好采花。"另有一首《布瓦嫂嫂》,歌词风趣、幽默、生动地勾画出布瓦妇女的形象:"布瓦嫂嫂爱赶场,满襟围腰拴飘带。满襟围腰拴飘带,灯笼裤脚红绣鞋。"还有一首是歌唱松潘的,它没有《歌唱茂州城》那么铺张,而是简单明了:"三脑九坪十八关,一锣一鼓上松潘。松潘地头便是好,广出麝香和鹿茸。"

(六) 时政歌

时政歌是当时政治生活的一种表现。它的歌词质朴、明了。如反映对"抓壮丁"现象极为不满,战乱不断,人们的生活极不安宁的《点兵歌》,从正月唱到腊月,一直唱了十二个月,主要表现出征人临走之时拜别家中各位长者及弟兄姊妹、妻子的情形,充分反映了人民厌战的情绪。

"家有三丁抽一个,家有五丁抽一双,二月点兵梅花齐,较场坝内点到兵。火枪杆子都点上,较场坝内点到兵。……人家养孙要养老,我家养孙去当兵。……冬月点兵拜我的妻,我去当兵妻在家。前头讨你红花女,后头丢下你半路妻。腊月点兵拜我的妻,妻子问我几时回?你要问我几时回?我眼泪汪汪往下滚。"

新中国成立后的《千年铁树开了花》《盼来了共产党》《鹧鸪山来万丈高》则是人们对新生活的赞美及对共产党最真诚的颂扬:"鹧鸪山来万丈高,没有共产党计划高,不怕风来不怕雪,修通危道鹧鸪山。"

二、语言的丰富性

语言本身就是人类最重要的交际工具,也是人们表达思想、交流感情的一种重要方式。它随着社会的产生而产生，并随着社会的发展而发展，而羌民族在表达自己的思想感情、对事物的认识程度时，也充分地运用了语言，且运用得丰富而不单调。

羌族民歌在语言的运用上，有的含蓄、深沉，有的生动、形象，有的幽默、风趣，有的诙谐、委婉，有的朴素，有的华丽，有的抒情，有的叙事，有的高亢有力，有的低沉婉转。

（一）含蓄深沉

表现含蓄、深沉的语言，在情歌中用得最多，青年们多通过这种语言，表达自己许多难于启齿、不好道明的感情，如："从来没走这方城，这方的姑娘长成人。心想这方安个家，不晓得人家肯不肯。""今天太阳辣焦焦，走在姐家要茶喝。端到茶碗不敢喝，看到小姐不敢说。""五月端阳阴阴天，情哥要上贝母山，莫得啥子相送你，荞面馍馍做打尖。走到半路掰开看，贤妹心事在中间。"

（二）生动形象

有一首《听到贤妹要嫁人》的一开头就唱道："听到贤妹要嫁人，好像头上打炸雷。"道出青年男子听到自己心爱的人要远离自己时震动、惊讶、幽怨、不解、痛苦的复杂心情，深刻揭露包办婚姻对人性的摧残，相爱的人不能结合，并且还要远嫁他乡，这是怎样的打击和摧残啊！歌中的主人公真是难以接受眼前这个痛苦的现实。"好像头上打炸雷"七个字，表现出他一切的梦想与希望被打了个粉碎的绝望。

另外诸如"豌豆开花笑眯眯，胡豆开花鼓丁鼓，茄子开花挂灯笼，石榴开花颠倒开"等语言，在羌族民歌中比比皆是，不胜枚举，可以说这也是羌族民歌最具特色的地方。

（三）幽默风趣，诙谐干练

羌人在情歌和生活歌中，用语多幽默、风趣、诙谐干练，如：表达爱情的有："花铺盖，花枕头，问你小哥睡哪头？花铺盖，花枕头，就睡在贤妹的怀里头。""一碗清茶甚金黄，双手端给知心郎。冷茶冷饭少吃点，睡到半夜要尿床。""小哥今年二十三，背上背杆明火枪，看到金鸡都不打，看到情妹放空枪。""小哥生来像条猴，房子团转打石头。奴家心中莫得你，哪怕你挖

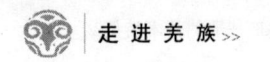

墙过壁头。"

（四）委婉

表现委婉的语言，在情歌和生活歌中较多，如"在布谷鸟叫唤的时候，我们的英雄从前方回来了。""回来了"三个字，其实是说英雄在前方作战时已经阵亡，现人们已把他们抬回了家。用"回来了"回避"死"这个字，表现了羌人对英雄的崇敬及仰慕，也表现了羌人视死如归的大无畏精神。

"郎骑白马上高桥，风吹马尾丝绕绕，它要绕来就等它绕，铜丝还比铁丝牢。"这首歌，读者仔细一读，不难发现是一首表达对爱情坚贞不移的歌。可全歌中没有一个"爱"字，也没有一句誓言。歌中的主人公对自己的心上人坚信不疑。我们可以想象，歌中的男主人公一定是一个英俊、潇洒、勤劳、善良的小伙子，虽这边他已有了心上人，可那边仍有姑娘在追他。而他的心上人对他也是那样的信任，对他们的爱情充满了自信："它要绕来就等它绕，铜丝还比铁丝牢。"可谓信心十足，掷地有声。

（五）直白、朴素

歌词的直白、朴素，也是羌族民歌的一大特色。民歌，和人们的生产劳动息息相关，是人民群众劳动的产物，如《耕地歌》《打麦歌》等。《薅草歌》："扯不完的草，指甲都给磨光了，整天薅草又苦又累。"

（六）华丽、抒情

羌族民歌的语言不乏华丽的抒情，在情歌中运用较多，如《十写》："……桃花纸儿取一张，墨儿磨成浆。镶边鞋儿满口花，奴不来安牙①。"《十爱》："……五爱姐的好银牙，脑壳一动就有声，声声如脆铃。六爱姐的好双手，十根指拇如嫩笋，赛过南海观世音。七爱姐好个腰，细腰好比嫩柳条，风吹就在摇。八爱姐好个腿，伸伸展展如竹杆儿，赛过那白鹤儿。"

（七）夸张

羌族民歌中夸张的语言也常运用，如《戒烟歌》："烟窟窿不大点点，能装上万担水田。烟杆子又绵又软，能撬翻你英雄好汉。挖刀儿不长不短，能挖你性命银钱。"说明吸鸦片烟的危害，告诫人们远离毒品。

---

① 不来安牙，意即不能到心上人身边为他穿鞋了。

《接亲歌》中男、女双方对歌时，都运用了夸张的语言，如："你的馍馍像坛子盖那么大""我的馍馍有面板那么大""你们的酒坛子，只有酒壶那么大，就像乌龟和癞疙宝①，只装得到四两酒……"双方唇枪舌剑，互不相让。女方总要一个劲地贬低男方，男方却要一个劲地抬高自己。这也是羌人的规矩，以此提高女子的地位，让男方尊重嫁过去的女子。

另如："麻布衣裳洗得白，好比高山下大雪""我郎喝了三捧水，三年五载口不渴。"《生活歌》中："堂屋中间有根藤，年年开花十二层。"对歌中夸耀自己："耗子扎的皮口袋，漏的山歌比你多。""你歌哪有我歌多，我歌要用牦牛驮。""一条牦牛不算多，我前山后山使大骡。""一唱山歌歌又多，歌声压断几条河。"

（八）高亢有力

高亢有力的语言在《劳动歌》中比较常用，如《打麦歌》《挖窝子歌》等，时政歌《红军歌》："来，来，来，杀死那反动派。怕什么国民党，建立工农苏维埃。"《铲草不留根》："我们红军，为了穷人，打到川西坝，关刀要显灵，要打倒土豪劣绅，铲草不留根！"充分表现了红军英勇顽强，一往无前的精神及必胜的信心。

（九）低沉婉转

这类歌在《苦情歌》及《丧葬歌》的独唱中较多，特别是《丧葬歌》的独唱，全歌是以"唱哭"的形式出现，表达对死者恩情的铭记与感激，并伴有长长的拖音，无不令听者动容。

三、表现手法的多样运用

羌族民歌除表达方式多样外，在表现手法上也是多种多样的，能更好地表达自己内心的感情，对事物的认识程度，表现自己的聪明、智慧、勤劳、勇敢、幽默、风趣、诙谐、干练、朴实、自然等精神风貌。

---

① 癞疙宝，意即癞蛤蟆。

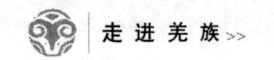

（一）比兴手法

比兴手法在民歌中运用很广泛，上至诗歌源头《诗经》中的《风》《雅》《颂》，一直到汉乐府，再到今天的新民歌，比兴手法的运用都是十分普遍的，羌族民歌也如此。

如："大河坝，藤子花，一红二白我爱她。"以花比人，先唱大河坝（一个地方），然后再说人（由花所喻）。

"一棵树儿九枝杠，又结葡萄又结瓜。又结南山豇豆子，又开四川牡丹花。"由树来比喻人家，言此家人多，又以豇豆子、牡丹花作比，喻此家的人好。也是先唱树再唱桠，以树子喻人家。

（二）烘托

羌族民歌中常运用烘托这种形式来表现自己的思想与感情："远看贤妹身穿花，十人看到九人夸。观音看到忙下马，和尚看到不出家。"全诗没有直接说女子的"美"，而是用"观音""和尚"来衬托主人公的美，与汉乐府民歌《陌上桑》中的"行者见罗敷，下担捋髭须。少年见罗敷，脱帽露梢头。耕者忘其犁，锄者忘其锄"同出一辙。

《马五哥》中，写杨家二姐（即歌中的女主人公）被美洛城的太爷提审时的"一进大堂闷沉沉，二进大堂吓死人"两句，充分展示了公堂的森严与肃穆，也从侧面烘托出了主人公的胆量。

《歌唱茂州城》中用"好采花""好抬轿""好跑马""转角楼""后花园"这些词语，言茂州城的宽敞。

"天上下雨我不愁，又有蓑衣有斗篷。蓑衣还在柳树上，斗篷还在竹林头。"歌中的主人公要下雨了都不想走，是什么原因呢？那是他舍不得心上人。可全歌也没有出现一个"爱"或"想"字，而是用下雨了也不想回家这句话来表现了主人公的难舍之情。

（三）白描

白描这种表现形式，在羌族民歌中运用很广。

"隔河看到姐穿青，身上钥匙有半斤""这山望到那山高，小姐出来砍柴烧""大河坝，石梯梯""小哥今年二十三，背上背杆明火枪""郎在高山吼一声，姐在绣房听得真。听得真来听得真，背起水桶就起身。水桶搁在水台上，二人挽手进松林""贤妹生来不多高，黑的头发打齐腰""葱白衫子对角翻，四支角角包麝香""布瓦嫂嫂爱赶场，满襟围腰拴飘带，满巾围腰拴飘带，灯笼裤脚红绣鞋"等，都采用了白描手法。

（四）铺陈

在羌族民歌中，铺陈的表现手法也大量运用，如：表现爱情的《找你》中是通过男主人公到女主人公家去寻找心爱的人不得，并通过遭狗咬、遭骂、遭打的细节描写，表现了男主人公对爱情的坚贞。

生活歌中的《放羊歌》，也是从正月一直唱到腊月，通过大肆地铺陈，充分表现了牧羊人的艰辛。

《点兵歌》也是从正月唱到腊月，表现从军之人临别家人时的不舍之情，其中的九次行拜，充分表现了人们厌战、希望家人团聚、骨肉相依之情。

四、修辞手法的广泛运用

羌族民歌中，修辞手法也被广泛地运用，运用较多的有比喻、比拟、夸张、对偶、层递、顶针等。

（一）比喻

在羌族民歌中，比喻的用法是相当多，如："小姐长得白如银"，以"银子"来说明姑娘"白"的程度。

"大河涨水浪推沙，水中浪出牡丹花"，以花喻人。"人人说我木头小，小小木头撑高楼"，以"木头"喻人。"太阳出来像条龙"，喻太阳的威力。"唱得高，对得高，半天云头耍弯刀"，以"耍弯刀"喻对歌之人深厚的功力。"姐是牡丹花一朵，郎是白马正下山"，以"牡丹花"喻女人的美丽，以"白马"喻男子的强壮。"茅草房子笆笆门，才子相交莫嫌贫，你是绒来我是布，我也把你配得过。"通过"你是绒""我是布"这些生动、形象的比喻，说明二人般配。

（二）比拟

"小哥生来像条猴"是拟物，"蚊虫落得燕子口，贤妹落得小哥手"，也是拟物。"半夜起来去点灯，用亮抱到紫微星。好汉抱到红花女，露水抱到草

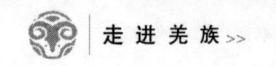

一根"，是拟人。

（三）夸张

前有阐述，略去。

（四）对偶

"一打龙来龙现爪，二打虎来虎翻身。三打桃园三结义，四打鲤鱼跳龙门。""房子团转路条路，窗子底下站个坑。""金花还要银花配，牡丹来配金钱盘""豌豆开花弯对弯，胡豆开花半截蔫""天上乌鸦要成对，地上猫儿要成亲"等，都是对偶的运用。

（五）层递

《找你》一歌中，第一次找，第二次找，乃至于第四次找，用找人次数的增多，来表现主人公对爱情的坚贞及大胆追求爱情的勇气。

《十写》中，主人公写信，从一月一直写到十月，随着次数的增多，表现女主人公对男主人的思念、爱慕之情。

《十爱》《十送》《十劝》《点歌》《放羊歌》《贞节歌》《看灯歌》《正月里来正月正》《一杯酒敬情郎》《正月好唱祝英台》《耍钱歌》《群英谱》等，都采用了层递这种修辞手法。

（六）顶针

"顶针"在羌族民歌中运用也是比较多的，如《歌唱茂州城》一歌，全歌都采用了顶针的修辞手法："松潘下来一朵云，端端照在茂州城。端端照在茂州城，茂州城门修得好。茂州城门修得好，四方都是铁皮包。"

五、情节曲折，一波三折，起伏跌宕，扣人心弦

羌族民歌在情节的安排上，并非是平铺直叙，特别是在叙事性的歌曲中，情节上更是力求曲折、起伏，引人入胜。

《羌戈大战》《木姐珠和斗安珠》是最著名的两首叙事长诗。

《羌戈大战》是一部史诗，它歌颂羌族人民的祖先，历尽艰难困苦，与戈人作战、与魔兵作战，从西北迁居岷江上游地区的真实历史状况。全诗由羊皮鞭的来历、与魔兵交战、羌戈相遇、羌戈大战、重建家园五大部分组成。

通过这些曲折、起伏、生动的情节，反映了羌民族迁徙的艰难曲折以及他们聪明、智慧、英勇顽强、不畏强敌的大无畏精神。

《木姐珠与斗安珠》也是一部史诗，它在茂县和理县的羌族地区流传很广，深入人心，描写了一对坚贞勇敢的青年，冲破神权天命的束缚，男主人公斗安珠到天宫向仙女木姐珠的父亲求婚，并在天庭三破难题又险遭毒计，而他凭自己聪明、智慧的头脑及勇敢顽强的精神，战胜了天爷的百般刁难，获得了婚姻的自由，创造了美满幸福的生活。全诗由倔强公主、牧羊少年、龙池巧遇、赠发定情、大胆求婚、三破难题、火后余生、再次求婚、险遭毒计、创造幸福等十大部分组成。全诗波澜起伏、曲折、生动，既有山穷水尽，又有柳暗花明，充分地显示了木姐珠的美丽，斗安珠的聪明勇敢，天爷的百般刁难，斗安珠战胜困难的信心与决心以及木姐珠与斗安珠二人创造幸福生活的故事。

《马五哥》《十写》也是两首较长的叙事长诗。前一首通过女主人公杨家二姐的口吻，表现了她要改姓（如改嫁）的理由（丈夫是个瓜娃子）和决心。全诗多采用侧面描写的手法，大肆地渲染了杨、马二人的相亲相爱之情；杨厌之夫家人的不服：一告、二告、三告；杨氏以身殉情的结局。对杨、马二人的杀人之举则只有简单的几笔："马五哥手巧巧，三天磨了一把杀人刀。马五哥你手脚笨，一身杀得血淋淋。"就在女主人公杨家二姐临上法场之际，诗人也不惜笔墨，"成都省来九条街，除了马五哥没人才。成都省来九条街，我人坐笼子狗坐轿。石步子来叮铛铛响，打开箱子取衣裳……"充分展示了女主人公为爱献身时的从容不迫，无怨无悔。通过这种表现手法，充分表现了人们对杨、马之恋的同情与宽容，同时也表现了男、女主人公，特别是女主人公，为了追求爱情，不惜以鲜血和生命作代价，为爱而生、为情而死的大无畏精神。全诗其实是对封建包办婚姻、买卖婚姻最有力的控诉，也是歌颂自由恋爱的一首颂歌。

《十写》这首歌，通过一个女子给远方情人写信一事，从思亲、取纸笔、写信开始，"一写郎无义，花园把奴欺"一直写到"十把书信写，原入叠溪去"，从一写到了十。写好后，又请人送信，对送信之人说明了收信人住所的方向、特征。送信之人经过艰难的跋涉，终于将信送到了男主人公手中。男主人公收信后，得知情人得了病，赶忙去看望，待他见到心上人后，她已大病不起。女子又对男主人公倾诉了思恋之情即得病的缘由（思恋成疾），后女主人公竟因此踏上黄泉之路。男主人公强忍悲痛，为她送了终。全诗情节曲折，结构复杂，充分展现了一对恋人之间相知、相爱、相恋的感情。

羌族民歌，是中华民族传统文化中的一朵奇葩，优美、深情、婉转的旋律及丰富的语言，多种多样的表达方式，形式多样的表现手法，情节曲折、跌宕起伏的结构等，无不引人入胜。它的产生、发展、演变都伴随着羌人生活的轨迹，无论是唱词、唱腔还是表现形式，都是生活的直接表现，都与生活息息相关。它的出现，是对马克思主义艺术理论"艺术源于生活"的最好诠释。

（原载于《羌族文学》2006年第3期，总第51期）

三星堆神树与岷江上游羌族释比神树的比较

赵 洋

三星堆两个祭祀坑精美绝伦的青铜器、玉器等大批文物的问世，揭开了古蜀文明的神秘面罩，也留下了许多旷世之谜。在解读三星堆神树、青铜直立人以及相关问题时，仅有的汉文典籍寥若晨星，考古材料迷离朦胧。现就地缘文化和民族学资料，就神树及青铜大立人像双手所执为何物做一点探索。

一

就地缘文化的角度而论，从古至今生活在岷江上游的羌族——尔玛人与古蜀国的蚕丛同处一地。《古文苑》章樵注引《先蜀记》载："蚕丛始居岷山石室中。"石室，羌语称"几勒"，汉语为石室，是羌族人最常见的住房，为三层石头建筑，下养牲畜，中层居人，顶层供神（神树、白石等）。岷江上游的叠溪镇尚保留有蚕丛遗迹。从民族学的角度看，段渝先生认为蚕丛氏是氐族的一支，童恩正先生认为氐是低地的转为农耕文化的羌族。氐羌同源，因此，三星堆的缔造者可能就是古羌人的一支，或至少与古羌人有着千丝万缕的联系。

至今，岷江上游的羌族仍延续着大量的神树崇拜文化。神树上装饰着神鸟，被敬置在羌族特有的祭祀神台"勒色"（纳萨）上。对神树的崇拜集中表现在其相关的祭祀中。在羌族巫师释比主持的原始古老的大型仪式"刮白尔"中，神树是其最重要的祭祀用物。羌族神树敬置在"勒色"上的方式、神树的构成、祭祀时的禁忌等许多方面与三星堆青铜神树颇多相似之处。我们分别予以考察。

二

我们首先考察羌族的祭祀神台与神树。

羌族的祭祀神台很容易被外人忽视，在羌族的石墙房屋上，它就是略高一点的石墙，在山林的坡地上，就是一个石碓或者石塔。20 世纪 20—30 年代到过岷江上游的英籍传教士 REV. T. TORRANCE. M 在他的《The History Customs and Religion of The Chiang》记为"Altar"，意为祭坛。四川大学宗教所钱安靖先生的调查中首次记下其羌语名称"勒色"，译为"神位"。赵曦先生在羌族释比经典调查中，对此做了专题调查，并发表了《羌族的勒色与释比教考略》的论文。

"勒色"为石砌立方体或锥柱体，形制如塔，纵截面为等腰梯形，两腰凸凹。"勒色"本体分为内、外和上、中、下、底的结构。内中埋藏有土陶、铁、铜、银、金、箭头、青稞、麦子、羊毛线、麻线等。"勒色"的外部分为上、中、下、底结构。下、中、底分别有三块大石板，石板之间各高约 30—50 厘米。这种大石板，释比称为"迟席巴"，意为支撑举托神树之神灵用具，它的功能就是在其上供奉神树、白石。下、中、底三张"迟席巴"石板分别精心安砌在羌族的石砌房屋的顶端或巨大高碉顶端，与这些建筑体浑然一体。石板半部分伸出建筑体的垂直线。伸出部分都有圆形穿孔，三张"迟席巴"石板的圆形穿孔，上下对应。它的唯一功能就是插举神树，将神树的下段穿插在对应的圆形孔中，目的是把神树举奉在最高端，通达于天。为此，中、下两张"迟席巴"石板的圆形穿孔，略有凸凹，以使神树穿插得牢实。

"迟席巴"大石板的圆形穿孔观念和圆形穿孔工艺值得特别注意。我们知道，"勒色"是羌族的宗教核心建筑体，是羌族宗教的最高、最神圣、最集中的圣物。在这个石板上洞圆空孔，在泛灵观念辉煌的时代，表现出制作者强烈的集万灵为一体和万神为一宗的宗教意识。把树奉为神灵，举奉于天，其缔造者也腾达于天。

圣物上的圆形穿孔，让人一下就联系到三星堆青铜直立神巫双手圆形空心形象。三星堆青铜神巫林林总总，青铜造像怪异扬厉，但是有关人手的造型，或抱拳，或合掌，或执物等，实心居多，唯青铜神巫的双手为洞空双手，孔圆指合。我们推论其观念是控天地人神于孔内，交通阴阳于圆中，依托神树上下天地，执柱天树以代天音，从而号令人神鬼灵。

三

"刮白尔"是羌族的最大型最高级次的祭祀仪式。四川大学宗教研究所钱安靖教授的调查中记录了释比的口头描述。赵曦先生在1989年实地参加了汶川龙溪沟白家夺寨的老释比主持的、原始古老的"刮白尔"大型仪式，作了详细的记述。

在"刮白尔"中，有许多大型的活动和物件的准备、制作：

1. （1）要有祭祀的白羊、白牦牛、白鸡、白狗。（2）白石。（3）神树。（4）青稞面制作的太阳、月亮、星星的面塑。（5）释比的神杖。神杖上有类似猴的变形兽头。兽头下装饰鸟类锦鸡类的羽毛，另挂两个铜铃。神杖下端尖锐。

2. 决定仪式中特殊神职身份的人群，羌语分别称为"刮师母""刮特母"。他们是现实社会中的地位崇高、有威望的人，经过老释比和权贵合议，担任"刮师母""刮特母"。"刮师母"有权采制神树、举执神树和牵祭祀的神白羊、白牦牛、白鸡并执行杀祭等等。"刮特母"的权力更大（这实际是世俗权力通过宗教仪式的确认）。他们在仪式中与释比共同组成群巫群帝阵营。

3. "刮师母"跋涉到传统中的神山（神山即天界）采取神树、神竹杆和神草，释比也称之为天树、天竹、天草。具体采取哪棵天树、天竹、天草做神树、神竹杆和神草，由"刮师母"决定。但它们必须是获得神的某种神秘的启示或释比的预示，如夜晚树的上空有星星；白天在云雾中或隐或现；树上有鹰盘旋；树干笔直，顶端有9个造型很好的丫枝等。

三星堆青铜神树是以"三角形云山状为树座的"，这也明白无误地说明其原形——神树是立于神山上的。

4. 神树的运送禁忌。"刮师母"运送神树（杉树）是扛在肩上，必须摘一支小神树（杉树丫枝）横放含在口中，不能说话，以表敬畏和神圣，张口则丫枝失落在地上，神树就废了。"刮师母"运送神树到祭祀地点之时间，必须是太阳刚刚升起。释比和众"刮特母"恭迎。随后由"刮特母"和释比共同确认此实为神树，并由释比恭敬地从神树上采摘下两个小丫枝，并将其分别卡在金丝皮猴帽中间和羊皮鼓上，"刮师母"方能开口，表明天言未泄，天言已为释比所掌握。献给天神的一只羊的耳朵也要割下，卡在鼓上。据羌锋寨老释比王治国解释，卡于羊皮鼓的神树枝和羊耳朵都有听天音传天意的含义。卡在金丝皮猴帽中的神树枝的象征意义是表明神树即插于释比头上，释比通道于神树，沟通于天界。而卡于释比金丝猴皮帽上的神树枝又与三星堆出土的青铜兽面具的额饰有一定的相似之处。

5. 由大释比对神树组装神鸟等物体。组装在神树上的神鸟型物分为两大类：一类用青稞面捏塑，另一类用白麻布或白纸剪裁制作。青稞面捏塑的鸟类锦鸡类形状较多。白纸剪裁制作的鸟类锦鸡类形状称为"厄"。"厄"，羌语为神鸟之意。"厄"的制作又分几类，最值得注意的是"刮特母"手执的锦鸡类形状的大"厄"，其状如大纛，形如巨鸟，由神山上采取的神竹杆撑举。撑举的"厄"中挂置一个小弓箭，并有一个小竹筒，内装几颗青稞籽。这一器物与三星堆金杖图案神鸟衔箭射鱼之形、义极为相似。相异的是前者射青稞，后者射鱼，但同为社稷之物。由此可见，"刮白尔"仪式中的神树、神鸟、神箭等以及它们的组合形式，与三星堆的惊人相似。

神树的含义和口含神树丫枝的运送禁忌的含义值得深究。禁忌主要针对"刮师母"，"刮师母"有世俗与宗教双重角色，他们到神山（神山即天界）采取神树，先于释比接触到天和执掌神树，可被理解先于释比上天，已先听获天言。假如他想执神树替天言号令人鬼，夺取释比或部落联盟首领之权，酿出血腥的宗教政变，在神秘的、随意的巫灵社会中，是很有可能的。因而，在释比制和"刮特母"制的双重并行、相生相伴的情况下，为使神权、世俗权利达到平衡，"刮特母"内部的权力的分配、褫夺得到控制，避免酿出血腥的政变，又能让群巫各司其职，遂有了以神树封口的禁忌制度，并将其神秘化。这个神秘化的禁忌制度的核心是神树对释比、"刮特母"的制约功能作用和角色认同功能作用。

四

"刮白尔"仪式中，神树是号令群巫、领引诸神、臣服各路首领的大纛，众神、群巫云集在神树下。成都附近有一个叫"巴斯涅堵"的地方，远古曾举行过大型仪式。

"刮白尔"仪式非常复杂，释比们通夜颂念经典，经典内容相当广博，有诵唱人神的、日月山川的、万物起源的、战争、迁移、疫病，等等，但经文内容主体不离三类神灵系统：1. 地方（邦国）神，首领；2. 山神；3. 释比祖神。凡举行"刮白尔"仪式，释比都要在仪式举行之寨，唱请沿岷江上下（从松潘西北到成都以外）的从古至今的地方神、山神、释比祖神。这是一个长长的神圣的名单，群王毕至，群巫毕至。"刮白尔"仪式中释比所请的地方神、山神值得我们特别的注意。其中，唱念到成都（羌语称"如堵"）的神为"勿巴色，桌涅色"，地方神为"珍美基"。黑水县石碉楼乡已故释比瓦士特传承的释比经典《巴斯涅堵》，描述了一个叫"阿博黑扎里"的大释比，这位大释比是所有释比中最厉害的。"阿博黑扎里"在成都附近一个叫"巴斯涅堵"的地方（该地点在今天的什么地方有待考证）举行过大型的仪式。在"巴斯涅堵"举行的仪式曾有数以百计的释比和各部落首领参加，场面壮观，有数以百千计的白羊、白牦牛、白鸡和让人鬼巫灵敬畏的神树。

在仪式中，神树被释比和"刮师母"扛举着，牵引着祭祀的牺牲走向传统中和意念中的天门。其他人员在这里严禁举步。特定的神牛、神羊在天门口由"刮师母"宰杀，血要涂在神树、白石与"厄"上，随后从天门的后门退出。在时间上，此时正是黑夜将完、太阳欲升之时，释比率领众"刮师母""刮特母"围绕着饰有鸟类锦鸡类的神树转三圈，这实际是一个跨越人、神、天地的历程。在仪式之先由"刮师母"于神山采伐神树，再由释比率众"刮师母"围绕神树转，此宗教动作可能就是"建木在都广，众帝所自上下"的一种物化表现，它是一个以神树为中央宇宙之柱的世界构成观念的表现。

由此，将以上材料与三星堆青铜神鸟神树作出种种比较之后，我们推论：

岷江上游巫文化及神树与三星堆青铜神鸟神树反映了古蜀人的意识形态的深层理念，即整个世界是由神树为宇宙中央之柱构成。神树具有巫术、巫术手段、宗教、世俗政治权力标志的多重含义。神树是邦国之重器，巫帝之法表。执神树可代替天，执神树可号令人鬼，口含神树可禁天言（天权神权人权）。青铜大立人像空手所握执的可能就是神树，该神树可能是通过类似"刮白尔"那样的仪式，确立首领，专往神山天界取回，再装饰神鸟、神鸡的树。它可能是自然界的树，因为年代久远未能保存至今。或者，它就是二号坑出土的青铜枝头人面鸟身树枝。该青铜枝头人面鸟身树枝的残缺部分，可能是取自神树，也因是木制未能保存至今。

（原载于《羌族文学》2006年第3期，总第51期）

理县羌族铁林寺、天元寺、白空寺三寺

李绍明（土家族）

阿坝藏族羌族自治州理县桃坪乡位于该州东部岷江支流杂谷脑河畔，是一个羌族聚居地区。桃坪乡有桃坪、增头、古城、佳山、东山等五个自然村寨，其中以桃坪村寨的建筑最具特色。雄伟的碉楼、石砌的民居、自然的供水系统将整个桃坪村寨连为一体，为羌族传统建筑中的一朵奇葩。且当地民族风情浓郁、文化积淀丰厚，早已蜚声中外，成为到阿坝州者不可不去之地。近年来桃坪羌乡引起了国内外学者的关注，纷纷前往考察研究。20世纪末期，四川大学与日本早稻田大学联合组团对该地考察并形成《四川省理县桃坪羌族乡1988—1999年度羌族社会历史文化调查研究》，即此中重要成果之一。

桃坪乡属羌语南部方言地区，具有这一地区一定的代表性。因此，对桃坪乡历史文化的研究可以揭示出这片地区历史文化的某些特点。但桃坪乡的面积毕竟有限，我们在探讨该地历史文化时，还必须涉及与此相邻的有关地区一并加以考虑方能奏效。本文仅对桃坪远古文化、桃坪历代建置与族体、桃坪铁林等三寺民间信仰等三个问题进行必要的讨论，是否之处，请读者予以指正。

一、桃坪远古文化

桃坪新石器时代文化遗存未经科学发掘，仅有一些实物被采集者发现。

如桃坪寨杨天林家中有块磨制石锛，宽6厘米，长约13厘米，可能是新石器时代晚期器物。据他介绍，石锛出土于该乡佳山寨的黄泥巴坪。1998年春，四川大学与日本早稻田大学联合组成的"羌族社会历史文化合作研究课题组"在桃坪寨和佳山寨调查时，在很多农户的家里还发现了不同类型的石斧和石锛，据了解，这些石器均出土于佳山寨山坡。此外，在与桃坪相去不远的理县薛城乡箭山寨，以前还发现过新石器时代文化遗址。该遗址约1500平方米，文化层距地表3.5—4.5米，文化层厚0.35—0.8米，内含大量泥质灰陶、粗砂泥质红陶、粗砂泥质褐陶、夹砂红陶以及烧红土块、木炭硝，还有磨制石器、彩陶片等。该遗址同汶川县威州姜维城新石器时代文化遗址一样，主要为本地区粗砂陶文化，经测定属新石器晚期遗存。陶片纹饰风格与甘肃马家窑文化极其相似，反映出二者间的某种内在的文化联系。由此可见，桃坪一带自远古以来即有人类在此繁衍生息。

桃坪除远古文化外，在近年的考古发掘中还在佳山寨出土有"石棺葬"。石棺葬是我国古代先民以石材（片石、石板、卵石）构造墓穴而葬的一种形式。岷江上游的石棺葬主要集中在岷江干流及其支流杂谷脑河、黑水河一带，也在与此相邻的大渡河上游小金东部等处有所发现。这一带石棺葬的年代约在西周至东汉对期，延续时间相对长久。一般认为该区石棺葬的墓主与古代氐羌族系的冉駹人有关。在桃坪佳山寨，1984年阿坝州与理县文物管理部门共发掘了15座石棺葬及一个祭祀坑，其时间由秦至汉初乃至西汉中晚期不等，为当地古代民族的活动提供了实物佐证。从出土文物得知，当时这一带的民族已进入农耕与畜牧并举的阶段，其社会经济与文化已有相当的发展。

二、桃坪历代建置与族体

据文献记载，早在公元前4世纪末期，在岷江上游两岸已有古氐羌人的存在。公元前310年秦惠王遣张仪和司马错统一巴蜀后，即将岷江上游一带和盆周的都江堰和彭州等地纳入版图，设立了湔氐道。"道"是当时一个以管理少数民族为主的县级地方政权。湔氐道的范围很广，今桃坪地方亦在其管辖之内。当时这一带的族体泛称氐羌，虽不可确指，但他们与现今汉藏语系中的藏缅语族诸民族，尤其是羌语支的民族应有族源上的联系。

自秦汉之际并延至西汉初期，岷江上游一带存在着一个称为冉駹的部落或部落联盟。其中，以冉和駹两个部落为大，故习惯以"冉駹"概称这些部落群体。有关冉駹的情况，《史记·西南夷列传》和《后汉书·南蛮西南夷列传》均有记载。当时，这一带是多族体的地区。如《后汉书·南蛮西南夷列传》说："冉、駹夷者武帝所开，元鼎六年以为汶山郡。其山有六夷、七羌、九氐，各有部落。"又如《华阳国志·蜀志》说："汶山郡本蜀郡北部都尉，孝武元鼎六年置。……有六夷、羌胡、羌虏、白益峒九种之戎。"以上说明当时这一带有着众多族体，但何以《史记·六国年表第三》张守节《正义》又说"禹生茂州汶川县，本冉駹国，皆西羌"呢？盖由于这里所说的"西羌"是个泛称或总称，与当地的多族体并无矛盾，只不过说明此时在当地众多族体中，以氐羌系的民族为主或为多而已。

当西汉元鼎六年（前111年），汉武帝在今川西北设置汶山郡时，又于该郡之下设置了绵虒、湔氐、汶江、蚕陵、广柔诸县。其中的广柔县即在今理县一带，而县治即在今桃坪乡的古城村。此后，历经东汉、三国、两晋诸代，广柔县相继存在，直到南朝刘宋时才因社会动荡而被裁撤。由此可见，桃坪一带自汉迄晋一直在中央王朝管辖之下，当地虽是少数民族聚居地域，但与中原却有密切交往，其经济文化均受中原较深的影响。桃坪佳山寨的石棺葬中出土有不少中原古钱币，如秦代半两和汉代五铢等即是最好的说明。

北周武帝保定元年（510年），重新在岷江流域恢复建置，定名汶州并于桃坪相邻的今通化乡置石门镇。隋开皇四年（584年），又在今理县杂谷脑以下一带置定廉戍与薛城戍进行管理。今桃坪一带又于隋开皇十六年（596年）设置了金川县，仁寿元年（601年）改名为通化县，县治亦在今桃坪乡的古城村。迄至唐代，设于今桃坪古城的通化县的县治与县名均未改变，仍为管辖川西北一带的会州（或南会州、茂州）所属诸县之一。

隋唐之时，桃坪一带羌人究竟有何称谓？《元和郡县志》于"通化县"云："本汉广柔县地，周武帝于此置石门镇，隋开皇十六年以近白狗生羌于金川镇置金川县。"这是说当时的白狗羌部落与金川县（治今桃坪古城）相近，但当时的金川县是否为白狗羌部落呢？于此《新唐书》卷四二《地理志》云："维州维川郡下，武德七年以白狗羌户于姜维故城置，并金川、定廉二县。贞观元年羌叛，州废县亦省，二年复置。麟德元年二月，自羁縻州为正州，仪凤二年以羌叛复降为羁縻州，垂拱二年复为正州。广德元年没吐蕃，太和五年收复。寻弃其地，大中三年首领以州内附。"由此可知，金川与定廉两县当时也有白狗羌部落，只不过时而依附于唐，时而依附于吐蕃而已。白狗羌部落当时不仅分布在唐代维州（州治今理县杂谷脑），也分布在与维州相邻的保州、霸州一带，亦即今的理县及黑水县这一带地方。至于白狗羌如何得名？按白狗在一些史籍中又作白苟，应为羌语的汉译，极可能与当地古代的一支羌人的领袖名为白苟（白构）有关。至今岷江上游羌民口传的史诗《羌戈大战》中即说，羌民原本生活在西北大草原，后因战争与自然灾害，有九支羌人向西迁徙，其中的一支在途中又向南移动，率领他们的"阿巴白构是大哥"。此后，这支羌人逐步迁来岷江上游及涪江上游定居，逐步发展并形成今日的羌族。据此，今桃坪一带的羌民应与唐代的白狗（白苟、白构）羌部落有着族源上的联系。

宋代，泛称岷江上游一带少数民族为"蛮"或"夷"，也包括今桃坪一带羌族的先民在内。宋时，于在今理县一带仍置威州（治今理县薛城），管辖保宁、通化二县，桃坪属于通化县。迄至元代，保宁、通化二县继续沿袭下来。明、清两代均在今理县置保县，桃坪归属保县。清乾隆十七年（1752年），废杂谷土司，以该土司原辖地与保县合并，改置杂谷厅（后改理番直隶厅，厅治仍在今理县薛城），该厅管辖桃坪未变。民国二年（1913年）改理番厅为理番县（后又改为理县）。在历史长河中，桃坪的行政区划虽时有变迁，而桃坪的居民也有延续与更迭，但这里自秦汉以来，迄今2000余年，一直是羌民聚居地区则是客观存在的事实。

三、桃坪铁林寺等三寺民间信仰

在桃坪一带的民间信仰与民俗文化中有一个特别值得重视的地方，即铁林寺、天元寺、白空寺等三座寺庙所反映出的羌族历史与文化特点。此三寺今分属理县桃坪乡和通化乡，排列在杂谷脑河北岸相近的三个山头上。这三个寺庙可谓羌族传统信仰的典型神庙，其祭祀的神祇及形式均属羌族所固有，有着深刻的文化内涵与研究价值。

铁林寺、天元寺、白空寺等三寺羌民传统信仰的状况，最早见于记载的是美国学者葛维汉（David Crockett Graham）所著《羌族的习俗与宗教》一书。他在此书中说："从理番（按：指当时理番县治薛城）过河的山上有座寺庙叫白空寺，内有三块白石被作为神灵来供奉。有四名汉族巫师负责照看神庙，为免除灾病，这一带的羌族、汉族和其他民族的人民都要来此地祭拜。人们烧香祭供，牦牛、羊和其他牲口常常养在寺庙近处，它们不是作为有罪之身被放生的。本来人们可以在适当时候把它们杀了吃，但却通过放生作为一种积德手段。"在此之前，还有另一位英国学者陶然士（Tomas Torrance）也曾在他的一本著作《羌族的历史、习俗和宗教——中国西部的土著居民》中有过类似的叙述。他说："神性是一个整体，不容对此抱怀疑态度。神还被视作三位一体。对这种宗教概念的准确特性，难以下界说。但他们为了支持这种信念，在屋里较高的墙上立有三块白石头，在某些神龛和庙宇立有三块的石头，也许还根据他们的崇拜理由，在它们两者后面各设三个祭坛。他们有一间空荡、简陋的祭祀房，那是一间真正的神殿，尽管不含有这个词华美和现世的意味。那里就安置着的石神。神庙就建在灌木丛或矮树丛中，有时就在附近，有时一英里左右，有时却得到山顶上。"这极可能是他对羌民白石崇拜的一般概述，或许也包括着他所见到的铁林寺等三座羌族神庙内的情况，由于其叙述较为简单，现已不知其详了。以上两位外国学者所述的都是新中国成立前的情况，亦为迄今仍存在于当地的客观事实。

我国著名民族学家、历史学家马长寿亦曾于新中国成立前的 1937 年和 1941 年两次赴羌族地区考察。他在其后所著《氐与羌》一书中对铁林寺等三座神庙作了如下叙述。他说："茂汶各地羌民来源是多元的。试以威州西南杂谷河南岸佳山三寨羌民为例。据入达寨一个 70 多岁的杨姓老人说：'三寨最早的居民来自距上孟董沟进头寨还有二日程的莫尼谷桃。再早莫尼谷桃的羌民来自产牦牛的康藏地面。'佳山寨还有一种比较普遍的传说，康藏某一地区有兄弟三人，最幼弟名白拉拉，留居康藏；长兄名白安安，迁到佳山寨北面的白孔（空）寺；次兄名白西西，迁到西山寨，今两地都立有庙宇，纪念他们祖宗的渊源。西山寨的白王庙有三块白石，纪念他们的祖先白苟驱逐戈人（葛人）出境的事。白孔（空）寺每年公祭一次，参加公祭的村寨，除佳山、入达二寨外，西山六寨、增头三寨、牛罗二寨、九枯六里的羌民都来致祭，所以叫做'还牦牛愿'。买牛的价由西山六寨、增头三寨、牛罗二寨公摊，佳山寨则出黑羊一只。牦牛到达通化，便由通化的居民焚香迎接，然后每到一寨，各寨羌民迎送，直到白孔（空）寺，献牛于神。从这一事实说明西山、入达、佳山、增头、牛罗、九枯的羌民祖先又是从康藏地区来的。"马先生引用这段资料，主要在于说明羌族来源于西北以及其族源的多元性。因此，我们以往在编写《羌族史》时，又再次引用了他的这段调查资料而加以申述。实际上，上述羌族这一民间信仰与习俗还有其自身深刻的文化内涵。

最近新编的《理县志》对此也有一段明确的叙述："理县羌民的神庙，只有通化乡的西山村山顶的'白空寺'、桃坪乡增头村的'铁林寺'、牛山村的'天元寺'，寺内皆供白石。相传这三寺的菩萨是来自草原的三兄弟：白西西、白哈哈、白朗朗，由于他们'显圣'护卫羌民，清末民初，羌民才择地修白空寺供奉白西西；修铁林寺供奉白朗朗；修天元寺供奉白哈哈。民国时期，来此三寺者络绎不绝，特别是白空寺，一时香火不绝，草原男女藏胞不辞长途跋涉亦常结伴来此朝山还愿。铁林寺影响较大，民国时期，汶川县信众还给该寺赠送木匾：'泽被绵虒'。由于年久失修，各庙均已残破。又谓：正月初九在白空寺举行的玉皇会。当时县属'三番'（按：即旧番、新番、后番，今茂县曲谷、雅都、维城三个乡），'四土'（按：即梭磨、卓克基、松岗、党坝四个土司区，今马尔康一带）及邻近的善男信女，不辞长途跋涉，务于初八赶到。该寺海拔高，曾发生上香者被雷击毙几个。……但虔诚的信徒们，仍不以为惧，甚至有为父母消灾祈寿、许愿'拜香'的，自山脚一跪一拜直至山顶。会期由寺庙供应斋饭，每餐几十席，朝山的人除给寺庙捐献'功果'外，有的还以牦牛、羊、雄鸡放生在寺庙后山，以求消灾免难，多子长寿。"从以上叙述中，我们可以见到羌族民间传统信仰的一个发展过程。

本来羌族信仰的原始宗教尚停留在自然崇拜、祖先崇拜乃至某些图腾崇拜阶段，其特点便是万物有灵和多神信仰，而多神又均以白石作为象征加以祭祀，本无寺庙的存在，后来因受邻近汉、藏等民族的人为宗教文化的影响，于是才修建起自身的寺庙。这便是桃坪、通化的铁林寺等三座寺庙的由来。此三座神庙所祭祀的皆是这支羌民传说中的祖先"白"氏的三兄弟。他们或与"白石"崇拜有关，或与古代的"白苟"羌部落有关，尚难作出定论。此实际上为一种将祖先崇拜加以公众化和地域化的形式。羌民原始宗教信仰本无寺庙，桃坪铁林寺等三寺建寺的历史亦均在清末民初，迄今也不过百年左右，可见羌族信仰中这种由无寺庙向有寺庙的过渡与发展，也仅是近代才发生的事。值得注意的是，此三寺中供奉的神仍是羌族诸神的表征三个白石，而非其他塑像。这可说这三座羌族神庙尚保留着羌族民间信仰形式的精髓，但却已经向寺庙过渡了。这一羌族信仰形式的个案为自然宗教向人为宗教发展的理论提供了有力的佐证。据闻白空寺中，近来村民还建了一些泥塑木雕的神像，不过尚未完全取代作为白石的象征的神之主体地位。我们从此亦可看到羌族传统信仰的形式迄今亦仍在发展和演变之中。总之，桃坪铁林寺等三寺在民族学、宗教学、历史学与文化学上的意义是值得认真研究的事。

本文系应理县桃坪父老相邀而作，只谈三题，不求全面。余曾多次赴桃坪考察，承蒙羌乡父老诸多关照，借此机会，谨致谢忱。

（原载于《羌族文学》2006年第4期，总第52期）

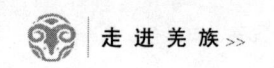

西北羌人故地行

杨光成（羌族）

1995年5月，西夏学专家、宁夏社会科学院名誉院长李范文先生来信，邀请我参加8月在西夏古都银川市召开的首届西夏学国际学术讨论会。他说，很感谢我送他《羌族历史文化集》（1—5集），这对他研究党项羌的西夏学很有帮助。

作为一名古羌子孙，能够首次出席研究羌学分支西夏学的国际会议，我感到很自豪。这表明羌族已经有人步入史学殿堂，开始了对自己祖先的真正认识和研究。我撰写的论文是《党项羌族源探证》，一个星期完成初稿，却有个解不开的"谜"，即雄居陕、甘、宁、青、内蒙古南部、四川西北部"方二万余里"的党项羌，自公元881年（唐代）到公元1227年（南宋），经历了346年（史学界以1038年元昊登帝为起年）的大夏国（宋称西夏），被蒙古军队征灭后，留下西北这六省区羌人的"无踪之谜"。这篇考察如果没有揭开那个谜题，不能算作一篇好文章。

走访甘南

一、夏河县调查

中国著名社会学家费孝通先生曾三次到甘肃省甘南州考察，他认为甘南是当今羌族的发祥地。1994年12月，《人民日报》（海外版）、《光明日报》

《宁夏日报》相继刊登了一则震惊世界的消息,大夏国23世皇孙李培业十部《大夏皇族世谱》面世。《光明日报》以《九部皇族史新佐证西夏亡后皇族未绝》报道。据李培业先生来信称,他家的皇族世谱记载,他们的先祖族别为羌,发祥在甘南黄河九曲湾(今玛曲、夏河县)一带。1227年西夏国亡,族民惨遭杀掳,四处奔逃。到明代(1368年),在青海的皇族后裔多数当了各地的土司官职,与《明史》记载相符。为了解更多情况,在参加银川讨论会前,他亲赴青海调查,我亦决定前往甘肃和陕西调查后再去参会。

8月8日,我到了甘南州合作镇,见街心花园雄健的白玉山羊塑像,羌族文化特征一目了然,便兴奋地拍了两张彩照。又忙着进了新华书店,一翻《甘肃省地方志》,民族源流记得很清楚,甘南古为羌人世居地,羌人是当地土著藏、汉人的先祖,其中的党项羌支成了草地和农区藏民。全甘肃省仍报为羌族的有50人,其中甘南州有22人,临夏州有19人。为了解古羌子孙分布情况,我到了甘南州公安局治安科,受到治安科同志的热情接待。根据户口资料记载,羌民主要在夏河县。

在夏河县,我通过县政协文史办、地方志办、县公安局户籍室、城关拉卜楞公安派出所向官方调查。县政协副主席曹玉兰是位30出头的精明强干的女同志,她拿着我赠送的四、五集《羌族历史文化文集》,爱不释手,说:"羌族过去是个人口众多的大民族,西北地区多数演化为藏族和汉族了。"拉卜楞派出所的六七位民警争着看《羌族历史文化文集》和《羌族日常用语四百句》,听我简述羌族史,大家非常感慨激动。

下午,我在"河边餐馆"吃面,把要送阅的羌族书籍放在桌上。"羌族!羌族的书!你是羌族?"一位50多岁的妇女和一个10多岁的男孩看见《羌族历史文化文集》的封面,非常兴奋地对我说。

"是,我是羌族。这些都是我们编写的羌族历史文化书籍。你们是藏族?"

"不。我们是羌族。"小男孩急促回答。

我们便细谈起来。女同志详细地告诉了她的工作单位,还把退休证给我看,说她是1959年由羌族改为藏族的,又说,夏河县真正的羌族很多,都被改为藏族了。

稍后,进来5个男的,1个女的。男孩非常高兴地对我说:"他们都是羌族。"他们半通汉语，小男孩为我作翻译，记下他们的地址。说到"唐"字时，小男孩说"唐朝的唐"。想不到小小年纪的他还知道唐朝。我把他们的茶钱、面钱一并付了，32.50元。他们推让不要我付。我说："我们都是自己人。"他们虽然脸带笑容，但仍有很强的戒备心理。经再三恳求，才让一位穿羌服（现在人们误认的藏服）的男子照了两张相。一位穿羌服的女同志一直不同意照，我偷拍了一张，并给他们送了两套《羌族历史文化文集》。

我住进以古羌国号为标志的"大夏宾馆"。我到"旅游饭店"，女主人很热情地送了张《夏河县地图》，一看，带"羌"字的地名就有七八处之多，成了羌人故地的历史证据。我在街上认识了已退休的汉族校长丁维华，他对我说："羌族除夏河县外，分布在甘南州舟曲县、迭部县，那里的羌族服饰、语言、风俗习惯都保留得比较完整。"

10日上午7点，我边等新华书店开门营业，边信步过桥游览"关帝庙"，见很多老人和少男少女烧柏香、点香蜡祭拜。我走到正殿，关帝右边有尊"二郎神"，两只猎犬精神抖擞。二郎神是四川的川主羌神。夏河每到农历七月十五日，人们在上班开市前，前来虔诚朝拜，主要是汉民和羌民（藏民信仰藏传佛教，回民信仰伊斯兰教），成了北方羌人祭祖的定俗。我亦在二郎神前三叩三拜。

二、迭部、舟曲、宕昌、岷县调查

10日晚上投宿迭部县政府招待所。同宿的李贵恩（迭部县阿夏乡团委干部）对我说："羌族在迭部、舟曲两县都有。舟曲过去叫羌道县。两县羌族人口有十多万，有自己的语言，现在全部划为藏族了。"

县志办宝世民同志介绍说："羌族的文化中心在黑水沟，共6个乡。甘南州办有《格桑花》的文艺刊物，曾汉成曾在《格桑花》上发表过很多甘南羌族的文艺作品和纪实文章。迭部洛大乡老干部赵国瑞是本地人，他从语言、服饰、民情风俗，认定迭部县的花园至舟曲县的武土关，全属羌族地区。1980年他写了150多页5万多字的专题报告上报国务院，要求成立'洛大羌族自治县'。"

在洛大乡，我专程拜会了赵国瑞老人（71岁）。赵老说："我写了专题报告，国务院没有答复。国家曾组织过几次调查，认定是地地道道的羌族，但没有结果,看来羌族的事难办啊!"赵老的两个儿子已参加工作,对《羌族历史文化文集》(四、五集)爱不释手,细心翻读,非常感慨地说:"我们虽然有文化,但不懂自己羌族的历史,想起来很可悲。"

任亚雄是位典型的北方羌族高大男子,说话声若洪钟。"我们这里 70 年代来调查过,应该定为羌族,现在没有定,四川羌族的服饰与我们完全一样。吹羌笛、拉口弦、跳锅庄、喝咂酒,房顶敬白石神,用铁三足、穿绣花鞋、穿麻布衣服、穿长衫、妇女带银牌都一样。国家普查时说,我们是彻头彻尾的羌族。1958 年'民改'全部报为藏族,过去不知道什么叫族,上面喊的'藏族'。旧社会信佛教,可能以教定的。国民党时期统称西番,新中国成立后 1958 年就定为藏族。"他拿着《羌族历史文化文集》大声说:"我们就是不知自己羌族的历史,这很重要。我必须看,还要拿给我的娃儿们看,给乡亲们看。要知道自己羌族祖先的历史。"

我从迭部到舟曲、宕昌。过去的"宕昌羌"也被划成了藏族。到岷县,岷县的羌族除藏族外多数划为汉族。岷县的羌族历史,清代的《岷州志》中记述得很清楚。迭部、舟曲、宕昌过去属岷州管辖。

甘南州的羌族族源无论是旧方志还是新方志,都作了如实记载。

银川赶考

8 月 21 日,在银川昊都大酒店报到。参加"首届西夏学国际学术讨论会"的 143 名中外专家、学者济济一堂。我除给大会呈交了 100 份《党项羌族源探证》论文外,还将《国际史学者联谊研究羌族的倡议》(中、英文本) 20 份同时呈交大会秘书组。向国外以及台湾学者分别赠送了《羌族历史文化文集》(四、五集)和《羌族日常用语四百句》(由威师校编印),倡议书一份。给宁夏博物馆赠送 1—5 集《羌族历史文化文集》《羌族日常用语四百句》《中国四川羌族装饰图案》(阿坝州计经委黄代华主编)各一册。各地专家学者争要文集,虽然我带了几十册,但只能重点赠送了。在甘南夏河、迭部、岷县沿途共送了 25 册。

22 日上午,学术会开幕。24 日,大会学术讨论发言。我以《党项羌族源探证》为题发言："我是四川羌族，有幸参加这次党项羌西夏学国际学术讨论会。研究党项羌的西夏学必须与羌学研究结合。要弄清它的族源、语系。据中国社会科学院羌语学专家孙宏开教授讲，西夏语属羌语支。党项羌羌语自称玛，与现代南部羌语一致，党项是他称，西夏学是羌学的组成部分。现代羌人的历史文化、民风民俗、宗教信仰、语言服饰，虽地分南北，有的却完全相同，因地域关系的历史演变，有的成了同源异流。至于党项羌的遗民问题，大夏23世皇孙李培业的十部《大夏皇族世谱》揭开了西北羌人'无踪之谜'。这次我专程到甘肃甘南州作了调查，当地的羌民虽然被划为藏民或汉民，但在山区，仍保留了自己的语言、服饰等羌族文化基本特征（展示10幅彩照，会上大家传看）。1993年四川广元市政府专报统计识别为羌族的人口达100多万。汉唐时期，羌族遍布全国16个省区，总人口达1300多万（全国人口5995万）。羌族是遍布东南亚、西北亚的世界性民族。希望国内外专家学者联谊研究羌族。"

笔者的发言，引起很大反响，对西夏学断头去尾的研究方法冲击很大。当场要羌族文集的专家教授很多，上海的三位学者要了两张甘南调查的照片。中央民族大学黄布凡老师要求给一套羌族文集。西北大学文博学院周传洲教授要求我到陕南调查羌族，说有很多羌绣与四川羌绣相同。陕西省博物馆副馆长杨培钧老师感慨地说："西夏学研究必须与羌族研究相结合才有出路。"

本人向韩国金周汉教授送阅《羌族历史文化文集》（四、五集）时，他激动地说："我的爷爷就是戎羌人。"他要求合影，后与羌语专家孙宏开教授合影。

台湾的王民信教授和林英津女士对羌学研究很感兴趣，说台湾羌学方面的史料很多。俄国的西夏学专家克恰诺夫知道我是羌人后，在银川黄河大桥主动与我合影。云南普米族青年学者胡文明与我畅谈，他直言不讳地说："普米就是羌的后裔。目前西夏语与普米语有百分之四十以上相同，与羌语可说是一种语言，只是有的发音上有小差异。比如普米语'释比'，羌语也叫'释比'，语音词意都一样，今后我们要加强合作研究，我正在写20万字的羌族文化专著，已写10万字了。"小胡虽然年仅30岁，毕业于西南民大学历史系，但对羌学研究、普米族历史文化很有研究，是位有才华的学者。他说，

"要对得起自己的祖先。"

中国社会科学院年过古稀的琳应教授专门从住地8楼打电话给我，索要《羌族历史文化文集》。她说："这些现成的研究成果对我很有用，羌族在中国是个伟大民族，不能湮没了它"对中华开拓性的功绩。"

羌城考查

8月29日，我从宝鸡坐汽车到陕西汉中，并连夜赶到宁强（羌）县城。

陕西省的宁强县，1941年前叫宁羌县，是陕西省的羌人聚居区。明、清时期是宁羌州州府，辖阳平县、三泉县、宁羌县三县。太平天国起义军占领汉中后，汉中和宁羌州的部分羌人迁到甘南、武都、四川、湖北等地。1941年国民党政府在推行"大汉族主义"中，以"要自强"为由，把"羌"字改为"强"字，即成为宁强县，沿袭至今。宁强人民尊重历史，特别尊重羌族史，老人们通常都称宁强城关为"羌城"，街道门牌上有金粉大字"羌城旅社""宁强县羌城服装经销部"，汽车上有"中国羌城旅游社"等名号，成了羌城历史传下来的标记。

宁强的牟永禄介绍说："羌族过去聚居在陕西省汉中、武功、宁羌、略阳、凤县，甘肃的武都、甘南，四川的广元，湖北的麻城等川陕鄂的大巴山区，现在都划为汉民了。十多年前，大巴山区穿羌服的人很多，包白色、黑色头帕，穿长衫短衣、绣花鞋，围绣花围腰，都说四川话。80年代改革开放以后，穿羌服的少了，只有在深山边远山区还保持古羌俗。原来宁强的中阳平区、广坪区等都是羌人的住地。"

在县城偶尔能见到少数包白色、黑色头帕的人，主要是老年和中年妇女，但报称的都是汉族。据宁强县机械厂黎延河介绍（黎的母亲是羌族，父亲是汉族，故取姓为黎），"来自巴山区的羌人，虽然都统称为汉人，但城里人仍把他们当作羌夷人，睡觉睡通铺，另眼相待。那里的羌人参加工作当干部的很少，可以说没有。祖祖辈辈务农为生，交通不便，贫穷落后，有的一家人穿一条裤子。那里是特别贫困区。"

8月30日，我到巴山区矛坪沟调查，路经"西秦第一关"时，仿佛听到羌笛悠悠、战马长嘶，感受了西秦古羌人在武功建立古周国的雄风。由陕西榆林发展到河南南阳的古羌诸侯申国势力最大，在申侯的主持下，公元前770年由姬宜臼登平王位，建都洛阳，史称东周。

在茅坪沟，我见到了穿绣花鞋、包白色黑色头帕的羌妇。一听我是调查羌族的，很多好奇的人围着我说："巴山区6个乡，有四五万人都是羌族，现在报的都是汉族。到李家坝乡、两河口乡、杨家坝、四川的小安乡，穿羌服、穿绣花鞋、包头帕的人多得很。"我便继续赶车到毛坝乡。到了毛坝河街，到一家面馆吃面，遇见四川广元旺苍县万家乡的农民唐朝奇。他说："你要调查羌族，现在叫汉族。在陕西南部，在我们广元、旺苍也多得很。妇女拴围腰的多，是用黑色或蓝布用白线扎的花，图案好看，与阿坝州的羌族一样。"叫唐思英的女主人走进堂屋说："我们这里绣花的多得很。我就有，是我母亲给我留下的，我要找一下。"一看，与四川羌族扎花一模一样。在一张土白布上用蓝线扎了两个大图案，一个是"一颗印"，一个是"鲤鱼跳龙门"。她媳妇张思琴拿来一张"迎亲图"。我高兴万分，总算在陕南找到了羌绣的活标本。征得同意，我拍了照。为了表示感谢，给她们婆孙三代照了一张相。擅长羌绣的罗琼拿来两双女式绣花寿鞋，我又拍了照。罗琼说："在万家乡群建村的李习萍，有一套古羌女嫁妆，传了三代人，离这里要走40里山路。"

遗憾的是没有《羌族历史文化文集》等资料相赠了，她们是多么需要了解自己民族的祖先和历史文化啊！

（原载于1996年甘肃省《丝绸之路》，《羌族文学》2009年第2期、总第65期转载）

"小传统"不可忽视

李祥林

今天是 2009 年 5 月 12 日，也就是汶川大地震周年祭的日子。点击"中国羌族文化信息网"，读到两篇有关地震后羌民迁居的文章，一篇是 5 月 9 日贴上去的《挥别故土奔向新生活　681 名汶川受灾群众迁往邛崃》，一篇是 5 月 11 日贴上去的《为留住传统　次生灾害严重的震区羌寨放弃整体移民》。前者转自"人民网"，是该网记者撰写的新闻报道；后者转自"羌戎博客圈"，作者署名"子夜的昙"，其博客上自称是自由职业者。

前一篇文章报道，2009 年 5 月 9 日凌晨 7 点，在热烈的鞭炮声中，在告别声中，带着对未来的期盼和憧憬，681 名汶川县龙溪乡羌族受灾群众从海拔 2800 多米的原居住地下来，在省武警总队支援的 81 辆军车护送下前往成都所辖的邛崃。"据了解，此次搬迁的受灾群众都是居住在地震灾害次生带上，他们原有的家园不但在"5·12"汶川地震中被毁坏殆尽，现在还不时受到泥石流、山体滑坡等地震次生灾害的侵害，而迁入邛崃后，迎接他们的将是永久性居所和全新的生活。"在记者的报道中，这些羌族民众之所以永久性迁居，主要是为了避开龙门山地震活跃地段，寻求一个安全的生存环境。从"数十名羌族村民围着一处篝火，闲散地聊着天，交流着各自对故土的依恋和对新生活的向往"来看，也透露出迁居羌民那种故土难离的依依不舍情怀……当然，搬迁者有搬迁的理由，但在灾后羌人中，也有不愿搬迁者，如后一篇文章写的理县薛城镇南沟村。

距离汶川 30 余公里的南沟村，有人口 220 余人，属于"5·12"地震重灾区。村子位于海拔 2000 多米的高山上，不通公路，从薛城镇上山得步行 3 小时，下山 1 个半小时。地震时村里多数人家房屋被毁，迄今仍有许多灾民住在自己搭建的过渡棚内。不仅如此，该村所在平时也是地质灾害严重区域，常有泥石流等，由于退耕还林，土地很少，只有极少部分土地种土豆以供食用，经济收入来源靠种核桃和花椒，若是收成好，年均收入 800 元左右。有鉴于此，为了彻底解决南沟村的困难，政府准备将寨子整体移民至大邑县某山区。然而，事情并不如政策制订方设想的那么简单，村民们经过认真权衡之后，放弃了整体移民，其理由有三："第一，大家现在居住的寨子，是祖先选择的，如果离开这个寨子，他们担心将无法得到祖先的庇护。第二，如果搬去汉区，保存完好的传统文化必将丢掉，这是大家都不愿意看到的。第三，南沟村属于高原，他们习惯了高原的气候，而大邑虽然是大山，但却阴冷潮湿，大部分人在短时间内很难适应。故土难离，全村人选择了大山上的坚守。"三条理由，有的涉及生存环境，有的体现文化自觉，有的植根民间信仰。文章是从呼吁保护羌族传统角度撰写的，希望政府尊重南沟村保存较好的"在地性"文化，不要以一走了之的移民方式简单地处理之。而从羌民自动放弃移民的理由来看，有别于前一报道的是，更多属于"俗"的物质层面的生活环境问题被搁在了第三位，置于首位予以突出强调的是涉及"圣"的精神层面的民间信仰，也就是担心因离开祖地而从此"无法得到祖先的庇护"。于是，我们看到，政府方动机未必不良好的迁居规划与羌民们执意要守住故土的传统意识出现了不一致，"大传统"和"小传统"在此发生了错位。

作为文化人类学术语，"大传统"（great tradition）和"小传统"（little tradition）来自美国学者罗伯特·雷德菲尔德（Robert Redfield）。这位芝加哥大学人类学教授在对墨西哥乡村地区进行研究时，开创性地运用了"大传统"和"小传统"的二元分析框架，并于 1956 年出版的《乡民社会与文化》中正式提出这对概念。在其看来，较复杂文明中存在着"大""小"两个层次的文化传统。"所谓'大传统'，是指'一个文明中，那些内省的少数人的传统，即指以都市为中心、以绅士阶层和政府为发明者和支撑力量的文化；所谓'小传统'，则是指'那些非内省的多数人的传统'，即指的是乡民社会中一般的民众尤其是农民的文化。"[1] 借用美籍华裔学者余英时的话来说，"大传统或精英文化是属于上层知识阶级的，而小传统或通俗文化是没有受过正式教育的一般人民。"[2]一般说来，"大传统"来自上层、主流、官方、精英，占据主导地位，其存在和传播主要依靠文字书写、学校教育等；"小传统"代表下层、民众，是非主流的亚文化，主要通过口传的生活实践传衍。

  前述事例中，若说政府方面制订的迁居计划可划归"大传统"，那么，羌民固守祖地放弃迁居的理由则属于"小传统"。中国是多民族国家，在四川地区，深入羌、彝、藏乃至汉族等民间生活进行走访调查，你时不时会遇见"大传统"和"小传统"之间分分合合的错综复杂关系。今年4月中旬，笔者赴乐山市所辖的峨边、金口河等地考察，对彝族文化多有接触。大渡河又称峨水，峨边彝族自治县位于大渡河南岸，西与凉山彝族自治州的美姑、甘洛接壤，类似羌人聚居的岷江上游地区，这里也是高山峡谷。4月15日早晨8点过，在峨边县金岩乡A村（按照学界惯例，隐去村名而代称A）一户人家门前，我指着门枋上悬挂的系着红布的羊角、扎成束状的植物枝叶及竹签等（村里彝族人家门上大多有此类物，有的还有鸡毛、竹筛，繁简不一，显然不是随意放置的，也不仅仅图的是装饰美观）询问其用处时，与我交谈的几位彝胞中，一身着汉装并操着不太流利汉语的中年汉子答道："请人做了迷信，保佑这家人好。"当再问及村口路旁那些成束状绑在树上的草人、木签、羊角、符版（有的也系着红线）时，回答仍是："有人生病了，请人来家里做迷信，把鬼赶出去，保佑这家人好。"我相信他的话，因为树上的捆绑物上还粘有鸡毛，写有字符的木板上有血污痕迹，显然这是杀鸡血祭的遗留物。这位汉子答话时神情坦然，但用语让人不能不琢磨。

  金岩乡位于峨边西南部，距离县城41公里，峨（边）美（姑）公路过境，面积75平方公里，人口0.5万，辖俄罗、瓦拖、共和、团结、温泉等9个村。A村在峨美公路侧，通往美姑要经过此。众所周知，美姑乃彝族毕摩文化的中心，"据1996年统计，全县彝族宗教职业者毕摩（仅限男性担任）6850人，占全县总人口的4%，占全县男性总人口的8%，仪式活动频繁多样，约有各种大大小小的宗教仪式200余种，宗教仪式经书115千卷。"[3]跟羌族释比有类似之处，毕摩是以念诵经文的形式调解人与神鬼、人与祖先关系的宗教职业者，其在彝民社会中占有非凡位置并享有颇高威望。A村人家门户上悬挂的，是请毕摩做了法术后留下的具有祈吉驱邪功能的"神圣之物"。这些"神圣之物"在村落中普遍存在，表明民间宗教信仰作为"小传统"在彝民生活中至今占有重要地位。尽管多年来在"大传统"破除迷信的主流舆论下，此类事物被贴上了"迷信"标签（尤其是当地人在面对我这样的外来者讲话时，他们甚至不提"毕摩"而代之以"人"的泛称），但当地百姓依然不怀疑这"迷信"是能"保佑"他们的。于是，在村子里，人们一方面实践着他们祖祖辈辈深信不疑的"保佑这家人好"的民间仪式，一方面又使用着从主流话语学舌的"迷信"二字称呼并谈论这仪式。"做迷信"与"保佑好"，来自"大传统"的话语和基于"小传统"的实践，在言语表述上就这样意味怪怪地糅合在一起，看似矛盾却表达坦然地出自彝族汉子之口，从中你不难感觉到民间信仰作为"小传统"的作用力。

"大""小"传统在社会文化结构中的关系值得认真研究。从地位看，"大传统"属于占据主流地位的官方话语、精英话语，"小传统"属于处在非主流地位的大众话语、民间话语；从作用看，"大传统"引导着现实文化的方向，"小传统"提供着社会文化的基础。如果我们仅仅注意到一方而忽视了另一方，就难以把握社会文化的整体和实质。尽管从福柯讲的"话语权势"（the power of discourse）角度看，"大传统"居于强势地位，是强势话语的制订者、发布者；"小传统"处在弱势地位，是强势话语的聆听者、接受者，但这并不意味着后者除了被动地、无条件地服从前者便再无其他。因为，"小传统"虽"小"却分布面最广，其毕竟是社会文化的基础，它盘根错节在民众世世代代的生活实践中，既有顽强的纵向传承又有广大的空间播布，它不会因"大传统"话语的强势灌输，在三五天乃至三五年就消失得无影无踪。在中国，新的社会制度建立已有半个多世纪，"破除迷信"作为"大传统"话语盛行至今，诸如此类尽管在上述族群中也多多少少烙下了印痕（尤其是对接受了新社会教育的后辈来说），使他们从概念上得知此乃"迷信"，可是，顽强的"小传统"仍使他们对做了这"迷信"能"保佑"家人平安深信不疑。也就是说，日常生活中影响着他们行为的还有"小传统"。

类似情况在汉族地区也不难见到。如国家提倡火葬已半个多世纪，从政策制定、设施修建到宣传教育不可谓不尽力，可是在广大农村，土葬依然盛行（2008年我家请过一位来自四川仁寿乡下的保姆，20个世纪50年代中期出生的，念过小学，她曾不无自豪地对我们谈起儿子花钱给活着的他们夫妻俩已修起了"山"，也就是墓；次年3月，一位在我家短期做工的保姆，来自成都附近新津农村，年龄和前者差不多，但上过初中，比前者见识广，她对火葬亦持不接受态度），这当中有值得深入研究的民间信仰因素和民间心理问题，恐怕不能简单地以"愚昧"二字定论之。诚然，如今官方宣传和社会舆论引导下，"迷信"在人们的头脑中往往跟"封建"相连，是一个贬义明显的词语。这种观念的影响是广泛的，如新中国成立后的很长时期，羌民社会中的释比文化就被等同于有害无益的迷信活动，"对'释比'的法事活动与唱经内容方面，也不加任何区别，统统视为封建迷信。"[4]由此而来的负面影响，即使是在今天的羌族地区仍未彻底消除。其实，平心而论，"从学术研究的角度来看的话，'迷信'首先应该是一个中性词。有些迷信行为和思想对社会具有极大的破坏性，但有一些'迷信'却在人类的心理和社会组织等方面起着积极的作用。"[5]既然如此，对所谓"迷信"以及诸如此类仪式活动不加分辨地贴上"封建"标签加以拒斥，甚至一棍子打死，无条件扫地出门，对其中隐藏的相当微妙的民间心理问题不予理睬或视而不见，这行为就未免太简单化乃至粗暴化了。2007年，在举办于成都的首届非物质文化遗产保护国际论坛上，王文章先生就批评过那种仅仅以"封建迷信"否定民间信仰的观点，指出："如果仅以此来全盘否定它的文化价值，其丰富的内涵对于人们精神、情感的正面作用等，那就不对了。"[5]

诚然，"破除迷信"宣传在官方已推行多年，可是，其在本土乡民社会中究竟实效如何，这当中有诸多问题恐怕还值得我们深思。就政府和个人而言，"大传统"更多涉及国家政府的方针政策，"小传统"更多涉及民间知识和大众文化。在我看来，对于政策制定和发布者来说，很多时候恐怕不能不注意的问题是，首先至少应该对作为民间文化的"小传统"持有起码的尊重态度，倾听其声音，留心其习俗。比如，前述灾后羌民安置，政府方主要是从世俗物质生活层面来考虑的，对于属于村民神圣精神文化层面的信仰心理等显然有所忽视，至少是关注不够。如果政府方一开始在安置南沟村民众时，就对他们的物质需求和精神需求有充分尊重和通盘考虑，想必不至于发生一方努力要给予、一方执意要放弃的尴尬之事了，也不会出现"大传统"政策和"小传统"信仰的错位了。总而言之，研究当今中国社会问题，要使来自"大传统"的方针政策真正得到合理制订和有效实施，不可不深入底层、实事求是地读懂植根民间的"小传统"文化的内核。在整体社会文化结构中，既然"大传统"和"小传统"并存共在，既然"大传统"文化归根结底要建立在"小传统"文化基础之上，那么，从前者居高临下的宝座上走下来，多多关注后者，多多研究后者，尊重后者的需求，重视后者的作用，也就理所当然。

参考文献：

[1] 孙秋云主编. 文化人类学教程 [M]，北京：民族出版社，2004.

[2] 余英时. 士与中国文化，上海：上海人民出版社，1987.

[3] 巴莫阿依. 中国凉山彝族社会中的毕摩，据 http://www.yizuren.com/article.asp?articleid=1150.

[4] 王科贤. 浅谈羌族释比文化的特色 [J]，西羌族文化，2005（1）.

[5] 王文章、张旭主编.《文化认同与国际合作——中国成都国际非物质文化遗产节·非物质文化遗产保护国际论坛论文集 [C]，杭州：浙江人民出版社，2009.

（原载于《羌族文学》2009年第2期，总第65期）

羌族民间舞蹈的调查与研究

杨 莉

"5·12"汶川特大地震使四川羌族文化生态区遭受了毁灭性的打击，但只要还有羌族文化传承人的存在，全国唯一的羌族"原生型"民间舞蹈文化就会在"重生性"的家园中"原汁原味"地世代相传。

一、羌族民间祭祀舞蹈"布兹拉"

（一）"布兹拉"与"释比"的古老传说

1. "布兹拉"（羊皮鼓舞）的来历

"布兹拉"（羊皮鼓舞）为羌族南部方言区的民间祭祀舞蹈（被列入第二批中国非物质文化遗产保护名录），是羌族自然崇拜的祭祀活动中主要的舞蹈形式，又称"莫恩纳莎"或"尔波毕毕喜"（即羌语南北方言对"羊皮鼓舞"的称谓），主要流传于四川省阿坝藏族羌族自治州的汶川、理县、茂县等地。羌族以口传身授的独特方式记录自己远古以来独特的民族文化历史，而传播者正是自己的民间艺术家释比。他们演唱的释比经典《羌戈大战》中的南迁、《木姐珠与斗安珠》中的天婚之缘、《赤吉格补》中祖先与英雄神的崇拜及《苦涅巴》中天人合一的理念都有关于羊皮鼓的渊源说唱，如"……天神阿巴木比塔，千秋神鼓自古传……神鼓传下有三种。白鼓用来还天愿，黄鼓用来驱凶邪，黑鼓用来保平安。"在演唱中，释比还必须手持羊皮鼓等法器并奉金丝猴为"猴头祖师"而舞蹈。据说这与其古老的传说有关：释比的祖师去西天取经，归途中，因躺在岩上睡觉，经书被一只白羊吃了。醒来不见经书，气得大哭。这时来了一只金丝猴教他：把吃了经书的白公羊买下，用它的皮制成鼓，作法事时只要一敲羊皮鼓，就能回忆起全部经书。祖师依言而行，从此羊皮鼓就成了释比作法事时不可或缺少的法器。而另一则传说，羊皮鼓由阿爸木拉从天上带下凡间来时，原为两面，因下凡时在山上睡着了，一觉睡了很多年，待他醒来，放在地上的鼓，因着地一面已经朽坏而成了单面鼓。这些传说反映了羊皮鼓、羊皮鼓舞和原始自然崇拜的密切联系。

2. 释比是羌族传统文化艺术的传播者

释比是四川岷江上游羌族地区以南部方言对类似巫师一样的法师的称谓。由于羌族支系众多，在不同的方言、土语中又有不同的称谓，羌族北部方言称其为"活鲁""活觉"，在茂县雅都语中又称为"许"，这些都是对他们的尊称，他们既是专职的神职人员，又是普通的劳动者。在原始社会时期，羌族和其他历史悠久的古老民族一样，时常对许多自然现象不理解，认为幸福或痛苦、成功与失败的后面有种无比神奇的力量。他们期盼着五谷丰登、人畜兴旺的太平盛世。由此，产生了释比。释比是羌族中与神灵的沟通者，是举行各类祭祀习俗活动和传播羌族文化的核心人物。在羌族地区举行的各种祭祀或习俗活动中，无不以舞蹈贯穿始终。这些活动都必须由释比主持，他是不可或缺的主角。因而释比不仅是主持各类活动的重要人物，更是一个唱、跳皆优的艺术传授者和羌族民间舞蹈的积极创造者，对羌舞的内容和形式起着创造和传播作用。

每当祭神还愿、祈求神灵降福保佑、老人丧葬送魂归天或驱鬼避邪、除病祛魔、天旱无雨时，羌族都要以"布兹拉"（羊皮鼓舞）的民间传统仪式进行祭祀。舞蹈中释比肩扛神棍，手执响盘（铜制盘铃）率羊皮鼓舞队，击鼓而跳。当出征围猎或祭奠民族英雄时，释比常在神坛外围奔跑，挥舞火把，身穿牛皮铠甲，刚毅地率众跳起"盔甲舞"。婚礼庆典时，释比动作舒缓，举止柔和，唱语悠扬，祈祷幸福永伴新人吉祥如意。释比对仪式程序进行安排。为此，释比是整个羌族习俗生活中的主宰者和阐释者。一个民族的神系是该民族把握、反映、阐释、服务其民族社会的一套复杂的文化系统，释比则又是这个系统的重连链接点。由此可见，释比在羌族舞蹈艺术中占有极其重要的地位并承载着极为重要的功能。"舞蹈对他们说来乃是十分严肃而隆重的事情,与其说它是娱乐,还不说它是一种宗教仪式和特殊的念语。"如流传于汶川、理县等地的羌族祭祀舞蹈"布兹拉"(羊皮鼓舞),无论是为对神产生神秘的巫术作用也好,或是为了娱神也好,最终目的是祈求通过神灵的保护,以求昌盛兴旺。其舞蹈多为自然膜拜和劳动生活的动作再现,再加以"释比"在歌舞中对民族历史文化的传授,使舞者在虔诚的身心中理解本土民族的历史文化。这熟练了生活劳动的技能,锻炼了身体,对那些没有参加过生产劳动和不理解历史文化的未成年者来说,也接受了文化的启蒙。这一切与"释比"在羌舞中的地位和积极作用是分不开的。为此,"释比"不仅是羌族文化的传承人,还是羌族民间传统艺术的歌唱家和舞蹈家,他们在整个羌族文化传衍活动中承载着至关重要的意义。

(二)"布兹拉"民间舞蹈的原始风貌

"布兹拉"没有固定的表演程序,在释比的现场表演中舞蹈组合有一定的即兴变化,舞蹈动作循环往复,直到尽兴而止。每年春耕之际的"祭山"活动和农历十月初一的"羌年"活动,羌族释比都要率领羊皮鼓舞队,击鼓而舞,以祀神灵。整个舞蹈由释比领舞,他头戴金丝猴皮帽,左肩扛神棍,右手执响盘,其他表演者手执羊皮鼓,在释比率领下击鼓而舞,变换各种舞步和队形,直到高潮。正如释比所说:"我们怀着虔诚的心,向天神木比塔通明。"特别是其"羊皮鼓舞"中的蹉跳步、踮跳步、商羊步等,与晋代葛洪在《抱朴子》中"禹步"的"前举左,右过左,左就右,次举右,左过右,左就右"的记述极为相似,而《诗经》记载"天降大雨,商羊起舞",从羌族祈雨活动中多有的"商羊步跳击鼓",可窥其舞蹈的远古遗迹。"羊皮鼓舞"应是受到原始自然崇拜的影响而形成的。《汶川县志》曾载"羌民……互相舞蹈,以示悲欢,盖古风尚存也",在这些民俗活动中释比们所跳的"羊皮鼓舞"贯穿始终。由此可见,羌族民间祭祀舞蹈"羊皮鼓舞"至今仍保留着"以舞祀神""以舞娱神"的原始舞风。其基本特征为:

1. 舞蹈动律组合特征

表现为沉稳、敏捷、粗犷、虔诚,即体稳而沉地轴向转动与上身拧倾的韵律特征,这两种韵律均伴随屈膝颤动,以此带动手中羊皮鼓做各种舞动,如"蹲步跳推击、晃击鼓""商羊步跳击鼓""蹉步跳击鼓"等,虔诚祈祷神灵之意始终贯穿整个舞蹈。

2. 舞动与道具的特征

因有羊皮鼓作道具,所以对舞蹈动作起着一定的限制作用。鼓大而沉,舞动较为费力,舞者击鼓动作只能靠身体的摆动而转动并伴以屈膝颤动上下起舞,故而形成了羌族羊皮鼓舞区别于其他民族鼓类舞蹈的独特风格。

3. 舞蹈节奏型特征

只有鼓声的鼓点节奏、响盘(铜铃)两种打击乐器敲奏不同音响节奏组合作为"羊皮鼓舞"伴奏。节奏型有4/4慢或平缓型节奏,主要用单一动作的祈祷祭拜和烘托古朴神秘的气氛。3/4中速或稍快的节奏型,主要用于腿部动作变化的力度和速度,以紧凑的鼓点节奏显现与神灵对话、自然崇拜、祈福保佑的意境。这种主要以"天人合一"为核心理念形态的民间舞蹈,极其有利于表现人与自然的和谐发展,因此,羌族民间祭祀活动中的"羊皮鼓舞"至今仍在羌族生活中发挥着重要的教化作用,并能起到构建和谐生态环境的积极作用。"羊皮鼓舞"是羌族释比文化的重要载体和表现形式,是羌族生活习俗中必不可少的文化精髓和文化传承类型,对古代巫舞文化的"禹步"及探寻远古氐羌部族舞蹈文化的渊源、传衍、流变、发展都具有重要的学术价值。

二、羌族民间节日中的礼仪歌舞"巴绒"

(一)"巴绒"的胯动之母——歌舞女神"萨朗姐"

传说中的"萨朗姐"为古老的羌族礼仪歌舞"巴绒"的胯动之母。"巴绒"即北部方言的羌语"古老"之意,属羌族在"瓦尔俄足"(被列入第一批中国非物质文化遗产保护名录)民间节日场合跳的礼仪性舞蹈,主要流传于茂县曲谷乡的西湖寨、河曲寨等地。千百年来,羌族人一直流传着这样一个习俗,为祭祀天上的歌舞女神"萨朗姐",每年农历五月初三至初五都要举行"瓦尔俄足"的习俗活动,汉语俗称"歌仙节"或"领歌节",当地人又称"妇女节"。

"瓦尔俄足"的活动程序:

(1) 节日当天，羌族妇女前往神山"女神梁子"祭拜（男性仅限舅舅参加）。(2) 举行敬献、祭杀山羊仪式。(3) 唱经、酬神、祈神。(4) 民间歌舞艺人领歌引舞。(5) 寨中有威望的女性老者讲述"萨朗姐"的故事并传授生育、家务等女性知识及进行家庭传统美德教育。(6) 男人们在旁烹饪、伺候并观赏歌舞"巴绒"。(7) 民间歌舞艺人回山寨挨家挨户传送歌舞。

"瓦尔俄足"以歌舞活动为主，音乐旋律粗犷奔放，节奏自由，山歌风味浓郁，交替反复歌唱，体现出这一节日中传歌习歌的艺术特色。胯部反复转动，整个歌舞显示了含蓄、柔美的原始性爱特征与性情。

(二) 古老羌舞"巴绒"的动律特征

胯部动律特征是：

关胯：关胯外顶是羌族胯部动作独有的姿态，即以左脚为重心，右脚尖内关点地而带动身体的轴向运动所形成的右关胯外顶的姿态。

甩胯：以关胯为基础动作，胯部动律的着力点自左往右甩胯。

顶胯：以关胯的基本姿态，左脚为重心，右脚前踏后撤，右左脚移动重心形成前后右左顶胯，四拍为一个动作。

转胯：以关胯的基本姿态，按副点音符节奏的风格，在一拍之内，右胯快速转动，形成一种特殊的胯部反复转动的韵律。

"巴绒"的基本体态：双膝微屈，胯向前倾，上身略后仰，上身始终保持平稳，只是随腿部的颤膝舞动，其舞蹈韵律是胯的轴向反复转动，伴以双脚急促踏地的符点节奏，衬托上身姿态的端庄典雅、稳重柔美。这一动律和特有的审美情趣的形成，可能与羌族母系社会文化遗存相关。

"瓦尔俄足"是以妇女为中心的成人节日，其中"巴绒"亦以展现女子为主，往往舞到最后时刻，妇女们要放开双手，转动身体，快速转胯，让人们从背后观赏她们的身姿，充分显露羌族女性身体独有美的动势和体态。另外，"瓦尔俄足"活动中，舅舅自始至终参与，体现了远古时期羌族女性群体活动与母舅权大的特征，带有浓郁的原始母系崇拜的印迹，对了解古羌族的文化内涵及女神崇拜、女性习俗等有着重要的价值。"瓦尔俄足"的传承方式，对羌族古老的羌族礼仪歌舞"巴绒"以至于后来的羌族民间自娱性舞蹈"萨朗"的发展、演变极具研究价值。

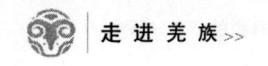

三、羌族民间自娱性舞蹈

（一）"萨朗"

1. "萨朗"的舞蹈风貌

"萨朗"属岷江上游羌语北部方言发音，是歌舞之意，茂县的三龙、赤不苏、沙坝、校场等地盛行，是羌族古老的传统自娱性舞蹈。每逢传统的民族节日、重大聚会、欢庆丰收或婚丧嫁娶时，都要跳"萨朗"。其表现形式为男前女后，一字排列呈弧形，连臂踏歌，在室内或场院围火而舞。男队的队首为领舞者，多是本村寨公认的能歌善舞的好手，舞时即兴指挥舞蹈的转换、情绪的起伏和速度的快慢变化。萨朗无乐器伴奏，以歌伴舞，每一乐句均由男先领唱，女随之复唱，一首舞曲即为一个舞段或节目。舞者全体沿逆时针方向行进，舞蹈组合循环往复，舞蹈完毕，在领舞带动下，放开双臂，交换舞步，速度逐渐加快，舞蹈愈为激烈。这时，男舞者常在每个乐句的最后一拍发出"嗷"的一声尖叫，使舞蹈情绪推向高潮。最后，在领舞者的示意下，由男舞者喊一声"呀——喂！"，女舞者应一声"学——喂！"舞段即告结束，然后变换新的舞段。每次跳"萨朗"时，最少要跳出十几种不同的舞段，舞段变化越多，舞蹈情绪越热烈。人们围着熊熊的篝火，纵情地欢跳，往往通宵达旦。

"萨朗"的内容丰富，大多为反映劳动生产、歌颂丰收景象和娱乐游戏以及表现男女爱情等生活和习俗的舞段，如《任姆任》（推磨歌），有歌颂丰收景象的《撒拉梅梅撒》，有娱乐游戏的《月亮弯弯塞》以及表现男女爱情的《索勒勒索》。"萨朗"具有欢快跳跃的特点，它的风格是由腿部轻快地跳跃、胴体的轴向转动和不同方位顶胯、甩胯的特有姿态形成的。在舞蹈中，这种风格主要体现在动作特点、步伐组合结构和基本韵律三个方面：

（1）动作特点：主要表现为腿部动作丰富多变，小腿尤其灵活。在舞蹈中频繁地出现小腿快速内外划圈的腿部前后悠动、左右换跳以及双脚交替点踏等。

（2）步伐组合结构：起步一般从右脚踏地开始，主体动作是转换为以左脚为重拍的变化舞步，结束步多是右腿前收撩出。起步和结束步动作比较单一,节奏的变化也比较少,动作的各种变化,主要是在主体动作上变换新的舞动。

(3)基本韵律:胴体轴向转动。舞者从肩至胯部同时向一侧转动,然后整个胴体转向原位。侧身顶胯动律。胯随重心多方位移动,侧身左、右顶出,体态似"S"形。

2. "萨朗"动律特征的形成因素

"萨朗"的起源与羌族礼仪歌舞"巴绒"来自同一个传说,即羌族每年的"瓦尔俄足"(歌仙节)。传说有一群最勤劳、最有智慧和最美丽的羌族女性,到神山上向名叫"萨朗姐"的歌舞女神学习舞蹈,学成归来的姑娘将歌舞传授给每一个寨落的妇女,而"萨朗"经过民间传承的不断发展已成为羌族男女老少闲暇时光的自娱性舞蹈,后来"萨朗"也就成了羌族歌舞的总称。依凭这种女性崇拜的习俗,由女性表现人的身体散播神的信息这一点可以看出,女性在羌族人心中是唯美而崇高的。"萨朗"胯部动态的韵味之所以独特,与后来羌族服饰发展也有一定的关系。当羌族女性腰带上坠着长穗、串珠和各色彩带,慢歌快舞地踏步动胯,随着胯部往复转动,韵味柔美。另外,羌族主要聚居在高山地带,长期行走崎岖山路及上下独脚楼梯的生活习惯,也是形成羌族"萨朗"舞蹈中胯部和脚步关开特点的重要因素。

在羌族民间传说中,羌族围火而舞的习俗由来已久。羌族民间故事《蒙格西送火》中记述:远古时期,羌族青年燃比娃,冒着生命危险,历尽千辛万苦,从他阿爸——天神蒙格西处取回火种(两块白石)。燃比娃按照父亲的旨意,用白石相撞发出火星,然后点燃干草和树枝,燃起了羌族第一堆篝火。人们围着这火堆,欢乐地歌舞,据说这就是羌族人民围火而舞的起源。1973年,在曾是古羌人聚居地的青海省大通县上孙家寨出土的一件新石器时代的彩陶盆上,描绘的舞蹈形式、风貌以及舞者的体态,都与今日的"萨朗"非常相似。从"萨朗"围圈拉手而舞的形式和舞姿舞态中,可以明显地看到古代羌族文化的遗存,印证羌族舞蹈历史的确悠久。

(二)席步蹉

1. 原始古朴的"席步蹉"

"席步蹉"属岷江上游的杂谷脑河流域羌族民间歌舞,是羌族在婚丧嫁娶、节日欢庆时跳的自娱性舞蹈,又称"哟蹉步"或"索达席",即羌语南部方言"喝酒歌舞"之意。它主要流传于汶川县龙溪、绵虒,理县的通化、蒲溪等地,其中以汶川具龙溪、绵虒、雁门,理县的桃坪、佳山和蒲溪等山寨最为盛行。

"席步蹉"其表演形式与"萨朗"基本相同。舞者男前女后,连臂围火塘呈弧形而舞,男队由善舞者担任领舞,舞者人数不限,男女老幼均可加入。舞蹈开始时,男舞者先集体高歌第一乐句,女舞者群接复唱此句,如此交替先唱歌曲的半遍或一遍后,由领舞者带领起舞。起舞时,多为连臂而舞,继而放开手臂,甩手或搭肩而舞,舞队缓慢地向左右移动,最后又连臂而舞,节目即告结束。主要动作有踏蹲步、跺点步、点步、顺摆步、前后点步、跳梭步、蹲梭步、拧倾摆动、拧倾划圈、拧倾转动等。舞时,动作组合与舞曲的乐句紧密结合,连接次序固定不变,也不随歌词而变换。"拧倾摆动"在多数节目中反复出现,是"席步蹉"的代表性动作。

"席步蹉"的组合结构大体可分为以下几种:第一种,以唱为主,只伴有左、右脚交替向前踏地的简单动作,主要在边远山寨及老年羌民中流行。第二种,舞蹈组合的连接以不对称的方式进行,羌族称为"单边子",流传于理县的蒲溪一带。第三种,是对称式的多段体结构,其代表性节口是《查查查威嘞》。"席步蹉"的舞蹈结构具有主体动作突出,层次分明,丰富多彩的特色。其风格特点是舞步重而有力,给人以下沉之感。含胸屈膝,小臂随之自然摆动,突出躯体轴向转动,上身倾斜转动和两肩交替往后绕圈的韵律。

"席步蹉"的内容异常丰富,唱词中有歌颂家乡美丽的《惹姆惹斯》,有反映男女爱慕之情的《塞塞波》《且嘞罗》,也有在丧事中表示悲哀的《兰坎苕》,还有含礼仪内容的《瓦曲切莫》《垫板若》,谢酒礼仪的《依布格古》以及歌舞完毕向主人道谢的《科玛特且》等。"席步蹉"的歌曲多为上下两句结构,有的甚至仅有一个乐句,随表演者情绪热烈而循环往复。歌曲风格古朴自然,情绪舒展流畅,节拍与舞蹈动作无对应关系,从不同角度,反映了羌族人的生活、习俗和社会风貌。

2. 自然崇拜中的"席步蹉"

"席步蹉"世代相传,有着悠久的历史,其中有很多的歌词,带有古羌语。人们只会唱音而不完全知其意，老人们亦不得其解。理县蒲溪羌族老艺人王定湘（生于1915年）曾说："我从懂事以来就爱跳'哟蹉步'，跳舞时唱词的意思有些能懂，有些唱词我九十多岁的父亲（羌族释比）都说不清楚。""席步蹉"中明显含有祭祀中的对自然崇拜的动作和虔诚的心理，其风格的形成，有古羌族文化遗存的因素，又受到生产和生活方式的影响。一方面，长期居住在高山峡谷的羌人食粗粮，行崖壑，生产和生活物资主要依赖人力背运，由于背负重物，大臂活动受到一定的限制，表现在舞蹈中，则是与众不同地较少有手的变化，多是小臂前后自然摆动或相互拉手而舞；另一方面，正是由于长期步行于山谷间受到锻炼，羌民的腿和膝异常的灵动。在舞蹈中，小腿划圈、灵活多变的特点，充分地体现了"席步蹉"灵巧、敏捷的艺术风格。曾有羌族释比说："我们跳舞是怀着虔诚的心，向大自然祈祷福佑的意思。"因此，舞蹈动作多有含胸屈膝的低动律姿态。羌族世代传承的古老文化所养成的独特审美心理和民族气质，构成了羌族南、北方言区群体舞蹈"席步蹉"与"萨朗"迥然不同的风格。

四、羌族民间大葬舞"克西格拉"

（一）"军傩"舞迹的"克西格拉"

"克西格拉"为羌族丧葬仪式舞蹈，羌族北部方言又称"赫苏德""盔甲舞"或"跳盔甲"，是为民族英雄、战死者和德高望重的老人举行的大葬礼仪中跳的男子集体舞，主要流行于岷江上游茂县及黑水河流域沙坝、赤不苏等部分地区。在羌族民间传说中，"克西格拉"是为悼念羌族英雄别姆支同妖魔的战争。为了"战胜妖魔"，释比在锅旁摆一只大竹筛子，下面点一盏油灯。在妖魔眼中，咂酒锅变成了大湖泊，筛子孔变成了无数只眼睛，许多戴盔披甲手持兵器的武士，正在跳打仗的舞蹈。妖魔被这种阵势吓退，不敢再来骚扰。别姆支死后，人们为悼念他，就用这种形式来祭奠他。从此以后，祭奠羌族英雄都要跳"克西格拉"。"克西格拉"成为大葬礼中必不可少的一部分。

"克西格拉"原始古朴，形式简单。羌人在祭奠、出丧和安葬时都要进行舞蹈，葬礼结束以后舞蹈达到高潮。在祭奠中，人们喝着咂酒边歌边舞，舞者手握"绕子别（刀器）"，成单行站一圈，以柔韧的舞步缓慢行进，舞段在"嗬——嗬——嗬——欧——"的吼叫声中结束。出丧时，舞蹈在屋外场院进行。舞者在一老者（跳"克西格拉"资力最长者）的带领下，手执火枪、棍棒等武器，绕场院走"大圆圈""钜齿口""钻格子"等队形。安葬时，在领舞者的指挥带领下，列成长长的单行队伍，以快速的小碎步或沉稳的纵跳步，围着坟地绕圈，并前呼后应发出"哈哈！哈哈！"的吼声。然后又来至空地上走各种队形，舞者双手高举武器，前后动肩，抖动牛皮甲，发出"咔咔咔咔"的响声，同时昂首发出："嗬——嗬嗬嗬嗬哈哈哈哈"由低到高的呼啸，舞蹈随即达到高潮，最后在领舞者："呵哈……哈……欧"的呼声中，舞者快速冲到场间汇合，此起彼伏地呼喊"欧——欧——"声，多次反复后即告结束。舞蹈气氛肃穆、森严，颇有"军傩"舞风的遗迹。

（二）由"武"转型为"舞"的"克西格拉"

"克西格拉"舞蹈韵律是：胴体轴转颤膝，步伐坚实有力，有下沉感，手持武器上举晃动。其唱词多为颂扬死者和表达怀念之情，歌词基本上是固定的，只是根据不同的对象冠以不同的称呼。舞蹈和音乐配合比较自由，曲调可以随歌者的情绪任意延长，舞者的动作不受音乐节奏的约束。祭奠中舞蹈的慢动作变化，靠领舞者的带领和众人的默契配合。出丧和安葬的舞蹈，无曲调，由舞者自身的呼喊声构成伴奏，来统一全体舞者的动作节奏。羌族戴盔披甲的舞蹈形式，在史书上曾有记载，唐朝著名诗人卢纶在诗歌《塞下曲》中这样写道："野幕敞琼筵，羌戎贺劳旋。醉和金甲舞，雷鼓动山川。"由此可见，至少在唐代，羌族军士中已盛行此类舞蹈了。羌族在长期的征战生活中，养成了尚武精神，对阵亡的将士和民族英雄予以大礼厚葬，既为了悼念死者，驱鬼避邪，更为了振奋民族精神，激励后人斗志。年满十六岁的羌族男子，都以能穿上盔甲称作武士，加入"克西格拉"的舞蹈行列为荣。随着部族征战的消失，这一舞蹈也只用于少数老年人死后的葬礼中，由死者村寨的男子或男性亲属参加，由于现已无法找到皮盔夹，间或可见藤盔衣，更多是平时穿戴的民族服装，尚能在人们的呼喊声中和沉稳的舞蹈中找到一些"克西格拉"的原始痕迹：悲壮、肃穆。

五、同源异流的羌、藏融合性舞蹈

(一) 远古的战神歌舞"卡斯达温"

岷江上游支流黑水河流域流传的"卡斯达温"(中国非物质文化遗产保护项目),又称"卡斯达贡"。黑水方言"卡斯达"为"铠甲"之意,"温"或"贡"是"穿"之意,因舞者身穿"甲衣"歌舞,汉语俗称"铠甲舞"。"卡斯达温"是古代黑水人狩猎或征战前,勇士们祷告胜战,亲人们为他们祈求平安、祝福吉祥的一种民间祭祀性歌舞活动。考查发现"卡斯达温"并不是只有出征祭祀的一种表现形式,在扎窝、俄恩、维古三地分别呈现出以铠甲舞为基核的三种不同内容与表现形式,即狩猎、战争、丧葬及节日庆典的祭礼歌舞仪式。

1."卡斯达温"的表现形态

"卡斯达温"有着独特的内容与形式,其歌舞主要以地域的不同分为三种表现形态:

(1) 扎窝乡朱坝村(当地方言应读"珠瓦",意为高山之地)的"卡斯达温"主要以原始古朴的狩猎形式为主,包含出行、煨桑、围猎、转山、欢庆等一系列活动过程。二十多年前,黑水县红岩乡藏族老人甲格(生于1906年)的介绍,"沙尔普吉",意为"虎皮游寨"(现已失传)的民俗歌舞曾流行于朱坝村、俄恩村一带。此舞是该地区最古老的舞蹈之一,早年举行"卡斯达温"的祭祀活动之后以此舞结束,反映了祖先的狩猎生活。其产生年代现已无法考证,但从舞蹈的内容、表演形式、动律特点,以及原始、古朴、简单的舞蹈风貌来分析,此舞应产生于古老的狩猎时代。

(2) 红岩乡俄恩村(当地方言意为团聚善战之地)的"卡斯达温"以征战的表现形式为主。出征前,勇士们必须站在经堂内穿刻有吉祥经文的牛皮铠甲衣,希望神的力量能够附于铠甲之上;征战时,勇士们可以刀枪不入。铠甲衣由900余片牛皮组成,上面刻有不同的吉祥经文,代表了108座庙宇,勇士们穿上它可以保佑出门狩猎、征战的平安、吉祥。

(3) 维古村(当地方言意为"丫口高墙之地")的"卡斯达温"则是表

现丰收或节日庆典前求佛保佑或对战死英雄及有威望老人进行丧葬礼仪的祭祀性歌舞。值得注意的是，维古地区唯有在勇士和老人的祭祀仪式上才穿铠甲衣跳舞。《后汉书·邓训列传》有"……戎俗父母死，耻悲泣，皆骑马歌呼"句，足见他们对勇士和老人的崇敬习俗由来已久。

2."卡斯达温"舞蹈的动律特征

"卡斯达温"的动作特点主要为：胴体轴向颤膝转动。男舞者基本步伐以"碎步""蹲跳步"为主，左手扛枪，右手持刀挥舞。女舞者相互牵手前举，或放开手臂下甩于身侧，时而猛转身以"垫步跳转胯"为独特韵律，其基本步伐以"碎步""垫跳步""踏跳步"为特点。"卡斯达温"为随歌起舞，无乐器伴奏。

扎窝乡朱坝村的"卡斯达温"旋律性不强，由男舞者吼唱，女舞者随唱，成一个乐段或一个乐句的反复。多在固定的歌唱中，插入舞蹈动作和变换动作、队形等，歌曲的连接有固定的顺序，歌唱旋律多自由、悠缓，采用二声部形式，两声部间音程多为大二度关系，舞蹈动作急促，形成慢歌快舞的特色，使男刚女柔的动律形成鲜明的对比，独具原始古朴的民间祭祀风格。

红岩乡俄恩村尽管也处在高山之上，但它与维古村一样都靠近河谷，为兵家争夺和通商之地，在"卡斯达温"中仅有单声形式贯穿始终，旋律性强、节奏鲜明，有行进之感。其"卡斯达温"除基本动作与步伐不变以外，也随着它的强旋律性而在节奏、队形变化方面与扎窝乡朱坝村的"卡斯达温"有迥然不同的"武"舞之风。

维古村的"卡斯达温"表现丰收或节日庆典前的求佛保佑和对战死英雄、有威望老人进行的丧葬礼仪，在旋律丰富、颂扬性强烈的歌声中，"卡斯达温"的舞蹈风格特点在原有的基础上有新的发展，即在进行丧葬礼仪的祭祀性歌舞中仍保留了"铠甲舞"的原生形态，在丰收或节日庆典前的求佛保佑活动中已不再身穿铠甲而舞，似乎与藏族礼仪锅庄的风格特点相融了。

(二)"卡斯达温"——羌藏民间舞蹈的融合性

"卡斯达温"是民族文化融合的产物，一方面其形态既有吐蕃东征的战争文化遗存，又与毗邻的茂县赤不苏一带的羌族民间祭祀舞"克西格拉"极为相似；另一方面，其方言唱词中的语言带有大量的古羌语成分。据史书记载，众多的羌人部落分布在今阿坝藏族羌族自治州的茂县、汶川、理县、黑水地区。至迟在秦汉时，西北羌族中的一部由高原南迁至岷江河谷，受地理环境限制，这部分羌人逐渐演化成半农半牧的羌族，唐蕃合盟之始，其支流的局部地区属吐蕃辖地并对其称谓"嘉绒藏族"。根据古文献记载，今嘉绒地区有吐谷浑、党项、附国等诸羌系部落，尤其是唐代的西山八国等部落国。唐代的"西山"，聚居着众多的土著民族部落，哥邻羌为西山最大部落。今之阿坝州的黑水、理县一带还有白苟羌部落等聚居生息。关于嘉绒语言的问题，也有学者认为是属"羌语支……'安史之乱'后，黑水没于吐蕃"。而吐蕃每攻下一地就派兵驻守，被占领地的百姓和参战的士兵就成了吐蕃将领们的奴隶，可见这个地区的历史文化是呈融合形态发展的。从另一个角度来看，"卡斯达温"的风格特点与茂县赤不苏一带的羌族民间祭祀舞"克西格拉"（跳铠甲）大同小异，唱词中的语言也带有较多的古羌语成分，仅在服饰与部分功能上略有区别。唐朝诗人卢纶的《塞下曲》中曾描述了古代羌兵所跳的"金甲舞"，它与流传至今的"克两格拉"（羌族大葬舞）以及哈玛（嘉绒藏族神兵舞）的情景较为相似，在舞蹈的形成和演变中可能有着同源异流的关系。

以上所述，"卡斯达温"曾经历了不同时期，最早的形态可能是古羌部落在游牧、狩猎的过程中产生的祭祀礼仪。笔者曾询问当地老人为何在跳"卡斯达温"的过程中要伴随如雷震天般的吼声（呈不协和的音程，具有独特的听觉意象），得到的答复是，传说中这样的声音连山林间的老虎听见了也会为之震慑，这是"卡斯达温"起源的重要因素，也是狩猎文化对于原始歌舞文化重要影响的体现。而至唐或唐以前，由于该地战事连连，"卡斯达温"逐渐演变为将士出征前所举行的一种征战祭祀活动，其形态和内容已经逐渐成熟而完善为"战争武舞"的形式。发展到现在，征战神舞早已成为过去的记忆，如维古地区"卡斯达温"逐渐演变为社会生活中的年节、庆典、喜丧等祭祀仪式，人们在节庆跳"卡斯达温"时已经不再身着铠甲，而是表现为对战死英雄及有威望老人丧葬的祭祀歌舞时才身着铠甲，这与相邻茂县羌族的大葬舞"克西格拉"同出一辙。袁宏《后汉书》卷九云："其为兵，长于山谷，短于平地。男子兵死有名，且以为吉，病终谓之劣，又以为不祥。"由此可见

"卡斯达温"由原始狩猎—古代征战—节日庆典的祭祖祀神的歌舞仪式所经历的演变过程与数千年来的社会历史发展一脉相承,这就是"卡斯达温"最为重要的历史价值。

　　一个民族历史文化习俗的留存形态大致有三种:一是文字或文物记载形态,一是口述形态(包括诗词和音乐),还有一种便是"体现"形态。羌族是一个具有深厚历史文化底蕴的民族,且至今仍未发现成形文字,因而这个民族的原生文化大多依靠口传心授的方式在民间歌舞中相对完整地传承、留存了下来,从而使得羌族民间舞蹈语言处处体现出原生"体态符号"的特质。对集中体现"体态符号"的羌族民间舞蹈文化传承人的保护,显然是羌族传统文化保护工作中最关键一环,因为羌族的"体态符号"可以承载的信息含量是非常丰富的。通过"体态符号",人们不仅可以了解这个民族从古至今的文化形成与嬗变,更重要的是可以从中探寻属于这个古老民族独有的人文精神内核。

　　(原载于《羌去何处:紧急保护羌族文化遗产专家建言录》,《羌族文学》2009年第3期、总第66期转载)

西方传教士眼中的羌族神灵信仰

邓宏烈（羌族）

19世纪晚期到20世纪初期，基督教在我国四川省羌族聚居区的传播可谓其在华传播事业中的一颗流星，它留给人们的思考是多方面的。当基督福音的"圣灵"与羌族原始宗教的"神灵"相遇，福音传播者们捧着福音书，按照各自的宗教文化价值取向和经验认知，对羌族原始宗教的神灵信仰作出了不同的阐释。

19世纪晚期到20世纪初期，西方基督教徒来到羌族生活的土地上，他们肩负"上帝"所托的使命，传播福音，弘扬基督，要世代生活在这块古老土地上的人们聆听耶稣的劝导，皈依基督。然而，当他们走进羌人生活的世界，就被羌族人民的特征、习俗、习惯、建筑、法律、宗教所吸引，尤其是羌族原始宗教的神灵信仰，让福音传播者惊讶和兴奋不已，他们认为这就是"上帝真理的见证""而这一真理的见证其实很早就开始了"。这一结论引出的问题是：基督教的圣灵观与羌族原始宗教的神灵信仰是否同一，或更明白地说，羌族是否崇拜与基督教徒一样的上帝？事实是，不同的人对此作出了不同的回答。

葛维汉和陶然士就代表了当时传教士的两种截然对立的观点。葛维汉，美国芝加哥人类学博士，1911年以传教士和学者的身份来华，在中国生活和工作了38年，而其中36年是在四川度过的。陶然士则是个在羌族中富有传奇色彩的传教士。他于1896年从苏格兰来中国传教，供职于四川成都的华西传教士组织中，做了40年的福音使者的工作。尽管在技术上没有受过人类学训练，但他是英国皇家地理学会的会员，精通汉语，且精于中国艺术和考古学的某些方面。围绕羌族原始神灵信仰中的白石崇拜这一现象，葛维汉和陶然士在羌族地区传教和考察羌族宗教时，按照各自的宗教文化价值取向和经验认知，对羌族原始宗教的神灵信仰作出了不同的阐释。台湾历史人类学学者王明珂指出："在基督教文化中心主义偏见下，陶然士所认知的羌民是高贵的一神教信徒，他们的信仰与习俗中保存了许多古以色列人的宗教文化。……葛维汉接受中国学者所建构的'羌族史'（姜姓族与周人对天的信仰），因而将羌民对'天'的信仰视为该民族长期受汉族与藏族影响下的古老文化残余。"

陶然士：羌族崇拜唯一的上帝，是高贵的一神教徒

在陶然士对羌族宗教的诸多研究中，他得出的一个结论是："我们崇拜与他们（羌族）一样的上帝。"使他确信这一结论的关键因素是："就是这块高原上的人们的古代信仰……由迦南人所继承，后来，又被以色列人所吸纳，并一直延续到他们的'巴比伦之囚'时期。"羌族原始宗教的神灵崇拜就像原始闪族人一样，由一片神圣的树林、一个祭坛、一棵独特的树和一块白色的石头组成。陶然士声称，虽然与早期迦南人的崇拜有着共同的特征，但羌族并不制造神的偶像，他们曾经是而且一直是一神教的信仰者。"羌族比迦南人更值得尊敬，他们一直保持着一神教纯洁无瑕的信仰，给我们作出了宗教信仰恒久不变的榜样，这种榜样在除犹太人以外的其他民族中是不能找到的。"他指出，白石崇拜是羌族原始宗教神灵信仰的最主要的特征，白石是神的纯洁和坚定的象征，也是他们宗教信仰之兴趣和价值之所在，宗教仪式在哪里举行，那里就得竖立白石，这被认为是接近上帝不可分割的正确途径，因为在有白石标记的地方，上帝就在那里与他的子民建立联系。为了证实这一点，陶然士列举了白石象征神圣意义的4个方面：其一是它的洁白，与黑色对比，白色代表仁慈，而黑色就是罪恶；其二是它让人们明白，接近上帝必须通过神圣的方式，负罪者必须在向上帝祈祷之前净洁全身；其三是因为在标有白石的地方可能就是人们接近上帝之地——祭坛；其四是因为白石让人们想起

上帝就是他们的最终力量。同时,他指出羌族不是万物有灵论者。陶然士这样强调:"虽然羌族没有明确地称白石神为上帝或天使,但他们的确谈到正是天使或上帝的使者在祭坛设立之地带领他们接近上帝。"

神树是羌族宗教的另一个必不可少的特征物。在被羌族称为"神树林"的树林里,所有的树都是神圣的,因而禁止任何人砍伐,而位于祭坛后、靠近白石旁的那棵树更是非同寻常的神圣。羌族人民宣称神树是属于天神的,天神经由神树从天国来到神树林会见他的子民,而在献祭仪式结束后天神又取道神树回到天国。神树曾经具有的更深层次的意义已经无人知晓,我们只能简单地猜想它是"生命之树"。祭坛在羌族的宗教崇拜中则是第三个必不可少的特征物。它或是用土堆成的平台,上置一石,或是放置在其他石头上的一块石板。无论哪种情形,石头都必须是未被切割、未经打磨的。

"神树林、神树、白石神以及神坛共同组成了位于高地上的羌族宗教的圣殿。一切都是神圣的,缺一不可的。他们认为,在人与上帝互动的途径中,它们共同组成了宗教崇拜的本质要素。"陶然士由此总结,实际上拥有"犹太人信仰"的羌民是"前往中国的最早的传教士",既向同化了他们的汉人,又向周围的部落族群传播他们的宗教信仰。"2000年来,在汉人中间一直就存在着上帝真理的见证人。此后,上帝真理的见证亦未消失,因为在恰当的时候,欧洲传教士又来到这里,高举着见证的火把。而这一真理的见证其实很早就开始了。"

葛维汉:羌族不是一神论者,也不是以色列人的后裔

关于羌族原始宗教的神灵信仰,葛维汉得出了与陶然士截然相反的结论,他认为羌族宗教并非一神教。而对于许多羌人都自称是"以色列人的后裔",并说他们所信仰的天神就是"上帝耶和华"这种说法,葛维汉在他有关羌族的著述中进行了驳斥,并指出羌族是多神信仰者,"以色列后裔"之说是受陶然士及其羌族助手的误导。他指出,在汶川的木上寨、龙溪寨和东门外等受基督教影响较深的村寨,当地天神"木巴瑟"又称作"阿爸齐",暗示这是羌人接受陶然士等传教士"天父"之说的结果。他称羌族认为天神"木巴

瑟"的地位与在中国民间被认为主宰宇宙的至尊天神玉皇大帝等同,这是由于羌族受汉族道教影响的缘故。而他自己的观点是,"木巴瑟"的意思相当于"天","天"是古代周人的神,在历史上羌族(姜姓之族)又是周人的盟友。他强调:"羌族的'木巴瑟'与汉族的天神相关,周人联合羌人反抗商人的统治,这个观念至今还存在于汉族之中。"显然,在此诠释中,葛维汉视当代羌族为周之羌或姜姓之族的后裔。对他而言,羌族的"天"信仰,证实此民族的历史延续性。

为了论证陶然士之说"羌民为一神教信徒"不成立,葛维汉列举了羌族的5个大神、12个小神和一些地方神来支持自己的观点。他指出,羌人家中大多祭祀5种主神。至于供奉哪些神以及各个神的名字,各地皆有不同。除了各家中所祭祀的神外,每个村寨地区都有当地的神。当然,他也不认为白石代表唯一的天神,羌族"一般不认为白色的神石不一定可以保佑什么。一些白石头或其他颜色的石头同样被作为神灵来敬奉。"他指出,白石在许多地方都被当作各种地方神祇的代表。如有的村寨以白石作为保护神来供奉,有的作为火神,有的作为山神,有的作为谷神,等等。他又称,汉人的神如玉皇大帝、观音菩萨、太上老君、送子娘娘、关圣人、鲁班、川祖和土地神等,被羌人视为自己的神。另外,葛维汉在其著述中还提到理番县的白空寺,他描述这庙中"有3块白石被作为神灵来供奉,4名汉族巫师负责照看庙神,为免灾除病,这一带的羌族、汉族和其他民族的人民都要到此地祭拜。"因此,有学者指出,所谓"羌民宗教"与"羌民"一样,只是汉、藏两大文化体系间一个模糊的混杂的边缘。而葛维汉提到的理番县白空寺的白石神被汉、羌、藏民族共同祭拜的现象,也预示所谓"羌族宗教"的多元混杂性。

由此葛维汉论定,羌族不是一神论者,也不是以色列人的后裔。羌族的某些特征不是闪族式的,例如他们并不禁止吃猪肉,祭祀用成年的山羊,而不是像陶然士所称的羔羊。此外,他还认为,如果把那些似乎与希伯来人的文化和宗教相似的特征视为中国西部少数民族的普遍做法,将更加容易得到解释。这些特征包括:固定的祭司阶层、用的器物或礼杖、在崇拜时所用的石头或当成崇拜对象的石头。同时,他还诉诸汉文化强烈的历史感。对汉族来说,那么一大群以色列人涌入中国,他们不可能不把这一件事记录在史书中。关于这一点，他还补充说，羌族自己的传统也没有清楚地说明他们源于希伯来。有鉴于此，并考虑到他们自己的历史、语言、习俗和身体特征，表明羌族属于黄种人的藏缅支系。

西方传教士对羌族原始宗教的神灵信仰作出不同的阐释，为研究羌族原始宗教文化及其变迁构建了广阔的平台。

陶然士之子T. F·陶然士是研究圣经的著名学者，曾任教于爱丁堡大学。回忆起年轻时候陪同他的父亲和葛维汉的汶川之行，他注意到，葛维汉在旅行中很多的研究是在羌族和汉族杂居的地区进行的。在这些地方，羌族的外表明显地表现出蒙古族人的特征，而在偏远山坡上的、被他父亲称为"犹太人"的村庄里，则表现出明显的闪族渊源。他也曾数次亲访他父亲当年传教的羌族地区。他注意到，在那些距离岷江和沱江较近的村庄，他们的宗教信仰接近于汉人，而那些较远的村庄则很不像汉人，即使在那些祭司已把异教成分掺入他们的崇拜之中的地方，所有这些都不能说明羌人不是一神论者。

当然，T. F·陶然士也指出他父亲和葛维汉确实有些不同。他称他父亲总是试图对灵性和宗教概念作出本质主义的、进化论式的解释。这样的解释方法会陷入如所知的"本质主义错误"之中。在他为他的父亲所作的辩护中，最有力的一点是"羌族和摩西五经记载的宗教仪式之间的几点相吻合之处可能被忽略了、被消解了，或者被视为邻近民族的影响。"然而，这一系列的"相合之处"所依赖的内在统一性却不应被轻易忽视。尤其是当该观察来自于这样一个人——他多年来一直与这个民族生活在一起，他们亲密的关系使他们愿意与他分享该民族最内在的信仰。

其实，基督教的圣灵观本质上是对上帝的信仰。信徒在心里对圣灵耕耘得越深，心灵就越接近上帝，从而圣灵完成带领信徒进入上帝真理的殿堂的使命，彰显主宰天国和人间之上帝的大能和智慧，实现基督教之普世性的终极价值取向。这种终极价值取向的宗教情怀实质上反映的是对万能之上帝的唯一的、独一无二的信仰。但是，费尔巴哈说得好，人们的愿望是怎样的，他们的神就是怎样的。对于羌民族来说，从远古走来的历史印在他们身上的烙印有着太多的神秘与离奇，这种神秘与离奇反映在宗教信仰上，就是该民族的宗教价值取向或宗教价值索求。如果说把宗教崇拜的神灵或圣灵理解为人格化的超自然存在是恰当的，从这一点讲，基督教的圣灵观与羌族原始宗教的神灵信仰有着共同的一面，那就是基督教把人格化的超自然存在称为"上帝"，而羌族原始宗教则把这种人格化的超自然的存在称为"天神""天父"或"山神"。然而，生活在高地上的羌民族，他们需要的不仅仅是普世性的终极关怀，在他们的宗教价值索求中，一个突出的特色是将宗教的价值作为生活的手段，表现出原始宗教信仰之现实的一面。在这个层面上，人对于神灵的物质奉献和心灵虔诚是娱神驱鬼、免灾祈福、修得来世，他们的宗教理念表现为信神、信佛、信道、信巫合一，并列杂陈。所以，如果陶然士的观点是正确的，并且有大量证据来支持，在羌族人民中，原初的一神崇拜已被歪曲，并且只保持在少数的羌人中，那么，它在使基督教在羌民族中处境化的作用也是极其有限的。而陶然士真正想做的是要拾遗一个古老民族保持至今的原始宗教信仰的风貌，希望得出与基督教之上帝信仰一样的解释；葛维汉则注重羌民族原始宗教信仰之现状的采摘，从受汉藏文化的影响来梳理羌人原始宗教信仰之多元混杂的现象。二者各为其功，构建了研究羌族原始宗教文化及其变迁的广阔视角和平台。

（原载于《羌族文学》2010年第2期，总第69期）

浅析羊皮鼓舞与释比文化

王颖杰

羌族是我国最古老的民族之一，是中华民族大家庭中的一员，在中华民族的形成和发展进程中发挥了重要的作用。岷江、涪江上游地区的四川省阿坝州汶川县、茂县、理县和绵阳市的北川县等是羌族的主要聚居区。

羌族具有悠久的历史，早在商代的甲骨文中，就有大量关于羌族和羌族活动的记载。甲骨文上"羌"字从"羊"、从"人"，是指西北（今甘青一带）牧羊的种族。历史上传说："炎帝神农氏，姜姓之祖"（《左传》昭十七年），"神农居姜水，因以为姓"（《水经注》），《商颂》上有"自彼氐羌"之语。周代称与华夏人发生关系的羌人为姜姓。《后汉书》称："西羌之本，出自三苗，姜姓之别也。其国近南岳。及舜流四凶，徙之三危，河关之西南，羌地是也。滨于赐支，至乎河首，挠地千里。赐支者，禹贡所谓析支者也。南接蜀、汉徼外蛮夷，西北［接］鄯善、车师诸国。所居无常，依随水草。地少五谷，以产牧为业。其俗氏族无定，或以父名母姓为种号。"这些都说明"羌人姓姜"。住在渭河流域之姜水的姜姓之祖炎帝神农氏，是羌人的一支，也是当今羌族人的远祖。

一、巫步多禹

在原始社会，由于人们崇拜图腾和迷信神鬼，逐渐产生了沟通人神之间的"巫"。由"巫"掌管祭祀占卜，求神福佐或袚除不祥。"巫"原是由氏族领袖兼任的。西羌之地传说中的夏禹不仅是治水的英雄，也是一个大巫[1]。专职巫觋虽然有通天地之才，但只为君王使支配，成为宫廷中的成员，君王才是群巫之首。中国三代王朝的创立者的行为，都带有巫术的超自然色彩，夏禹有阻挡洪水的神力，其"禹步"就成为后世巫师特有的步态。传说大禹在治水中两腿受病，走路迈不开步，只能碎步向前挪移，这种步法被称为"禹步"，成了后世巫觋效法的舞步，又称"巫步"。晋代葛洪《抱朴子》记载了两种"禹步"的跳法。现在的释比在跳羊皮鼓舞时俗称"山羊步"的这种步子，亦被称为禹步。也正是这种禹步奠定了上古舞蹈的基础，后世释比更是将禹步与道家的罡步结合[2]。罡步踩踏有严格的线路，起讫要求亦有定规，由于法师在踏罡步斗时步伐跳跃，形同舞蹈。《法言·重黎》上有"巫步多禹"之说，讲的是巫在做法时的舞步为夏禹所编。《洞神八帝元变经·禹步致灵第四》："禹步者，盖是夏禹所为术，召役神灵之行步。"[3]这种步罡踏斗的缭绕之法，据说可以遣神招灵。其实，那不过是一种舞蹈步伐。道士们说他"三步九迹"上应"三元九星"。道教的《真人禹步斗罡法》说："用白垩画作九星，斗间相去三尺。从天罡起，禹步随作，一次第之。居魁前，逆步之。"

羌族虽然没有文字，或者说文字因为历史原因遗失，让我们无法对于羌族人原始舞蹈进行文字考证，但是我们可以从别的民族史料中佐证到很多相关内容，因此而一窥羌族人鼓舞之姿特殊魅力。

二、羊皮鼓的由来、功能及作用

羊皮鼓，羌语为"布"，是用老山羊皮制作的半面鼓。圆形直径约0.5厘米，高约1.5厘米的杉木板或桦木板围圈而成，绷老山羊皮，内部用皮绳榴紧，鼓内放有一拱手握的木棒，鼓内还系有一至二只小铜铃。鼓槌长约40厘米左右，弯曲如弓，槌突击鼓面，槌声为鼓铃同声的三部曲。

据汶川县绵虒镇羌峰村王志高老人讲，传说阿爸木比塔知道人间妖魔鬼怪多，危害不浅，就派天神木拉下凡，专门为羌族人卜凶吉、驱邪、治病、逐鬼。天神木拉奉命走出南天门，打起羊皮鼓来到人间，首先从高山顶开始，由高打到低来，一直打到普通百姓人家。由于筋疲力尽，很快他就睡着了，一睡就是若干年，等到他醒来的时候，着地的那面鼓已朽，故"释比"做法事敲鼓时只能用一面。

羊皮鼓是羌族"释比"用来颂经、法舞、祈祷、法会、祭祀和驱鬼等活动中的主要法器，不得任他人随便捶打，现已成了羌族节日中庆典的最佳打击乐器之一。"跳羊皮鼓舞"也成了一种礼仪舞蹈。羌族羊皮鼓，羌语称"莫思纳萨"或"布滋拉"，属羌族民间祭祀舞蹈用具。数千年来，羌族人民创造了自己的辉煌历史和优秀文化，羌族原始宗教即为羌族文化的一个重要载体，羊皮鼓在千百年的释比的祭祀活动中成了祭祀法舞的重要乐器，既承载着祭祀活动中的法器功能又负担了其乐器本身的功能。

三、羊皮鼓舞的类型

由于祭祀的类型多样，因而羊皮鼓舞的类型也极为丰富，现在简单列举一二。

战争祭祀舞蹈。《后汉书·西羌传》："及武王伐商，羌、髳率师会于牧野。至穆王时，戎狄不贡，王乃西征犬戎，获其五王，又得四白鹿，四白狼，王遂迁戎于太原。夷王衰弱，荒服不朝，乃命□公率六师伐太原之戎，至于俞泉，获马千匹。厉王无道，戎狄寇掠，乃入犬丘，杀秦仲之族，王命伐戎，不克。及宣王立四年，使秦仲伐戎，为戎所杀，王乃召秦仲子庄公，与兵七千人，伐戎破之，由是少却。"羌人习武迎战，民风彪悍，战前必由大巫释比敲打羊皮鼓诵经做法，在释比羊皮鼓舞的节奏带领下，头插羽毛或带藤盔的武士，身穿牛皮甲、左手执盾牌、右手执长刀等武器，口中低吼"嘀嘿"，顺势踏步。右脚前踏一步，右手武器前推，盾牌护住前胸。左脚前踏，左手盾牌前推，右手武器护住头部。在缓慢而低沉的怒吼中队形向前推进，以一种压迫的气势向前移动，随后队形分裂成左右两队，单腿屈膝跪地，往前蹭地而行。以武器击打各自的盾牌，随着释比鼓舞的节奏加快，第二排武士跳跃过第一排单腿跪地的武士，呈交叉一人站一人跪地之式，形成上下互应保护。武士之间展开相互的击杀场景，与此同时妇女在周围圆圈层叠，和着释比鼓声的节奏，脚步踏地，手手相击唱着助战歌。三个声部的节奏混合交融，低沉而有压迫感，悲壮而不伤感，激发战士为了家园为了族人战斗的信念，同时祈求得到战神的庇佑。"这种被称为'卡思达温'的舞蹈和着羊皮鼓舞的节奏与人声的默契让我感觉'他'的每个手势，都与之呼应的颤抖……我内在的生命力在增长、洋溢。"[4]

羌族史诗《羌戈大战》中，由老释比敲打羊皮鼓，一边舞蹈一边唱颂古羌的一支由于战争迁徙并定居于岷山的历程。史诗由十小节组成，展现古羌族战争、迁徙和定居生活的宏伟画卷，内容包括：一、序歌；二、释比唱述羊皮鼓；三、天降白石变雪山；四、羌戈相遇日补坝；五、长子四处查神牛；六、木比设计羌胜戈；七、竞赛场上羌赢戈；八、木比使法戈人亡；九、羌人格溜建家园；十、合巴买猪庆功宴。史诗用释比的语言及羊皮鼓舞共同展示了两场战争，在这两场战争中释比既要饰演羌族人又要饰演魔兵，既要展示部落酋长的智慧又要表现戈人势必失败的形象。

宗教祭祀性舞蹈。羌族目前的信仰仍然处于万物有灵的纯朴原始宗教形态，区别于后世宗教，它属于早期的神灵信仰，原始舞蹈的发生源于先民对自然万物皆有灵的崇拜到自身有灵，再到图腾崇拜，原始宗教舞蹈便是依托原始人类对万物、自身、图腾的各种信仰仪式才得以产生。

万物有灵。宏观地来说，在万物有灵的时代衍生出了自然之灵。《释比经典·第三十一部敬日月星辰》中，大地山川、雨云、草木、动物等等都成了人类崇拜的对象。最早的圈舞因对太阳月亮的崇拜而产生。太阳带来了光明，赶走了野兽，给予了人类温暖，大家围在了一起，因此产生了最早的圈舞，圈舞是世界早期的宗教舞蹈之一并延续至今。

自身之灵。微观地来说[5]，这灵出现在原始人自身，伤口流血，会自动愈合，白日狩猎竟会在夜间的梦中复见。他们虔诚地相信，性和人类的生殖及氏族的延续，都受到外力的支配。为求得氏族繁衍，人丁兴旺，就产生了性崇拜、生殖崇拜的原始舞蹈活动。《释比经典·敬神篇·第四十九部颂催生女神》："手拿香烛拜催生，催生娘娘人皆知。人无父母身何来，尤以母恩深似海。生儿育女多艰辛，天下凡人忆母恩。朝拜催生圣母恩，天下妇女尽沾恩。"[6]唱经表现了羌族人对生命到来时刻的期盼与崇敬。

《释比经典·丧葬篇·第一部·伴大夜》:"天宫天庭放出病,雪隆包上病来了。山梁之上病来了,沟谷之内病来了。山梁之上病来了,沟巷之内病来了。这家门口病来了,我的门口病来了。邪毒疾病缠你身,你儿你女向大神。许了羊愿保你命,为保你命未能行。下朝阴界城隍前,再来许了绵羊愿。为保你命未保全……送你出殡天微亮,送你出走自家门。"[6]《太平御览·第四十部》四夷部引《庄子》云:"羌人死,燔而扬其灰。"《旧唐书》卷198《党项羌传》载:"党项羌,在古析支之地,汉西羌之别种也。魏、晋之后,西羌微弱,或臣中国,或窜山野。自周氏灭宕昌、邓至之后,党项始强。……老死者以为尽天年,亲戚不哭;死则焚尸,名为火葬。"在老释比的带领下,众释比围着架在柴堆上的亡者跳起羊皮鼓舞,舞蹈缓慢刚健,鼓声低沉威武,讲究场面调度。基本动律有拧、摆、摇、颤,腿部动作有跳、跨、蹦、挪、拐,静止时往往单腿为重心屈膝,右屈左弯,左屈右弯,手时而击鼓,时而伏地,时而举、抬、甩、劈,手势都蕴含着各种各样的意义,辉映着"燔而扬其灰"的火光给冥冥中的亡灵壮胆驱邪,开道引路,因此动作刚劲有力,严肃威武。《礼记·郊特性》中说:"万物本乎天,人本乎祖。"《荀子·礼论》和《史记·礼书》中都说"先祖者,类之本也",因此,天地是万物的本源,先祖是人之源头,人类的生存和发展要借鉴祖先的榜样及经验,人类为了不忘自己的"本"而祭祀亡灵,后代子孙为了表达对祖先开创之功的感激和不忘祖先对族人做出的巨大贡献而祭祀亡灵,以表达对先人的尊敬。

《尚书·泰誓》中说:"惟天地万物父母,惟人万物之灵。"既然"人"是万物之灵,因此,"人"去世后是值得生人对其示以尊敬之情的。《中庸》十九章:"事死如事生,事亡如事存,孝之致也。"又如孔子所说的"生,事之以礼;死,葬之以礼,祭之以礼"。隆重地举行祭祀亡灵仪式是对表达对祖先的思慕之情。祭祀亡灵是血源亲情在文化方面的表达,对死者的祭祀是血源性的、文化性的、伦理性的。

宗教的神圣感是舞蹈作为艺术之母的根本原因,万物有灵是对神的自然崇拜的一种信仰,那么舞蹈则是这种信仰的祈祷表现方式,正因为这种被原始信仰覆盖了的舞蹈祈祷仪式,原始宗教才显现出了神圣感。在原始社会的任何场合都离不开舞蹈,生育、献祭、祭祀先灵、结婚、丧礼、播种收割、

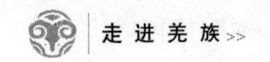

打猎、分食、月亮的盈亏、日晕这些场合都需要跳羊皮鼓舞。

这种原始羊皮鼓舞，具有区域性特征，汶、理、茂三县，各自在羊皮鼓的节奏处理上略有不同。虽然都是跳羊皮鼓舞，但是不同地域都有自己鲜明的文化内容、季节性特征。三县在不同季节都有各自祭祀的主体。

羊皮鼓舞在羌族祭祀活动中与释比融为一体，释比以法舞形式而延续和传承下来。羊皮鼓舞的技艺特征：舞者一般左手持鼓，右手执鼓槌，脚踏鼓点，在双腿不断跳摆中，连续表演"持鼓绕头""屈腿左右旋转""旋摆髋部"等复杂多变的动作，其腿部动作尤为有力，身体旋转幅度大。进行仪式时，释比神色庄严，紧要关头击鼓加剧，念唱加快，释比翻身起跳，单手托鼓，身体向上猛地跃起。[7]其舞蹈特征具有"一边顺"特点，指在舞蹈过程中顺手和顺脚出于一侧的特殊动律、体态。这是在高山缺氧、山路崎岖、劳动艰辛、往来不便的特殊条件下形成的。在高原上进行劳动或者负重行走，当身体重心倾向一侧时，该侧之脚尤为吃力，该侧之手也就随着摆向一边顺。由于这种体态最为省力、最得力、又能减少危险，于是就成为日常生活的基本步态，这也是形成"一边顺"的原因，体现出高原民族共同的审美心理。而羊皮鼓舞以"环动式顺拐"为主，无论是胯还是肩，都是以胴体主动肢体随动为主。为了达到神人共舞的状态，[8]释比们逐渐进入忘我的境界，由俗到灵，确立起我即鬼神的信念。为了使自己真正"现行"为"鬼神"达到神灵附体的幻境状态，使之令人信服，释比的羊皮鼓舞表演的技巧不得不精益求精。一个释比的技艺高低，往往直接关系到他的声誉。[9]擅长羊皮鼓舞的释比又被称为"赫苏德木"，是祭祀舞蹈表演者。在祭山还愿的盛大祭典中，其舞蹈动作较为缓慢舒展。

羊皮鼓舞作为羌族活态文化的重要载体，值得我们倍加珍惜。

四、羊皮鼓舞与释比文化的关系

"释比"是羌语音译词，以师徒家族祖传的方式传承，必须是高智商的男性，女性不参与。释比是普通的劳动者，自己也有妻室儿女，羌语不同方言称为"比""许""诗卓""活鲁"等。他们是羌族人的司礼、祭祀的祭司，记忆力特别好,在大小还愿会或讲经传说时,能连续讲十多个小时。他们是羌族文化的重要传播者和羌族知识的拥有者,至今在羌族文化的诸多事象中,都充当和扮演着重要的角色。

羌族的语言即羌语,属汉藏语系藏缅语族羌语支,分南北两大方言,除茂县赤不苏地区和黑水县的羌区为北部方言外,其余羌区均用南部方言。羌语有语言而无文字,故羌族的许多口传文化都是用羌语一代代传承下来的,而且羌语作为一种人类几千年来传承下来的语言,本身就是十分宝贵的文化财富。所以释比无疑是可贵的活态化石,而羊皮鼓舞这一释比在任何活动中都离不开的舞蹈也被赋予了上古活态舞蹈的神奇。羊皮鼓舞与释比的活态文化传承息息相关,只有明确文化传承链,才能实现羌族文化生态结构的动态平衡和健康发展。

谷运龙先生在《羌族释比经典》的序言中指出:"在羌族社会中,释比对文化传承一直起着承前启后的重要的桥梁作用。"正是由于羌族传统文化传承全靠人们世代口授或歌唱,释比传承便有着一个十分独特的专门体系。释比学习的内容,是经过几十代、上百代释比师承的羌族文化,释比学会所有技艺后,便将其运用于羌族社会生产生活的诸多方面:春播秋收、婚姻丧葬、成人仪式、建筑奠基和竣工、节令等等。

伴随释比产生的一系列包括羊皮鼓舞在内的表演方式也成了释比文化的重要表现形式之一,它蕴含着羌族人特有的世界观、认知论和想象力,是宝贵的人文财富,至今并仍将在羌族人民的生活中发挥重要作用。

作为一个专业的编导或者舞者来说,要达到神人共舞的状态是非常不易的,不光是在技巧层面,而在于一种精神层面的超脱,那需要一种信仰、一种献祭、一种癫狂,要挣断羁绊的缠绕,得到呼吸的流通,犹如渴望死的解脱,褪去那憋闷的红尘,得到往生的快乐,渴望站在生命起源点窥视万物,渴望站在黑暗的自我审视另一个自我。

参考文献:

[1] 刘建、孙龙奎. 宗教与舞蹈 [M], 北京:民族出版社, 1998年.

[2] 严福昌主编. 四川傩戏志 [M], 成都:四川文艺出版社, 2004年.

［3］刘建、孙龙奎.宗教与舞蹈［M］,北京：民族出版社,1998年.

［4］【美】伊莎多拉·邓肯著,朱立人、刘梦輋译.伊莎多拉·邓肯自传［M］,上海：上海文艺出版社,1981年.

［5］刘建、孙龙奎.宗教与舞蹈［M］,北京：民族出版社,1998年.

［6］四川省少数民族古籍整理办公室主编.羌族释比经典［M］,成都：四川民族出版社,2008.

［7］资华筠主编.中国舞蹈［M］,北京：文化艺术出版社,2008年.

［8］刘建、孙龙奎.宗教与舞蹈［M］,北京：民族出版社,1998年.

［9］陈兴龙.羌族释比文化研究［M］,成都：四川民族出版社,2007年.

（原载于《羌族文学》2010年第4期,总第71期）

羌语词汇及羌族拼音文字概述

何星俊（羌族）

一、羌语与羌语方言

羌语，指的是羌族人民的语言，从广义来理解应当有多层意思，包括古羌语和由古羌语变化发展流传下来的现代羌语、羌族共同语、羌族方言土语等。羌族共同语是以岷江上游北部方言语音为基础，茂县曲谷羌语为标准的共同语。

羌语方言是羌族母语在漫长的历史过程中变化形成的地域性分支，彼此有一定差别的地方话。

有史以来，羌语受诸多因素的制约和影响，数千年乃至更长的时间，由羌语基本词汇派生的词或在局部地区出现了词汇新成分，不能够或不容易相互交流共同使用。久而久之，本来使用的相同的母语，共同点逐渐发生变化，相异点增多，使羌语母语慢慢发展为有一定语音差异的方言。例如：用汉语表达的"羌族"这个词，有的地方羌语自称为尔玛，有的地方则叫日麦，还有的地方叫玛或咪，等等，从而在语音、词汇、语法等方面形成不同的羌语方言区，方言区内的羌语就叫羌语方言。

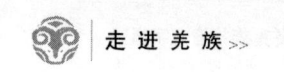

二、羌语的分布和羌语方言的划分

羌族语言在中国多民族语言中是非常古老的语言,是衍生诸多中国少数民族语言的母系语言,是历史上广泛使用的交际工具。汉武帝元鼎六年(前111年)设置汶山郡。汶山郡的疆域从灌县(今都江堰)附近至松潘,从理番至石泉县。当地的民众被称为氐羌,至少有25万户家庭之众。《四川通志》记载羌人地域风土说:"石田山地,俗尚勤俭,咿唔之声,彻于四境。"这里记述的"咿唔之声,彻于四境"指的就是当地的羌人日常用羌语交流交谈的声音,四面八方到处都能听得到。这只是一个例证。历史上羌人的分布很广,曾遍布今天中国的西北、西南、中原地区的16省区。西汉元始二年(2年),羌人口占全国人口五分之一。因此,勿庸置疑,羌语的分布也很广。

现代羌语区主要分布在四川省阿坝藏族羌族自治州的汶川、理县、茂县、松潘、黑水,绵阳市的北川县、平武县,甘孜藏族自治州的丹巴,"5·12"汶川特大地震移民安置地邛崃等地,公路沿线和城镇附近居住的羌族大多使用汉语。据不完全统计,说羌语的人口至今大约有15万人。

根据语音特征,现代羌语可以分为南部方言和北部方言。南部方言区主要分布在茂县、理县、松潘等县的南部和汶川的大部分地区,包括三龙、黑虎、桃坪、大岐山、龙溪、绵虒等。北部方言区主要分布在茂县北部赤不苏地区和黑水县的大部分地区,包括曲谷、维古、麻窝、雅都、茨木林、芦花等。

三、羌语的特点

清嘉庆十年的《汶志纪略》记载:"其地羌汉并处,其土羌汉杂耕。然各安其业,耦居无嫌,羌民附山而居,耕田凿井,勤劳艰辛之状,苦不可言。而岁时伏腊,酬酢往来,击鼓迎神,烹羊送腊,搓摇征赋,勉力趋公。衣食语言,自为风气。"民国初年,英国牧师托马斯·陶然士在川西北高原地区传教时调查羌族的历史习俗和宗教的报告中说:"羌话是单音节的,似乎有声调,却极不同于汉语,到目前为止,尚无外国人学会羌语,不过,许多发音都很奇特，甚至谙熟语言学的人也会迷惑不解，辅音特别不易听清。"总体来看，羌语有 40 多个单辅音声母，有 8 个基本单元音韵母。辅音中有很多个其他语言中很少见、汉语中没有的小舌音 gv、kv、v、vv（羌族拼音文字方案转写，后同），声门音 hv、vh，浊音 bb、dd、gg、ss、jj 等。从羌语方言看，南部和北部各有其语音特点，南部方言声母单辅音多，北部方言复辅音多，如四、六、九，汶川龙溪话叫"rre、zhu、ggu"，茂县曲谷话叫"hhrre、shzhu、rrggu"。南部方言韵母带辅音的韵尾少，北部方言带辅音的韵尾多。

羌语是一种语法形态丰富的语言，主要特点有：

代词的格范畴。羌语人称代词、疑问代词、泛指代词有格语法范畴。格范畴在羌语方言土语中有较为明显的差异。一般情况下，格范畴在南部方言区的土语中较为严密，有规律；北部方言区的土语中格范畴不是很明显。人称代词的格，是比较有规律地用词根元音变化或者是辅音的曲折变化的方式来表达的。

动词的时态范畴。羌语中的动词有人称、数和时态语法范畴。人称分第一人称、第二人称、第三人称，数分单数、双数、复数，时态分现在时、将来时、过去时。人称、数、时态的语法表现形式是分别用动词词根加前后缀词素和词根的曲折变化等方式来表达的。

动词的趋向范畴。羌语中动词有广泛的相辅相成的表示动作方向的趋向范畴。动词前不同的趋向前加成分表达不同的语法意义。前加成分一般有较为固定的 3 组，每组 1 对，共 6 个。de 表示动作向上方或往上方，vha（hva）表示向下方或往下方，se 表示顺水方或往外方，xxi（ne）表示逆水方或往里方，dda 表示离心方或向彼方，ze 表示向心方或向此方。如在跳萨朗舞或羊皮鼓舞时，以曲谷话"vsu"（跳）为例，devsu、vhavsu 表示往上跳、往下跳或跳上去、跳下来；sevsu、xxi（ne）vsu 表示往外跳、往里跳或跳出去、跳进来；ssevsu、ddavsu 表示跳过来、跳过去或往右跳、往左跳。这样的动词趋向范畴，在羌语日常用语中运用非常广泛。动词词根前的前加成分，各地语音稍有差异。

动词的式范畴。羌语中动词有式的范畴。式范畴包括祈使式、命令式、禁止式。祈使式、命令式一般在动词前加 a 或表趋向的前加成分来表达，但在不同的场合氛围中有着不同的作用和意义，如以喝酒 xite 为例，"xi ate"表祈使"请喝酒","xi sete"表命令"把酒喝了"。禁止式一般在动词前加 ze 来表示禁止,如"xi zete"表禁止"别喝酒"。

动词的体范畴。羌语中动词的体范畴有待行体、将行体、始行体、持续体、刚行体、已行体、未行体。多种体在我、你、他三种人称的单数、复数中都是很有规律的,表现形式是在动词前或后添加不同的词素。其中,刚行、已行、曾行、未行这四种动词体,词根前一般要加相应固定的前加成分。

除这几种语法范畴外,羌语中还有自动态、使动态、互动态等语法范畴特点。

羌语词汇主要继承了古羌语流传下来的固有的基本词汇,这些词汇是羌语的核心。斯大林在《马克思主义和语言学问题》中说:"基本词汇比语言的词汇窄小得多,可是式它的生命却长久得多,它在千百年的长时期中生存着,并且为构成新词提供基础。"根据常用固有词来看,羌语基本词汇语音比较一致,如"房屋、价格、血、戴"这类词,在南部的桃坪、龙溪和北部的曲谷、麻窝话中都是一样的,叫"基、铺、撒、搭"。许多词汇的语音变化有对应关系,有的词在不同的方言土语之间相同。如"花"在曲谷话中叫"喇巴",在麻窝、桃坪叫"巴柱"。"慢慢"在桃坪和龙溪叫"阿恰恰",曲谷叫"阿卡卡"。自古以来,羌语由于没有文字和统一的标准语的引导发展,加之外来语的影响,许多词在方言或土语中语音差异较大,形成了"十里不同音,百里不同腔"的方言特点。羌语中有相当数量具有明显自身特点的词汇,这些词大都是由古词或核心词以派生和合成的方式构成。因而,羌语词汇的特点有派生法、合成法。派生法构词是羌语中主要的能产性构词形态。羌语中有丰富的多功能的构词前缀和后缀,这些前缀和后缀生命力很强,和固有基本词相结合,能产出许多新词,构成了羌语中丰富的派生词。合成式构词方式也是羌语中重要的构词方式,合成词一般是以词根与词根、词根与附加成分以并列、偏正、支配、表述等方式合成。

羌语中还有拟声构词和重叠构词等特点,举例如下:

根据音节结构来看,有单音节词和多音节词,如单音节词,zu 水、sse 地、va 铜等,多音节词 susua 算、vula 洗、meba 冷。

根据孳乳情况来看,有非派生词和派生词,如非派生词,medu 天、gvu

怕、ssimi 话。派生词 gvu（怕）加前缀 de，派生为 degvu 赢。Ku（狗）和 bia（狗）合成派生为 kubia 牲畜。

根据词的意义来看，有同义词和反义词，如同义词，dhuwu 和 ssimi 都是话语、语言的意思，di 和 bbo 都有高的意思，na、ya、be 都有好的意思。反义词，bbo（高）与 bbe（低）、lu（来）与 ge（去）、bba（大）与 zha（小）等。

根据词的语音来看，有同音异义词和同音多义词，如同音异义词 su 有教、学、闲等意义，xi 有红色、酒、喂、啼等意义，rrggu 有穿、九、狐狗、粮食等意义，bena 有东西、物品、货物、物资等意义，lehhrr 有文字、书、文章、文化等意义。

根据词的意义和结构来看，有单纯词、合成词，如单纯词 ge 去、pu 逃、gvugvua 吵架等。合成词 bi（父）和 mia（母）合成 bimia 父母、ggus（衣）和 hsi（新）合成 ggushsi 新衣、zi（这）和 be（年）合成 zibe 今年。

除以上简要介绍的几种羌语词汇特点外，其他不同形式的特点还有很多，这里不能详细介绍。如果根据词在句子中的意义和语法功能来分，羌语词汇可分为名词、代词、数词、量词、动词、形容词、副词、连词、语气词、叹词、助词等。

羌语句子的词序结构一般是主语加宾语加谓语，例如"我喜欢学习羌语"，这个句子的羌语结构为：主语 gva 我+宾语 rrmearr 羌语+谓语 su dobu 喜欢学习，即"我羌语喜欢学"。

四、关于羌文

羌族文字失传的传说：羌族作为甲骨文中唯一有记载的古老民族，在数千年的历史进程中，自身究竟有没有文字？这个问题，至今仍是个谜。学术界也没有明确的定论，有学者认为甲骨文是古代氐羌的文字符号，也许是有根据的。中国文字作为记录语言的符号，至少经历了从甲骨文到方块文字的过程。史籍记载的青衣羌、广汉羌、白马羌等诸羌的分布，以及现存的大邑静慧山望羌台和邛崃天台山羌族高氏土司修建的永乐寺石碑坊等，足以证明羌族与成都平原息息相关。广汉三星堆文化和成都金沙遗址的主体民族是谁？

没有明确或准确定论，从出土的神杖、太阳神图案、祭祀塔、玉器饰物等许多文物看，知道主体民族与羌有很深的密切关系，但又没有明确定论。我们研究和比较汉语和羌语，发现是两种不同的语言，但是这两种语言中有很多的同源字，例如：来、没、算、跑、唱、避、暖、滑等字的辅音（声母）都相同，应该是同源字。又如：坝、薄、背、布、补、都、毒、递等字，羌语中读浊辅音 bb 或 dd，在汉语中是清辅音 b 和 d。很明显，音位非常近。虽然汉语中没有浊音，但是这两种语言中的浊音和清音有着亲密的渊源关系。成都和都江堰中的"都"，很明显源于羌语中的浊音 dd。羌语受汉语的同化影响大概是从汉代开始。那么，历史上羌族究竟有没有文字？羌族的释比经典和民间传说中都说：以羌文写的经书被羊吃了，从此羌文就失传了。从那以后，羊皮鼓成了羌族没有文字的书，羌族释比边敲羊皮鼓边用羌语诵唱经文，一代一代相传。

党项羌西夏文：据文献记载，公元 1036 年前，西夏王朝创造了西夏羌文——西夏文。西夏文有七种笔画，有楷书、行书、草书、篆书，隶书五种字体，笔画从上到下，从左到右，从里到外，字形与甲骨文相似，匀称美观，流行使用了八百多年。用西夏文记载的流传下来的历史典籍、文物很多，清代末期，成都尚有人藏有西夏文写的书籍。

现代羌族拼音文字：新中国成立后，羌族人民要求创造文字。1956 年，国家组织调查少数民族语言时对羌语进行了较为普遍的调查。1958 年，为利于小学用羌语辅助教学，以麻窝话为标准音设计了羌语拼音方案，后因受"否定民族语文，排斥民族文字"错误思潮的影响，羌文创制工作被迫停止。十一届三中全会后，羌族人民又多次提出创造羌族文字的要求。1988 年，四川省阿坝藏族羌族自治州人民政府根据羌族人民的长期愿望和要求，正式提出为羌族创造文字的报告，同年，四川省民族事务委员会向省政府提交了创制羌文的报告。经省政府同意后，1989 年正式成立了由四川省民委牵头的四川省羌族拼音文字方案创制领导小组和创制设计方案组。笔者作为汶、理、茂、松、北川、阿坝州等政府机构选派的创制设计组成员之一，自始至终都参与了整个羌族文字的创制过程。从 1989 年组建机构到 1991 年完成创制羌族拼音文字，归纳起来，主要进行了以下几个方面的工作：

第一步，确定标准音点。羌文创制组经过语言学专业培训后，根据羌语方言土语实际，深入羌族地区征求意见调查了解方言土语覆盖通行面，掌握第一手材料。1991年1月，羌文创制领导小组在汶川召开会议，会议根据北部方言的差别较南部方言小，北部方言赤不苏地区一带的语言通行面较广的实际，以羌族语言的代表性和通行面的广泛性为基点，确定北部方言语音为基础，以北部方言区最接近南部方言区的茂县曲谷话为标准音。

第二步，调查标准语音资料。标准音点确定后，创制组多次深入曲谷河东、河西实地调查词汇，记录语法材料，收集长篇故事。在此基础上，归纳拟定出了曲谷话语音音位系统。

第三步，精心设计文字方案。标准音点的语音系统基本能涵盖整个羌语语音。根据音位系统，本着简明易学、科学准确的原则，广泛听取羌族各方面人士和学术界专家学者的意见，反复讨论协商，多次修改，最终设计确定形成了一套以拉丁字母为准来记录羌语这一形式的羌族拼音文字方案。羌文方案单元音有8个（a、o、e、i、u、iu、ea、ae），r在元音字母后表示元音卷舌或儿化。单辅音有41个，其中双唇音6个（b、p、bb、m、f、w），舌尖前音5个（z、c、zz、s、ss），舌尖中音6个（d、t、dd、n、l、lh），舌尖后音5个（zh、ch、dh、sh、rr），舌面前音7个（j、q、jj、ny、x、xx、y），舌面后音6个（g、k、gg、ng、h、hh），小舌音4个（gv、kv、v、vv），声门音2个（hv、vh）。这套羌族文字方案能够记录错综复杂的羌语方言土语语音。

第四步，编写教材后同步进行试行教学。羌文方案创制出来后，创制组的任务转为编写组，编写试行教材、扫盲课本、小学一年级课本、师资培训教材、汉羌词典等几类通用图书。在标准音地区进行试点教学，同时也科学地检验羌文方案的可行性。后来通过办羌语培训班、小学试点、农村扫盲等多次试点实践，证明方案是可行的。1990年11月，羌文创制领导小组在成都召开"羌族拼音文字方案审定会"，讨论审定后一致通过了羌文方案，并决定在羌族地区扩大试点，并在阿坝师专、威师校、茂县等校地举办羌文教材培训及羌文实验教学班，参加培训的学员合格率达到百分之九十以上。

第五步，省政府批准并报国家民委。1991年3月，羌文创制领导小组又在成都召开会议，认真总结实验教学的经验，对方案的有关内容作了进一步的完善。5月，方案正式呈报四川省人民政府。10月，四川省政府批准羌文方案并报国家民委审查。

第六步，通过国家级专家鉴定。1993年1月，国家民委函请中国社会科学院民族研究所组织有关专家对羌族拼音文字方案进行学术鉴定。1993年3月，民族研究所、国家语委、中央民族大学、中国藏学研究中心、中国人民大学、四川省民族语言文字工作委员会等单位的17位专家对羌文方案进行了认真的鉴定，一致认为：羌族拼音文字方案设计采用26个拉丁字母，与汉语相同的音采用相同的字母表示，羌语特有的音用双字母表示，设计合理，能够科学、系统地反映羌语特点，是一个好方案。在试点中得到羌族各界的肯定，证明是可行的。

羌族拼音文字诞生后的20世纪90年代中期，在阿坝师专、四川省威州民族师范学校培养了一批大中专羌语文教学、研究、编译等专业人才。

羌文的创制实现了羌族人民长期的愿望和要求，增强了羌族人民在中华民族大家庭中的平等感和温暖感，增强了民族自尊心、自信心，进一步激发了羌族人民热爱党、热爱祖国、热爱社会主义的激情。

羌语作为羌族人民交际的工具，也是羌族文化的根本载体，是羌族文化的根源和最主要的组成部分。羌语是羌族文化的灵魂，是主宰羌族非物质文化并起决定作用的最主要的因素。我们说羌语是羌族文化的载体，因为羌语是承载、传递、表现羌族文化真实信息内涵最重要的物质形体。"5·12"汶川特大地震后，围绕羌族文化生态保护工作，羌族语言的抢救、保护、传承等喜讯频传。北京天下溪教育咨询中心乡土教材系列之羌族语言文化教材——小学课本《沃布基的故事》2010年秋季进入课堂，初中课本《云上的家园》将进入课堂。都江堰市羌学学会规范编译的《羌族常用礼貌祝福语》得到社会各界好评。中国和加拿大关于"汶川地震灾区羌族语言抢救、保护和发展政策研究"合作项目，于2010年10月在成都形成结项成果。羌语汉语对照工具书《汉羌词典》正式出版面世。这些真正意义上的行动举措，使传承羌族语言出现了新的生机。让我们携起双手，为共同关心支持羌族语言文化的抢救、保护、传承、发展工作，做出应有的贡献。

（原载于《羌族文学》2012年第2期，总第77期）

烧拜香：宁强县羌族旧时风俗

王永清　周　凯

宁强县，古时为羌州。旧时羌人，虔诚孝道。家中母亲如果有了病，除了延医治疗，孝子还要到附近的庙中许愿，请求神灵菩萨的保佑，不论病好与否，都要按时去庙里烧香还愿。

母亲病故而去烧香还愿，叫作烧死拜香。

母亲病好而去烧香还愿，叫作烧活拜香。

烧拜香一般是在晚上。孝子置办一桌酒席，把父亲母亲、家族里的长者、阴阳先生恭请入座。孝子提壶执杯，孝敬了父亲母亲，谢过了先生，仪式就正式开始了。

首先是"起香"。先生唱到：

　　一根丝帕四尺长，良工巧匠织成章。
　　今日拿来作何用，拜香童子伴梳妆。
　　头上将来缠一转，拜我父母寿延长。
　　宝香烧在金炉内，保我爹娘百年长。
　　在堂父母增福寿，过去先祖上天堂。
　　烧香人子诚心拜，诸神菩萨降慈祥。

唱罢，先生执经在前，孝子头戴孝帕，身背香筒，持香紧随其后，参拜万物诸神。首先拜的是一家之主的灶神。

拜灶神时，先生替孝子唱到：

　　烧香人子走忙忙，来到厨中拜灶王，

灶王菩萨坐得高，每日上天走二遭。
多把善事奏玉帝，莫把恶言答二遭。
一家之主你为尊，我为父母把香焚。
要到灵山朝观音，灶王菩萨做证盟。
伏望司命来保佑，家门清吉保太平。

拜过灶神，就拜父母。孝子拜父母时先生唱到：

孩儿烧香要启程，辞了双亲我才行。
只有神圣来保佑，一路清吉保安宁。
儿到灵山朝世尊，发心斋戒把香焚。
保佑双亲增延寿，千灾万祸永不生。
不怕天阴并下雨，打霜下雪也要行。
山高自有人行路，水深自有渡船人。
深深下拜拜双亲，莫把孩儿记在心。
父母在家宽心坐，伏望宽心要耐烦。

拜了父母，再拜兄弟。拜兄弟时唱到：

宝香一炷凳上焚，又拜同胞兄弟们。
也是前生来修定，今世与你共双亲。
发心虔诚把香焚，同到灵山朝观音。
今同善果结来世，一家和气万事兴。

拜了兄弟，再拜六亲，拜眷属，拜大众，然后出门。出门拜门神时唱到：

又拜门神大将军，左右门神有威灵。
自从看守午朝门，唐王敕封到如今。
家家有你金容像，铁面无私不徇情。
只许客人常来往，莫放邪魔入家门。

拜别门神，直往庙宇，沿途三步一稽首，一步一炷香，见什么就拜什么。

拜大路时唱到：

拜香拜到大路旁，弟子虔心去烧香。
诚心诚意来参拜，唯愿父母寿延长。
五方尊神都拜了，低头礼拜往前行。

> 念佛不讲邪言语，拜佛不管路不平。

到庙里，正式参拜供奉的菩萨，唱到：

> 接你香来接你香，你香插在我凳上。
> 我为父母求忏悔，你为爹娘把香焚。
> 有父有母早发心，当报功劳养育恩。
> 不为自己生死路，特为爹娘朝观音。

拜完庙里菩萨诸神，最后交香，就是烧拜香的最后一个议程，先生唱到：

> 稽首朝拜紫竹林，千变万化显神灵。
> 许下香愿几年整，菩萨位下了愿心。
> 初上香来初发心，报答天地几载恩，
> 天地几载恩难报，阿弥陀佛念千声。
> 二上香来二发心，报答日月照临恩，
> 日月照临恩难报，齐念南无观世音。
> 三上香来三发心，报答父母养育恩，
> 父母养育恩难报，万佛会上朝世尊。
> 自从今日了愿后，一笔勾销永世消，
> 朝也忧来暮也忧，朝朝暮暮在心头。
> 自从今日还愿后，红笔上号黑笔钩，
> 交得清来交得明，交与红火大将军。
> 菩萨位下了愿后，千年万载不相逢。
> 解了愿来了了愿，从此今日得安然。
> 一忏悔了千年罪，二忏悔了万年冤。

在烧拜香的过程中，孝子表达对天地诸神的敬畏之情，奉上一颗为母亲消灾赎罪的虔诚之心。

（原载于《羌族文学》2012年第3期，总第78期）

本是同根生，同曲又同情
——觱篥（bì lì）、胡笳、羌笛、芦管在唐诗中的同质化

海 滨

　　觱篥、胡笳、羌笛、芦管等吹奏乐器有一定的亲缘关系又存在细微差别。
　　胡笳，又称笳，古代的一种吹奏乐器。汉代流行于塞北和西域一带，一般用芦苇制成哨，装在木或羊骨制的无按孔的管上吹奏。笳为历代鼓吹乐的必备乐器，由于其音色悲凉，故又有悲笳、哀笳之称。《太平御览》卷581引《蔡琰别传》："笳者，胡人卷芦叶吹之以作乐也，故谓曰胡笳。"《太平御览》卷584："觱篥者，笳管也，卷芦为头，截竹为管，出于胡地。制法角音，九孔漏音，五音咸备。"段安节《乐府杂录》曰："觱篥者，本龟兹国乐也，亦曰悲栗，有类于笳。"陈旸《乐书》："芦管，截芦为之，大概与觱篥相类，出于北国也。"羌笛，源于羌族的吹奏乐器，汉代即已流行，竖吹，多为双管。《乐府杂录》曰："笛者，羌乐也，古有落梅花曲。"
　　从历史记载和形制、材质来看，这几种乐器有着非常密切的亲缘关系，以至于牛龙菲先生经过多角度繁杂细致的考证，认为"羌笛、羌管、胡笳、觱篥，皆是中国由远古始祖气簧乐器——卷叶之角——笳发展而来的复合簧（双簧）哨管乐器的同器异名。……唐人所谓的'羌笛'，已是高度发达的乐器，其最高形态是为觱篥。"我们从唐诗入手，经过梳理发现，这几种"本是同根生"的乐器具有细微的差别，唐人的有些诗句是有所透露和反映的。孟浩然和沈宇在诗中将羌笛胡笳连用：

　　异方之乐令人悲，羌笛胡笳不用吹。坐看今夜关山月，思杀边城游侠儿。（孟浩然《凉州词》）

菊黄芦白雁初飞，羌笛胡笳泪满衣。送君肠断秋江水，一去东流何日归。（沈宇《武阳送别》）

岑参、元稹、白居易在诗中将芦管与横笛、芦管与羌笛、芦管与觱篥对举：

辽东将军长安宅，美人芦管会佳客。弄调啾飕胜洞箫，发声窈窕欺横笛。（岑参《裴将军宅芦管歌》）

见说巴风俗，都无汉性情。猿声芦管调，羌笛竹鸡声。（元稹《遣行十首》其九）

幽咽新芦管，凄凉古竹枝。似临猿峡唱，疑在雁门吹。调为高多切，声缘小乍迟。粗豪嫌觱篥，细妙胜参差。（白居易《听芦管》）

即使考虑到同义连用和对举的可能性，这些诗例还是足以证明觱篥、胡笳、芦管、羌笛等吹奏乐器在音响效果上的细微处还是有差异的。但通过对大量的唐诗的考察解读，觱篥、胡笳、羌笛、芦管等吹奏乐器在唐诗中更多地呈现出同质化倾向。这种同质化倾向体现在异器同诗、异器同曲、异器同情等三个方面。

一、异器同诗

在大多数唐代诗人的观念里，觱篥、胡笳、羌笛、芦管这些乐器名往往互相通用，似乎没有太明显区别，反映在创作中，就是同一首诗中以不同的名称来确指同一个对象，或者围绕同一个主题的一组唱酬之作中以不同的名称来确指同一个对象。

杜牧《边上闻笳三首》其三曰：

胡雏吹笛上高台，寒雁惊飞去不回。尽日春风吹不散，只应分付客愁来。

诗题明明写到笳，诗句却说笛。

李益《夜上受降城闻笛》曰：

回乐峰前沙似雪，受降城下月如霜。不知何处吹芦管，一夜征人尽望乡。

诗题明明写作笛，诗句却说芦管。

罗隐《薛阳陶觱篥歌》道：

平泉上相东征日，曾为阳陶歌觱篥。乌江太守会稽侯，相次三篇皆俊逸。

会稽侯下自注曰：平泉为李德裕，曾作《薛阳陶觱篥歌》。苏州刺史白居易、越州刺史元稹并有和篇。罗隐所说的这次诗坛盛事，由李德裕发起，庚和者有白居易、元稹、刘禹锡、张祜等，其后尚有李蔚嘉赏阳陶并作诗故事。李德裕、李蔚诗今存残句；白居易、刘禹锡、张祜诗今存全篇；元稹诗已佚，其诗《奉和浙西大夫李德裕述梦四十韵》自注曰：近蒙大夫寄《觱篥歌》酬和才华，此篇续至。可见他应该有过酬和之作。

李德裕《霜夜听小童薛阳陶吹笛》残句曰：

君不见秋山寂历风飙歇，半夜青崖吐明月。寒光乍出松筱间，万籁萧萧从此发。忽闻歌管吟朔风，精魂想在幽岩中。

刘禹锡《和浙西李大夫霜夜对月听小童吹觱篥歌依本韵》曰：

海门双青暮烟歇，万顷金波涌明月。侯家小儿能觱篥，对此清光天性发。长江凝练树无风，浏栗一声霄汉中。涵胡画角怨边草，萧瑟清蝉吟野丛。……欲识阳陶能绝处，少年荣贵道伤心。

白居易《小童薛阳陶吹觱篥歌（和浙西李大夫作）》曰：

剪削干芦插寒竹，九孔漏声五音足。近来吹者谁得名，关璀老死李衮生。衮今又老谁其嗣，薛氏乐童年十二。指点之下师授声，含嚼之间天与气。……嗟尔阳陶方稚齿，下手发声已如此。若教头白吹不休，但恐声名压关李。

张祜《听薛阳陶吹芦管》曰：

紫清人下薛阳陶，末曲新笳调更高。无奈一声天外绝，百年已死断肠刀。

李蔚《残句》及本事说明曰：

虚心纤质雁衔余，凤吹龙吟定不如。（薛阳陶善吹芦管，蔚镇淮海，阳陶为浙右小校，监押度支。运米至，蔚召，令出芦管，于赏心亭奏之。蔚大嘉赏，赠诗，此其终篇也。）

刘禹锡诗题说和诗依本韵，其诗歌前三韵的确与李德裕原诗完全相同，这也再次证明现存残句确为李德裕原诗。我们发现，围绕善吹觱篥之小儿薛阳陶所作的这些诗歌对乐器的称呼除了觱篥外尚有笛（李诗题）、有芦管（张诗题、李蔚诗本事说明）、有笳（张诗文）。

从杜牧《边上闻笳三首》其三、李益《夜上受降城闻笛》以及围绕薛阳陶吹觱篥的唱和作品来看，诗人们并未严格地将觱篥、胡笳、芦管、羌笛等区别开来，这至少说明在诗人的观念中，这些吹奏乐器的关系非常密切。

二、异器同曲

不仅诗人的观念如此，而且事实上这些乐器的功用也很接近。比如《折杨柳》和《梅花落》这两首著名的乐曲就经常被作为笛曲、筇曲和芦管曲反映在诗歌中。反映笛曲《梅花落》的诗歌有：

羌笛写龙声，长吟入夜清。关山孤月下，来向陇头鸣。逐吹梅花落，含春柳色惊。行观向子赋，坐忆旧邻情。（宋之问《咏笛》）

羌笛梅花引，吴溪陇水情。寒山秋浦月，肠断玉关声。（李白《清溪夜半闻笛》）

羌笛横吹阿輑回，向月楼中吹落梅。（李白《司马将军歌》）

胡人吹笛戍楼间，楼上萧条海月闲。借问落梅凡几曲，从风一夜满关山。（高适《和王七玉门关听吹笛》）

反映筇曲《梅花落》的诗歌有：

承平重游乐，诏跸上之回。属车响流水，清筇转落梅。（陈子良《上之回》）

履度南宫至，车从北阙来。珂影傍明月，筇声动落梅。（陈子良《春晚看群公朝还人为八韵》）

反映芦管曲《梅花落》的诗歌有：

塞曲凄清楚水滨，声声吹出落梅春。须知风月千樯下，亦有葫芦河畔人。（郑谷《江宿闻芦管》）

反映笛曲《折杨柳》的诗歌有：

黄河远上白云间，一片孤城万仞山。羌笛何须怨杨柳，春风不度玉门关。（王之涣《凉州词二首》其一）

谁家玉笛暗飞声，散入春风满洛城。此夜曲中闻折柳，何人不起故园情。（李白《春夜洛城闻笛》）

五月天山雪，无花只有寒。笛中闻折柳，春色未曾看。（李白《塞下曲六首》其一）

反映笳曲《折杨柳》的诗歌有：

且悦清笳杨柳曲，讵忆芳园桃李人。（骆宾王《从军中行路难二首》其一）

秦中花鸟已应阑，塞外风沙犹自寒。夜听胡笳折杨柳，教人意气忆长安。（王翰《凉州词二首》其二）

春归龙塞北，骑指雁门垂。胡笳折杨柳，汉使采燕支。（卢照邻《和吴侍御被使燕然》）

更有甚者，皇甫冉有两首诗以柳为题，诗句就径取胡笳照应，与细柳营、五柳先生等典故并列：

官渡老风烟，浔阳媚云日。汉将营前见，胡笳曲中出。复在此檐端，垂阴仲长室。（皇甫冉《崔十四宅各赋一物得檐柳》）

本在胡笳曲，今从汉将营。浓阴方待庇，弱植岂无情。比雪花应吐，藏乌叶未成。五株蒙远赐，应使号先生。（皇甫冉《谢韦大夫柳栽》）

反映芦管曲《折杨柳》的诗歌有：

周屏辞金殿，梁骖整玉珂。管声依折柳，琴韵动流波。鹤盖分阴促，龙轩别念多。延襟小山路，还起大风歌。（刘祎之《奉和别越王》）

岑参的《裴将军宅芦管歌》则兼写了芦管曲《折杨柳》与《梅花落》：

夜半高堂客未回，只将芦管送君杯。巧能陌上惊杨柳，复向园中误落梅。（岑参《裴将军宅芦管歌》）

从这些作品中可以看出，无论笳、笛、管之间有多少细微的差别，在实际演奏中都是用来表现同一首（组）音乐主题曲的。

三、异器同情

觱篥、胡笳、芦管、羌笛等乐器在唐诗中的另一个共通之处，就在于都表达着同样的情感倾向和审美风貌，那就是悲戚。除了悲戚，还是悲戚。不仅如此，其悲戚程度也直抵痛绝的极限，真正达到悲绝。

先看一首胡笳诗，岑参写道：

君不闻胡笳声最悲，紫髯绿眼胡人吹。吹之一曲犹未了，愁杀楼兰征戍儿。凉秋八月萧关道，北风吹断天山草。昆仑山南月欲斜，胡人向月吹胡笳。胡笳怨兮将送君，秦山遥望陇山云。边城夜夜多愁梦，向月胡笳谁喜闻。（岑参《胡笳歌送颜真卿使赴河陇》）

　　此诗堪称胡笳诗的典型代表。因为诗中拟写的环境是典型的：萧条凄凉之塞外只有北风呼啸，遥远冷落之边城只有愁云和斜月；诗中的人物是典型的：紫髯绿眼的胡人，铁衣远戍的战士，临歧感怀的诗人；诗中的胡笳声是典型的："最悲""愁杀""怨兮"！正是这悲绝凄苦的胡笳声跨越天山——昆仑——陇山——秦山这样的空间，将边城战士的夜夜愁梦、军幕词客的黯然神伤绾结在一起，让诗内诗外的人们流泪、断肠、销魂！

　　而在更多有觱篥、胡笳、芦管、羌笛出现的诗歌中，"断肠""落泪"几乎成为最频繁的关键词：

　　酒泉太守能剑舞，高堂置酒夜击鼓。胡笳一曲断人肠，座上相看泪如雨。（岑参《酒泉太守席上醉后作》）

　　辽东九月芦叶断，辽东小儿采芦管。可怜新管清且悲，一曲风飘海头满。海树萧索天雨霜，管声寥亮月苍苍。白狼河北堪愁恨，玄兔城南皆断肠。（岑参《裴将军宅芦管歌》）

　　袅袅汉宫柳，青青胡地桑。琵琶出塞曲，横笛断君肠。（李颀《古塞下曲》）

　　南山截竹为觱篥，此乐本自龟兹出。流传汉地曲转奇，凉州胡人为我吹。旁邻闻者多叹息，远客思乡皆泪垂。（李颀《听安万善吹觱篥歌》）

　　辽东小妇年十五，惯弹琵琶解歌舞。今为羌笛出塞声，使我三军泪如雨。（李颀《古意》）

　　菊黄芦白雁初飞，羌笛胡笳泪满衣。送君肠断秋江水，一去东流何日归。（沈宇《武阳送别》）

　　胡笳听彻双泪流，羁魂惨惨生边愁。（戴叔伦《边城曲》）

　　幽咽新芦管，凄凉古竹枝。似临猿峡唱，疑在雁门吹。……云水巴南客，风沙陇上儿。屈原收泪夜，苏武断肠时。仰秣胡驹听，惊栖越鸟知。何言胡越异，闻此一同悲。（白居易《听芦管》）

　　蜀国僧吹芦一枝，陇西游客泪先垂。至今留得新声在，却为中原人不知。

(张祜《听简上人吹芦管三首》其一)

勿惜喑呜更一吹，与君共下难逢泪。(罗隐《薛阳陶觱篥歌》)

紫清人下薛阳陶，末曲新笳调更高。无奈一声天外绝，百年已死断肠刀。(张祜《听薛阳陶吹芦管》)

更有胡笳使人"头堪白"(杜牧《边上闻笳三首》其一)，"胡笳只解催人老"(刘长卿《疲兵篇》)，胡笳"哀怨不堪听"(杜甫《独坐二首》其一)，"胡笳一声愁绝"(戴叔伦《转应词》)，更有觱篥"催断魂"〔温庭筠《觱篥歌（李相妓人吹）》〕，"一听多感伤"(杜甫《夜闻觱篥》)……

牛龙菲先生认为："唐人所谓的'羌笛'，已是高度发达的乐器，其最高形态是为觱篥。"我们以两首觱篥诗为例，再补充说明一下。李颀《听安万善吹觱篥歌》：

南山截竹为觱篥，此乐本自龟兹出。流传汉地曲转奇，凉州胡人为我吹。旁邻闻者多叹息，远客思乡皆泪垂。世人解听不解赏，长飙风中自来往。枯桑老柏寒飕飕，九雏鸣凤乱啾啾。龙吟虎啸一时发，万籁百泉相与秋。忽然更作渔阳掺，黄云萧条白日暗。变调如闻杨柳春，上林繁花照眼新。岁夜高堂列明烛，美酒一杯声一曲。

在唐人的除夕夜，明烛摇曳，杯酒交欢，凉州胡人安万善吹起了觱篥。四座的听众大抵得其一二即垂泪，尚未领会觱篥内在的审美意蕴，李颀认为他们"解听不解赏"，于是自诩为万善觱篥知音的李颀写下了自己的感受。

此诗中也有拟象，如鸣凤、龙吟等，但如果从拟象角度分析此诗，难免有支离破碎的肢解之嫌。我们还是从拟境角度进入为宜。

安万善吹奏觱篥的技艺很高，这一晚的演奏至少经历了凄美—壮美—凄美—优美这样四个阶段。冬日寒风中枯桑瑟瑟，老柏幽咽，如此凄凉冷落的氛围中传来九雏鸣凤稚嫩而清丽的啾啾叫声，这是第一个凄凉之美。安氏调子一转，来到了秋天，万籁齐鸣，百泉争流，在自然界无比壮丽的交响中，惊天动地的龙吟和耸动山林的虎啸竞相爆发，引领着秋日壮歌，这是何等的壮美！

就在李颀还沉浸于秋日壮歌的时候，安氏忽然吹起了《渔阳掺》，《渔阳掺》的典故不必讲，《渔阳掺》的声音不必仿，天际忽然黄云萧条，转瞬白日变为苍茫,这又是一个凄凉的美!安氏的技艺还在卖弄,新起的变调好像是《杨柳春》,明媚的阳光,和煦的春风,上林苑杨柳依依繁花似锦,这又是多么的优美啊!就这么吹着,就这么听着,一曲将尽时一杯也将尽。

经验丰富的安万善的吹奏风靡一时,薛家乐童小阳陶也非同小可。白居易《小童薛阳陶吹觱篥歌》再现了薛阳陶在润州表演觱篥的精彩场面。

阳陶在当晚的夜宴和次日的酒席间都有表演,当晚的状况是:"润州城高霜月明,吟霜思月欲发声。"阳陶上场了:"翕然声作疑管裂,诎然声尽疑刀截。"他的吹奏可谓底气饱满真气淋漓,让听众担心别把觱篥吹裂了。有真气内蕴,才有变化无穷的表现:"有时婉软无筋骨,有时顿挫生棱节。急声圆转促不断,轹轹辚辚似珠贯。缓声展引长有条,有条直直如笔描。下声乍坠石沉重,高声忽举云飘萧。"柔软—顿挫,急声—缓声,下声—高声,这个薛家小童,竟然把如此对立激越的声调处理得婉转自如,几乎到了出神入化的境界,以至于"山头江底何悄悄,猿声不喘鱼龙听。"次日的酒席上薛阳陶再次出场,丝竹纷作之间,觱篥一发,冠盖群音:"碎丝细竹徒纷纷,宫调一声雄出群。众音觊缕不落道,有如部伍随将军。"不仅觱篥声高亢雄放,引领众音,似乎连薛阳陶也显示出一种稳健大气的大将风度,带领着部伍昂然前行。这首诗充分展现了觱篥演奏时激越变化的魅力。

这两首诗中觱篥丰富而强烈的表现力堪称吹奏乐的顶峰,而其情感倾向和审美风貌又和前文岑参《胡笳歌送颜真卿使赴河陇》中胡笳的表现如出一辙。

觱篥、胡笳、羌笛、芦管等是"同根生"而名称不同、功能略有差异的一组来自西域的吹奏乐器,但在唐诗中却呈现出异器同诗、异器同曲、异器同情的同质化倾向,是唐诗接受西域器乐文化影响的一种值得注意的现象。

(原载于《羌族文学》2013年第3期,总第82期)

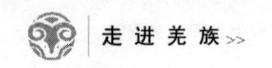

羌族释比的神旗制作与其艺术表达

余永清（羌族）

在羌族释比举行各类仪式活动中，除了要携带固定的司刀、法印、猴皮帽、神杖和皮绳相系的各种兽角等法器外，还要制作羌语叫"插齐"的各种代表神灵身份的旗子。这种旗子羌民通称它为"神旗"，不仅具有代表诸神的特殊身份，也是释比文化中一种独特的艺术展现。

从调查可见：龙溪乡阿尔村和夕格寨的羌族释比制作神旗，有四幅代表神灵身份的主旗，两种不代表神灵身份的小神旗。主旗有：代表天神的"玛比"旗；代表山神的"碗给且"旗；代表川主（地盘业主）的神旗；代表居所神的"级比雨"旗。附加的小神旗有：防火神旗和公母形的小三角平安旗。

一、制作神旗的过程和方法

1. 四幅神旗的制作

制作四幅神旗的主要过程：用司刀先把两张白纸切成四张宽约 30 厘米，长约 60 厘米的等面条形。接着拿一张用司刀切为裤形的玉皇"玛比"神旗，拿两张切川主与山王如尖刀形的神旗，川主神旗与山王神旗的大体区别是：川主神旗的尖刀形边弧形小，而山王神旗的尖刀形边弧略大于川主神旗的边弧。

四幅神旗的制作中，"级比雨"神旗的制作工艺比较复杂。在神旗的柄端首先要切出三只对称的三角形的神眼，在纸的一边切出两条飘带并把第一根飘纸带的头端切成三角形，而另一根的头端切成叉形。接下来在另一边没有切成条形的纸脚处，另行张贴切成大三角形与两支小三角形的纸飘带。除神箭和神旗帽顶的头丝之外，"级比雨"神旗的制作也就大体完成。

在四幅神旗主体完成后，就要开始制作四幅神旗的四个帽子。神帽的制作一般由神旗的大小而定。在制作神帽时，帽顶上要切出一个与山竹一样粗细的洞口，帽的边沿必须切成尖形。

神帽制作的方法：先把纸对折一次，再从二分之一处用相反的方向各折二次三角形，再用司刀切出小梭形。之后，用司刀切出四组帽须条再用山竹与白线制作四支小神箭和一个竹筒。最后，把神帽与四支小神箭挂在四神旗的头颈上，要把带小竹筒的一组神帽挂在"玛比"天神旗子上。这样四神旗的制作就算完成了。

2. 防火神旗的制作

防火神旗的制作比较简单。把几张小于四神旗的长条形纸，从长度中对折保留大约1.5厘米到2厘米的连接带。再把连接带的两端分相反的方向，均切取三根条形带，并在三根条形带中间的一端切成尖形状，而两边条形的头端却要切成叉形，其余的空纸切除掉。

而另一边（与前相反的一端）制作的方法也一样。只注意区分的是要多保留两条边条。头端也不切形状，其因是插竹接头之用。

3. 平安神旗的制作

把大约长20厘米、宽约10厘米的白纸斜对角折一下，再用司刀均切成等面小三角形。制作平安神旗时，分为公母神旗，一般有7对（公旗7支，母旗7支，共为14支）。

在公神旗制作时，在三角形宽的一端用司刀切出一对棱形的神眼，离神眼2至3厘米处再用司刀从中间切通一刀到三角的尖点上。而母神制作与公神方法一样，母旗需多切一只神眼，和神旗中间多切一刀（即：切出均称尖形的两刀），这样神旗面制作完成。之后，再用半剖开的山竹把各神旗夹成一面完整的白色小三角神旗。

在各神旗全面制作结束后，释比念咒作法按神位把它们依次插到神树林或山庙所在的场地之上，为寨民和世间的凡生驱邪保平安。

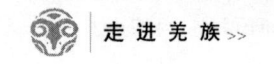

二、神旗代表的四尊主神与禁忌

1. 四尊主神

自古龙溪乡羌族人民心目中崇拜的神灵有天神、山神、地神、水神（龙王爷）、寨神（地盘业主）、祖先神等，但以神旗为代表而崇拜的神灵只有四尊：

（1）暗中保护人间人畜兴旺的天神"玛比"。
（2）自古提供各种丰富的山野菜、野果和野生动物的山神。
（3）村寨所在的地盘业主"川主"。
（4）赐予遮风避雨的居住神"级比雨"。

2. 制作的禁忌

释比在制作神旗时非常讲究，涉及我们所讲的禁忌文化。2005年12月16日，笔者有幸参与了阿尔村巴夺寨老释比余明海大爷晚年最后一次为萝卜寨"释比房"制作四神旗过程并简要记录：场地在余大爷门口的菜园，参与人有巴夺寨的朱光亮和朱金龙两人。神旗制作的材料很简单，有尖刀（司刀）、白纸、山竹和白线，但制作神旗的程序繁多。这天，余大爷手把手传授制作神旗的各种方法与神旗制作时应注意的事项和禁忌。笔者在一边制作神旗，一边与余大爷交谈神旗的含义，为什么神旗只选用白色的纸。余大爷说，神旗是代表神，而神本身就是很喜欢干净的菩萨。白的颜色代表了神本身的干净，所以用白纸做神旗。制作时，由于司刀不快，我建议改用剪刀去剪裁神旗的白纸。余大爷阻挡说，制作神旗工具只能用释比专用的司刀，不能用妇人用的剪刀去剪裁神旗。因为剪刀不干净，会弄脏神性的旗子，这样会引起神灵的不高兴，使村里的人天天斗口嘴闹架，会弄得全寨人都不得安宁……

那天由于制作神旗的工具（司刀）慢，从上午12点忙到下午5点半神旗才全部制作完成。当时在神旗制作使用的工具上，我内心有一种不以为然。其实，改变工具不是能更好更快完成作业吗？但过后细想"传统的文化"不能用科学的快手一刀切掉。如果这样，我们又怎么去传承和延续那些即将消失的珍贵的传统文化呢？

三、神旗的艺术表达

羌族释比神旗的艺术展现是羌族传统剪纸技艺与宗教信仰文化的融合。

1. 传统剪纸技艺

羌族释比神旗的制作是羌族民间传统的剪纸技艺，但从释比文化内涵而言，神旗的选材、选时、制作人和所表达的文化意义，是有别于一般剪纸工艺的。因为，一般传统的剪纸工艺所制作的艺术品不具有任何的象征意义，只提供一种艺术的审美和观赏。羌族释比的神旗具有"神性"的象征，是用艺术表达神灵意义的形式。

2. 神旗艺术的象征意义

羌族释比制作神旗的象征意义是代表一种特定的主神，这种神灵是人们在生产生活中心灵感悟产生的，通过长时间俗定成一种让人们可视和具有神性的释比剪纸文化艺术，而这种由艺术象征神灵的独特文化现象，在世界各民族文化史中也是少见的。所以，羌族释比文化还具有一种"艺术神性化"的特点。

3. 神旗艺术表达目的

释比制作完神旗后，对神旗（主神）举行另一种"动态"的"人与神灵"相互沟通的舞蹈艺术的对话。这种对话的形式是释比击鼓起舞、杀牲祭旗。由自然"风语"把血旗化为特定的神灵，使之达到一种"人与自然，人与艺术，人与神灵"同居共乐、和谐美好的状态。

结语：羌族释比仪式中使用的神旗不仅是一种原始剪纸艺术的传承和表现，也是一种羌族人民日常生活中精神文化的表述。近年来，由于释比的逐渐离世，其文化的传承面临巨大的危机。笔者希望这种濒危珍贵的传统文化遗产，今后能有更好的延续与传承。

（原载于《羌族文学》2013 年第 3 期，总第 82 期）

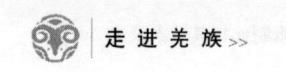

回眸隐入历史的青衣羌

彭元江

几乎每次来到位于四川平原西南部波光粼粼的青衣江畔，都会想起一个消失已久的古老族群——青衣羌。这是因为，青衣江因青衣羌而名，青衣羌也因青衣江而名，铭记久远。

史载，在距今3000年左右的古蜀国时期，在青衣江流域生活着大量的青衣羌人。据著名历史学家任乃强先生考证：青衣羌源于西北大草原上的羌戎人的一支，追逐丰美的水草而游牧，他们沿岷江、大渡河水系南下进入到青衣江流域即今雅安、乐山及眉山之洪雅、丹棱、青神等岷江西岸地区；他们从事农业的时间与古蜀国同期；他们曾建有部落方国联盟——青衣羌国，臣服于开明氏古蜀国。

公元前316年，秦惠王派兵灭掉了开明氏古蜀国，青衣羌国也随之衰亡。在其后漫长的岁月里，青衣江流域先后进驻了秦人、汉人，再从两晋经隋唐，一代代中央王朝的统治下，汉文化在青衣江流域逐渐占据优势，其间南北朝前后"有二百余年没于僚"，青衣羌人被再次挤到了边缘地区。后来，尽管在雅安局部地带尚有青衣羌人，但作为一个族群实际上退出了广袤富饶的青衣江流域，只在绵绵的时空长河里留下星星点点可供探寻的文化印迹。

从江名、地名看青衣羌遗韵。青衣江这条总长近300公里的江水，因青衣羌人长久生活于斯而得名，在隋唐虽兼有"平羌江"之称，但沿用至今的仍是颇富诗意的"青衣江"三字。雅安称"古青衣县，故青衣羌国"。乐山境内也有许多地名均冠以"青衣"，如乐山大佛一带有青衣山、青衣庙、青衣坝，稍远一点还有青衣乡等。眉山市青神县古名青衣县，且县名"青神"二字与青衣神，甚至和青衣羌也不脱干系。

乐山乌尤山上有青衣神庙。今人称乌尤山为"离堆"，而梁代李膺《益州记》载："青衣神号雷魋庙。"所以"离堆"应是蜀语"雷魋"的译（魋，音：推）。"雷魋"是蜀人对青衣神的称谓，与李冰治水无关。青衣神就是第一代蜀王蚕丛，是古蜀人和青衣羌人共祀的先王。

当今史家论及雅安、乐山、眉山地域内古代民族迁徙史时，都会因这些江名、地名而论及青衣羌。

古籍中不乏青衣羌记述

据《后汉书·安帝纪》载：元初二年（115年），"蜀郡青衣道夷奉献内属。"延光元年（122年）设置蜀郡蜀国都尉，青衣王子心慕汉制，上书内附。阳嘉二年（133年）在今雅安芦山县设置青衣县。《水经注》云："县故青衣羌国也"，即指此地曾为青衣羌国旧址。上述记载表明，东汉时期退守青衣江上游雅安地区的青衣羌曾保有青衣羌国。东晋的《华阳国志·南中志》载：诸葛亮"移南中劲卒青羌万余家于蜀"。这表明甚至到了三国时期，青衣江及大渡河以西、以南地区仍住有大量青羌（即青衣羌）。

洪雅县尚存青衣羌遗风

眉山市洪雅县毗邻雅安市的名山、荥经、汉源，即靠近"故青衣羌国"腹地，尤其是瓦屋山镇（原炳灵镇）地处横亘百里瓦屋山下，四周群山隔绝，环境封闭，历史上兵祸战乱未及，使得一些青衣羌信息片段得以依稀保存至今。

据载，明代以前，洪雅县境内道教盛行，至今当地传说瓦屋山上早在先秦就有"青羌之肆"，东汉道教创始人张陵曾在当地青衣羌中传教。青衣羌盛行的巫鬼之术为道教的创立和发展提供了重要养分，首先皈依"五斗米教"的就是青衣羌人。

瓦屋山一带当地人流传有他们的祖先被诸葛亮大军追杀躲进护羌洞而得以保留的故事。此外，在距瓦屋山不远的复兴村大田坝上有一座古遗址，传说三国时期"南中"夷帅孟获率军驻扎于此，故曰孟获城。1962年曾有毗邻的雅安汉源县黄木区彝族群众来此寻访。另，洪雅县青衣江南岸，有止戈乡，据《洪雅县志》载，此地为三国时南中豪帅雍闿率西南夷宾服诸葛丞相之地，故称之为"武侯止戈"。三国时期"西南夷"中包括青衣羌（青叟）。

据研究者调查，瓦屋山一带，男性中老年人如今仍喜爱穿黑色衣衫，左襟，头缠黑色头帕，一些人还让头帕一端搭露在鬓角处。年老女性喜头缠黑纱巾，年轻妇女则头缠白帕，穿阴丹左襟服，拴绣花黑布围腰。这种喜好黑色的习俗在川西坝子上鲜见，在当地为常俗，应是青衣羌喜黑尚青（黑）传统的遗风。

据《洪雅县地名录》载，洪雅一些村落的称谓十分奇特，似留有古羌语痕迹——比如瓦屋山当地人对一些地处山沟的村子称"条"，如赵河条、刘条、白石坎条等。研究者李振华指出："考'条'古音读'tia'，疑为羌语译音。"

洪雅农村称呼舅母为獏母或姆母。李振华先生指出，西王母之"母"音"獏"或"蒙"，"禹生汶（岷）山石纽，养于舅家獏母。"洪雅舅母称谓，似属羌人远古母系社会遗风，值得探究。

光阴荏苒，3000年过去了，青衣江依旧水波迤逦，风物迷人，但两岸再也不见头裹黑帕、身着绣花青（黑）衣袍，既放牧又务农，喜欢围着篝火手拉手跳连臂舞的青衣羌人了。青衣羌作为一个族群早已隐入历史，留给今人的只是他们那渐行渐远的背影和扑朔迷离的文化片段。

（原载于《羌族文学》2014年第2期，总第85期）

羌族释比文化与传承方式

汪友伦（羌族）

一、羌族的溯源

羌族是我国最为古老的民族之一，据考，早在7000多年前，古羌先民便分布在当时中国大西北的新疆及陕、甘、青一带，过着游牧的生活。后来由于气候越来越干旱，生存环境越来越恶劣，因缺水而造成大量的土壤沙化，迫使古羌族从沙漠中退出，向南迁徙。约5000年以前，其中一支古羌族便迁徙到岷江上游一带定居，逐渐形成了今天的羌族。

二、释比的产生

从沙漠中退出来的古羌族更懂得水是生命之源，重视和珍惜自然环境的重要性，为了告诫自己的子孙世代要保护环境、珍惜大自然的赋予，便沉淀下了崇拜大自然、万物有灵的原始宗教——释比文化。羌族人民崇拜天神、雪山神及神山、白石神、神树林、河神、水神等自然神，万物信仰就这样产生了，而同时产生了组织羌族人民从事各种祭祀活动的"神的使者"——"释比"，并衍生出了一整套的释比唱经。因"释比"是羌族各寨还寨愿或称还天愿的祭师（汉族称为端公），故倍受羌民们的尊敬与崇拜。

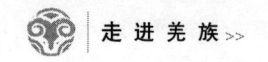

三、释比的传说

自古至今羌族人民一直认为，信仰万物有灵的原始宗教中"释比"是"上能传通天神，下能传达民意"的天神使者。例如汶川羌锋村就一直相传着这样的传说："释比"原来在天上，是天神"木比塔"的祭司"木拉"，专管占卜吉凶、驱邪、治病的神仙。由于天神的小女儿"木姐珠"嫁给凡间斗安珠，在凡间遭到各种灾害，天神"木比塔"派祭司"木拉"下凡，帮助"木姐珠"战胜各种灾害。"木拉"离开天庭时带的是双面鼓，过雪山时太劳累了在高山坐下来休息，倒地睡着了，这一睡就是三年，靠地面的鼓皮霉烂腐朽而成了今天的单面鼓。

所以，"木拉"就是"释比"的祭司神，尊称为"阿爸木拉"。龙溪地区尊称为"阿爸锡拉"，汉译为"飞鼓祖师"。

四、释比唱经的分类

据羌锋村簸头沟老释比王治国的口述，释比祭师有上释比祭师和下释比祭师，唱经分上、中、下三堂经。

"上堂经"为祈祷天神用，分"序经"和"正经"两部分：

1. 序经：(1) 出学（羌语音译词，后面序号内容皆是）；(2) 笛雪儿匹；(3) 木姐珠；(4) 国；(5) 牟勒格；(6) 不灰；(7) 色国作；(8) 尕；(9) 勒；(10) 郭。

2. 正经：(1) 遮；(2) 兑也；(3) 尔；(4) 枯；(5) 巴；(6) 厄；(7) 罪些；(8) 色士；(9) 拙；(10) 波；(11) 俄；(12) 索。

"中堂经"为人事经典，做婚丧法事场时所用，分为：

(1) 雪阿子；(2) 得愁子；(3) 孤是达是；(4) 格尕日；(5) 阿川补；(6) 牛以撒；(7) 勒屋衷。

"下堂经"是有关鬼事的唱经，分为：

(1) 质；(2) 迟；(3) 鄂；(4) 德；(5) 则；(6) 米亚；(7) 遮；

(8)蔑；(9)黑依；(10)横；(11)尔；(12)司。

五、释比的法器

释比的法器有：释比猴头神、释比金丝猴皮帽、释比五花法冠、释比圆毡法冠、羊皮鼓击鼓槌。释比择祭祀日推算簿（算书、算样簿）、释比图经、释比法印、释比符板、牲畜神木刻图（八渣色图）、响盘、释比法（铜）铃、独角、法刀（司刀）、熊骨、豹骨、神杖；释比扯索卦羊毛绳、柏木卦、鸡嘴卦、卦钱、鹰爪、释比白围裙、鹰骨、青稞籽……释比的法器，包括一切法事活动中所用之物，又称法宝，如祭神的神杖不仅用于挂路，而且用于驱鬼法事活动中猛戳地板以震慑鬼魂。因释比派系不同，还有各种不同法器和相关工具。

阿坝师范高等专科学校中文系任教的赵曦老师在《神圣与亲和》一书中全面介绍了汶、理、茂三县羌族释比文化历史与现状。书中记述：释比分为十二派系，各派有各派的唱经与法术及相应的法器。提出了"释比出门各唱各"，对法术也提出"释比出门各使各"的看法，并将羌族释比的鼓分为白鼓、黑鼓、黄鼓。白鼓用在神事，黑鼓用在人事，黄鼓用在鬼事，并同时对不同的鼓提出"释比出门各打各""各师各教"互不干扰的理论，从而避免发生矛盾与纠纷。

六、释比的传承

羌族释比的唱经没有文字，是师徒相传、耳濡目染、口授心记。如果释比去世后没有传承人，唱经就会失传。

学释比得先拜师，学徒羌语叫"比足祖"，意为未出师的小释比。释比对传承人又有严格的规矩："传男不传女。"传说和平村很早以前有过女释比，老释比教儿子学唱释比经，儿子没有学会，旁边做针线活的女儿全部学会了，以后唱不全的唱经就问她，老释比死后就由她的女儿来教学释比唱经，后来人称她为女释比，羌语为"吉比"。

现将就有关释比文化传承方式分述于下：

释比文化传承习惯以家传为主。一般是父亲传给儿子，有传给家门房族内的，也有个别外族学释比的（只要老释比同意教就行）。十四五岁的男孩子就开始学释比，在农闲时的冬季夜晚"火塘"边，从上堂经"出学"经开始学起。由老释比手拿竹筷子敲击"火架子"（就是火塘边围起的木头方架子）当鼓敲打，徒弟也一样手拿竹筷子敲击火架子当鼓打，师傅唱一句徒弟学一句，这样反反复复地教、反反复复地学，直到学会为止。

学了两三年以后，老释比在作各种祭祀活动时要带着徒弟并教徒弟学唱部分经文，参加几次祭典活动后逐步加多唱经部数。这样再经过一至二年后，老释比认为所教的徒弟能单独作祭祀活动了，就请来同一派别的所有释比进行考核，并进行"出师盖卦"仪式，羌语叫作"比革扎"。"比革扎"仪式很隆重，隆重程度与"还大愿"仪式相当。

羌锋村的"盖卦仪式"是在高山雪隆包下进行的。时间是当天的半夜三更，由三个年轻小伙子陪伴这个将要出师的徒弟上"郭能仁"神山，当天快要亮时在森林中碰巧会遇到飞禽走兽，碰到什么和听到什么声音都可以从中得到这个飞禽走兽的灵气，就地焚香跪拜，为出师的徒弟举行"盖卦"仪式。此仪式在释比唱经中、还寨愿时有几句说得很明白："天上下来飞禽祖师、林中出来走兽祖师，请你们来助我还愿。"出师的年轻"小释比"在三人陪伴下击鼓唱"招财吉祥经"回家。当来到家门口的时候，其他人要在新释比家的"神龛"（角角神供位）上，点上满堂香火迎接新释比。所有参与仪式的释比要按照年龄和资历的大小，从最老的释比开始，为新出师的释比挂红放炮，祝贺他成为释比中的一员。

另外据我的老辈们说，"比革扎"仪式开始前，要在小释比的头帕上插很多的针。当小释比从高东山"郭能仁"神山盖卦回来后要将身上的针交给老释比，释比老师傅要用针尖在新释比眼珠子前面比画几下，叫"开光通眼"仪式。尔后，再用山泉清水为小释比洗眼睛——开光、明目。取意是：小释比将来能够传承老一辈的传统，清清楚楚、明明白白看待人间万物，明辨是非，明断纷争，明察秋毫；为民主持公道，替天行善惩恶。结束后，此针还将作为珍贵礼品送给来参加"比革扎"仪式的尊贵客人和亲友。据说，收获了此针的妇女都说这针绣花特有灵气，花绣得特别好看，带在身上还能避邪，起到保护的作用。

开光、明目仪式结束以后，老师傅还必须为新释比授鼓和带上猴皮帽，并说："这释比帽和神鼓都是上天赐给你的法器，你要用他为百姓祭祀神灵，迎接神赐予的吉祥和驱除鬼怪邪恶护佑百姓。"

这样的传承方法，老释比们把它叫作"明传"或"阳传"，也是羌寨中最常用的、最为认可的一种传承方法。

其次，还有一种民间传说的传承方法叫阴传。说在老释比死后的坟地里睡觉，老释比看你如此心诚会在梦里把"释比唱经"传授于你，并说学会后要杀一只鸡在坟地里答谢师傅的梦传。这显然是对释比传承的一种神话般的描述而已，羌锋村的羌族人民却一直信以为真。

有些老释比说的更是出神入化。说释比有"上释比"和"下释比"之分。"上释比"是专门作敬神还愿的；"下释比"就是用法术驱鬼除魔的。学"上释比"的人多，学"下释比"的人却很少。因为用法事驱鬼除魔的"下释比"法术高强，若心态不好、德行差的人，就会用驱鬼除魔的法术来整人、害人、做恶事，因此会缺损阴德，很容易成为"无儿无女，鳏寡孤独"或落下残疾的。所以一般人不敢也不愿意去学，怕以后与别人闹矛盾时控制不住自己而引起后患。故而在老释比中，会"下堂经"的人几乎没有了。

七、释比唱经的趣话

据羌锋村的老释比们说，释比唱经不是随随便便就可以唱的，它不是山歌，更不是民谣，而是很严肃、很神圣的唱经，对唱释比唱经的地方与地点上都有严格要求，不能在不洁净的地方随便唱，不能在放牧的时候对着牛羊唱。若唱了对自己和牲畜都是没有好处的。

据羌锋村的人传，以前就有人在吆牛、吆羊、放牛、放羊时唱"唱经"，结果，他放牧的牛羊在以后的一段时间内陆续死亡，而且死因不明不白。

羌锋村人还传说，有个年轻人为了照看他家的猪、羊等牲畜，就在牲畜圈边搭了个棚子铺床睡觉。由于这个年轻人特别喜欢"唱经"，每次睡觉的时候都要唱一会儿"释比唱经",结果这个年轻人的脚跛了,落下了终身残疾。这些故事从另一个方面告诉了人们:释比唱经在羌族人民的心中是神圣不可亵渎的!

八、释比文化传承的现状

因为羌族只有语言而没有文字,释比文化的传承只能靠一代代释比言传身教,口授心记,这就为"释比唱经"的记录与传承带来了很大的困难。尽管多年来,汶川县羌族释比文化的传承得到高度重视和大力扶持,政府也把释比文化列为"文化遗产"的重要工作内容进行专项的挖掘和保护。据不完全统计,有释比的10个羌寨中,现有释比人数为20多人,学徒已发展到10多人,显然还很不理想。这说明释比文化传承还困难重重,任重而道远。

老释比的人数在逐渐地减少,而且已呈现出快速减少的趋势,而后继人员明显的乏力,许多年轻人不再愿意学唱释比唱经了。究其原因:一是对释比唱经的认识不足,认为会不会这个无所谓;二是觉得学习释比唱经的作用不大,不能解决实际生存中的具体问题;三是现在年轻人的思想越来越科学化了,羌寨中的年轻人大多数都已融入了现代社会,所以对释比文化的理解上存在着严重的分歧。因此,释比文化的传承将经受严峻的考验,正处在关键的十字路口。如何认识这个古老民族的传统文化,如何保护这个古老民族的传统文化,如何延续这个古老民族的传统文化,如何让这个古老民族文化发扬光大,如何在中华文化宝库中闪闪发光,这些都是值得深思和亟待解决的现实问题。希望我辈及后辈们为保护祖先留给我们的宝贵遗产而不懈努力!

(原载于《羌族文学》2014年第3期,总第86期)

羌族释比文化中"比先"举行"比革札"及其意义

王小荣（羌族）

释比，是羌语音译词，是羌族社会中专门从事释比仪式和释比文化传承的人的自称，跟随释比师父学习的人，叫作"比足祖"，悟性高的"比足祖"或记忆力好的"比足祖"最短需要五至七年的时间方能学习完相关内容，而且每一年都必须要参加七八次大型祭祀活动，其他相关活动就更多了。"比足祖"参加的祭祀活动越多，所经历和所做的事或者跟随所唱释比经典就越多。每参加一次这样的活动，就会对释比经典加深一次记忆和理解。释比师父也会从中观察众弟子对释比文化的理解和掌握程度。根据情况，释比师父在做完释比法事后就会允许领悟好的弟子捧端猴头神、背释比圣鼓之类，其他弟子则不能享受这种待遇。捧端猴头神位的弟子称为"比先"[1]，再做一至二年的"比先"后，经过一个严格的学成考测仪式，这种仪式称为"比革札"[2]，又称"盖卦"。

一、拜师

释比文化不是在短时间内就能学到的，至少也要经过数年艰苦学习，其学习方式有两种：第一，自己家中的人学习释比经典不需要拜师，一般都和

---

[1] 比先：赵曦《神圣与亲和》。
[2] 比革札：盖卦、谢师。

释比师父有血缘关系，因此称为"门内师"；第二，外姓人士（无血缘关系）前来学习的必须拜师。外姓人士学释比经典文化，首先得请自己的长辈（一般是舅舅或姑爷）拿上礼品到释比师父家中去说明情况。此时，说情的长辈以真诚打动释比师父，说明自己的侄子想在此学习释比经典文化，师父又是一个精通释比文化的大师，麻烦多操心，让他能成为徒弟，学习释比文化，懂得做人的道理。释比一般都会答应收徒，然后就择日正式举行拜师仪式。

拜师时，长辈带着自己的侄子，另请两三人背香、蜡、纸钱、锅盔、刀头、酒、点心等，还要带上几吊拜师钱（一吊是 1000 个小钱），到释比师父家中。在举行拜师时，释比师父就带着"比足祖"先拜释比祖师爷"阿爸木纳"，拜毕，徒弟就紧跟着拜释比师父。这时，释比师父就要向"比足祖"交代必须恪守的教律，而"比足祖"这时要宣誓一定要牢记，并在今后的学习生活劳动中都要做到言行一致，行善为乐。

举行完拜师仪式后，只要有祭祀活动或有法事活动，释比师父就带着"比足祖"去参加祭祀活动或法事。在每次做法事的时候，"比足祖"跟着释比师父学习，并要把释比师父的言行举止牢记于心。农闲时，"比足祖"就要主动到释比师父家中去学习释比经典文化，学习的方式是：师父和"比足祖"各拿一根筷子在桌上敲鼓点，师父教唱一句释比经典，"比足祖"跟着唱一句释比经典。

学习时间一般都在农闲的晚上，等待释比师父的家人都熟睡后正式开始学习，这样做的目的是不被别人来打扰。没有专门的时间学习释比经典，只能靠闲暇的时候学习，也就是说羌族释比不脱离生产。学习释比经典内容由浅入深，由简到繁，循序渐进。一般从婚丧礼仪中的敬神开始，只要悟性高，记忆力好，学得也就快，学习的经典文化也就多。而每个人学习经典文化的时间是不一样的，有些人记性好，跟着释比师父学几遍就记住了，而有些人学了很多遍后还是记不住释比经典内容。

学习释比经典文化首先需要记忆力强，羌族是一个只有语言而没有文字的民族，所有释比经典都是通过口口相传传承下来的。其次，释比师父在祭祀活动中的每一句话、每一个动作都要认真记住，平时没事时可以模仿释比师父言行，直至烂熟于心。

二、盖卦

"比先"经过多年的学习，完全理解掌握释比经典后，师父就准许"比先"出师。出师仪式以前一般安排在"比先"结婚时举行。为了祝贺"比先"，"比先"的母舅通过集资的方式购买或由大舅舅自己牵一只羊。也有的家庭经济条件比较好，他们就把结婚和出师仪式分开举行。举行的时间一般都安排在农闲时节，大约在农历的冬月。在正式举行盖卦出师仪式前，要请释比为"比先"占卜，找五行中相生的两人、打杂的数人。花夜的白天，所请的释比会带上自己的"比足祖"前来参加"比先"的"比革札"仪式，参加的释比会受到隆重的接待。通常要在"比先"的家门外设一张桌子，桌上摆放着糖果、茶等所谓的"干盘子"。释比会坐下来休息一会儿。休息后，释比就开始唱经典，大意是"比先"要到天上去学习释比经典，我们是前来送行的。唱完后释比就进入"比先"家。释比继续唱经典，大意是，希望你在天上学习释比经典期间一定要好好学习，学完后就回来为大家服务。到了家里后，"比先"躺在神龛前所设的一床草垫子上，这时，所请释比就开始敬"阿爸木纳"，在"阿爸木纳"神位下插一根神圣的卓①。

按照日程安排，花夜晚上举行完挂红仪式后，已到半夜。这时，所有请来的释比围坐在神龛旁开始唱释比经典，所带的"比足祖"唱的就要多得多，这是一个众释比和徒弟相互交流和学习的大好机会。此时，释比与释比之间比赛释比经典的传授，看哪个释比师父的"比足祖"唱得更好、更准、更清楚、更优美。"比先"当天就不唱经典。

这时，所请的释比中年长者将"比先"放出家门去，"比先"就敲着羊皮鼓，围绕寨子快跑上一圈。"比先"身后还有两人服侍（五行相生者），还有一人需跑得极快，拿着草垫子围绕寨子速跑一圈回到比先家中。此前，一些助手已经备了六只鸡候在村寨六处：某家房后、码头、油房、抬丧路、背水处、神树下，意为今后一切都将听从"比先"的安排。而这六只鸡需耐心

---

① 卓：桦树枝，还愿时称"博"。

等候"比先"的到来方能杀死，助手不能将所杀的鸡带回家中，只能在家外荒坡处烧着吃，"比先"的师父则拿着角巾帕子等候在背水处为"比先"洗脸，意为给"比先"开启智慧的眼睛。

年长的释比再次把"比先"放出家去，这次"比先"就会直接跑到神树。放出去前，"比先"及服侍者的亲朋好友在阿爸木纳神位下开始给"比先"及服侍者的头帕、衣服上插针。插针的顺序和挂红的顺序是一样的，首先是从"比先"的大舅开始，最后是父母。这些针被认为可以避邪消灾。

"比先"从神树林出发，敲着鼓，背着猴皮帽，前往"姆勒谷"①，陪同"比先"的一共有五六人，其中有三四人是为"比先"打杂，服侍者两人。其余的释比在神树旁继续唱经，"比先"就一路敲着鼓到目的地。打杂的人身背锅盔、敬酒、刀头（肉）、香、蜡、纸、钱，还有吃的。到了"姆勒谷"差不多天要亮了，"比先"只要听到有响声，不管是什么动物的叫声还是风声，只要听到声响就立马开始烧香、敬神，在周围找点"木楼搜"草放在鼓里，重复远古下凡的释比祖师的动作。"比先"和陪同人员饿了就随便吃点，原路返回。走到高东山时，高东山的所有百姓自发前来迎接"比先"，为"比先"大摆宴席，之后，"比先"就邀请全寨人前来参加仪式活动。

在神树林的众释比唱到"国勒"时，就把"比先"母舅牵来的羊杀了，就在神树林空地处炖煮，待"比先"到神树林时，羊肉就差不多熟了。吃完羊肉，"比先"就敲着鼓到自己家里，到房顶。房顶处摆放着"风播机"②，风播机后面是一张草垫子③，"比先"就坐到草垫子上，风播机上摆放着两盘"白勒"④、香、蜡、纸、钱等。年长的释比也坐在草垫子上，开始唱经典。内容大致为：你从天上学习完经典后，是阿爸木比塔请你下凡的，不是我教会你的。当此之时，年长的释比为"比先"带上猴皮帽。见过"比革札"仪式的人，这时就要在新释比的头帕上或身上去讨要针，取下针都各自欢喜地带回家，以驱邪。到此，"比革札"仪式已接近尾声。"比先"的身份正式改

---

① 姆勒谷：地名（位于绵虒镇和坪村三组山上）。
② 风播机：羌族人为敬神所用的香炉，平常不能在风播机上放东西。
③ 草垫子：用麦秆做的草席，古时候的羌族人认为草垫子就是最干净、最高等的坐垫。
④ 白勒：用麦面做的各种动物和山，分为两种：一种是还愿或"比革札"时使用，不能丢弃，用后放在神台上；另一种是送鬼时使用，用完丢掉。

变为释比。

此时新释比家中热闹非凡，开始大摆宴席，宴请前来参加"比革札"仪式的所有宾客。宴席完毕后，主人家就开始答谢所请的释比，每个释比将得到 1 对馒头（约在 1.5 斤）、吊子肉（鲜肉 1 斤左右）。最后是谢师。新释比给自己的师父献上答谢礼物：鞋袜衣帽、谢师钱。师父如果有多余的法器就赠予徒弟。至此，"比革札"仪式全部结束。

谢师完成后，新释比就可以自己独立做法事活动了。新释比在谢师后的第一年所挣的全部收入归师父所有。

三、作用和意义

举行"比革札"仪式有重要的作用和意义。通过举行神圣的"比革札"仪式，此弟子才有资格去单独进行所学的各种法事活动，同时告知四里八乡的人们，此释比已被认可为一名合格的释比了，今后，可以直接请新释比做法事活动。"比革札"相当于现在的毕业典礼。通过这样的仪式，明确了新释比的地位，为尊师重教做出了楷模作用。

（原载于《羌族文学》2015 年第 4 期，总第 91 期）

羌族修房上梁习俗

陈晓华

羌族人民对修房造屋极为重视。一年四季辛勤劳作，除了吃之外，余下的钱用来修建房子。建房工序中，上梁是大事。上梁就是把房子的主梁抬到木排扇中柱或石、土墙上。主梁是房屋的主要支撑。所以，每修一栋房子，在上木横梁的时候，木匠掌脉师傅或木匠师傅就会庄严地唱起《上梁歌》。上梁的习俗与仪式最为隆重，程序亦多。上梁要先找释比择吉日，在金、木、水、火、土五行中，尤其要避水、火。一旦吉日择定，就要准备以下供奉物品：

一对大馍（用麦面制作的锅盔一样的大馍）；上梁馍（多少不等，但一般都要一筲箕，约12个）；红包（木匠师傅喜封钱，12元至24元不等，一般是双数，敬鲁班师祖）；一个刀头（肥猪膘）；一只红鸡公（上梁时用）；红一道（六尺红布）；两双鞋（男女各一双，送给木匠师傅、师娘）；一碇墨，一扣墨线；一盘点心（10—20个小饼子，一般为双数），之外还有香、蜡、纸钱等若干。仪式开始，释比唱羌族史诗——"莫河而格（修房造屋）歌"：皇天菩萨教造房，现在四周砌基墙，平了地基挖墙基，黄土稀泥抹好墙，刷上稀泥砌石块，砌好房基坚四角，再把房柱立起来，立好房柱上房梁，横梁用力拉上房，横梁安好补楼椽，敬天敬地还神愿，再修楼房修三层。楼墙之上补房椽，房椽要用粗竹竿，还要补上竹丫枝，补完丫枝再敬神。敬天敬地上六层。竹丫枝上抹稀泥，稀泥未干撒干泥，撒完干土砌边墙，敬天敬地修九层，敬神要把神旗竖，神旗要用白纸做，白纸神旗已做好，白纸神旗安神帽，神帽要用神线拴，拴好神线贴鸡毛，白纸神旗抹红血，神帽上插锦鸡毛。

在上梁那天，天不亮主家就要请德高望重的亲戚陪木工师傅（掌脉师傅）吃早早饭。

上梁前，木匠师傅要唱《开金口》歌：锉子斧头拿在手，主家请我开金口，开金口，露银牙，子子孙孙享荣华。开金口，开金口，开来金银堆百斗。开了东来又开西，带着儿孙穿朝衣。然后赞梁：紫微高照临华堂，今日修起状元府，来日又修金银仓。

辞毕，掌脉师傅用斧头在木梁上敲一下，随着发出的木梁响声，接着赞道：斧头一响惊华堂，主家接我来赞梁，此梁此梁生何方？生在昆仑山上，生在八宝台上。谁人得知？何人得赏？尽是张郎得知，鲁班欣赏。何人拿斧砍？何人拿尺量？张郎拿斧砍，鲁班拿尺量。五尺梁来三五三，曲尺量来十八长。不长不短，不短不长，正好做主家万代栋梁。此梁此梁，何人所栽？何人所养？乃是王母娘娘所栽，东海龙王所养。何人来把守？日月山光把守，才有这样漂亮。主家请来有力儿郎，吆喝一声抬做屋场。木马一对，好事成双。曲尺墨斗，好似鸳鸯。清水泡墨，棉线弹上。两头砍起鸳鸯，中间雕起双凤来朝阳。东边一朵紫云起，西边一朵紫云开。两朵紫云齐喝彩，空中垂下玉带来。玉带软如绵，主梁口内缠，左缠三圈生贵子，右缠三圈点状元。调转黄龙背朝天，子孙万代做高官。东头升得高，子子孙孙戴纱帽，西头长得高，祖人身穿紫龙袍。主梁登位金鸡鸣，子子孙孙坐龙庭。八梯八梯，谁人所兴？鲁班所造。梯宽八尺二，丈八长，不长不短，不短不长，正好搭到主家栋梁。脚登一等，一举成名。脚登二等，二朵金花。脚登三等，三元及第。脚登四等，四海扬名。脚登五等，五子登科。脚登六等，六位高升。脚登七等，七仙下凡。脚登八等，八面威风。脚登九等，九把黄伞。脚登十等，身骑红马点状元。坐梁头，观四方，眼观主家好屋场。哪个释比定屋向，前有金龙来摆尾，后有鹦哥赶凤凰，左是狮子，右是大象，一对摇钱树儿栽两旁。

《开金口》歌从"主家请我开金口……"开唱，都要用"金口"来修饰，这是羌族人盼望大富大贵的美好愿望。接着用"露银牙""享荣华""堆百斗""穿朝衣"等词汇来求得荣华，足见深受汉族文化影响，梦寐以求政治地位,想"穿朝衣"。

唱毕,掌脉师傅又用斧头在木排扇架的木柱上一边敲两下,一边高呼:"供奉红州,鲁班志德,尊神相位,君亲志同。"接下来,掌脉师傅又一边踩木栏杆,一边高唱:师祖师爷,齐天大圣,今日主家上大梁,鲁班西天去取经,带回鸡蛋转回程,带了三双六个蛋,带了三双六只鸡。头只飞到天上去,取名就叫凤凰鸡;二只飞到山中去,取名为叫山王鸡;三只飞到田里去,取名为叫秧苗鸡;四只飞到河中去,取名为叫河王鸡;五只飞到海中去,取名为叫弥水鸡;只有六只飞得好,一飞飞到家中去,取名为叫上梁鸡,今日主家要用上梁鸡。

这时,主家的母舅要送压梁银子(往梁上放铜钱),在梁上扎红绸,同时给红鸡公灌酒,边灌边唱:天无忌,年无忌,月无忌,日无忌,姜太子诸神皆回避。

此刻,木匠师傅在梁上贴一张红纸,上书"上梁大吉""福星高照""旭日东升""紫气东来"等福语,并在木梁正中悬置一块红绸布。屋两边木排架的立柱,上贴"上梁欣逢黄道日,立柱巧遇紫微星""三阳日照平安宅,五福星临吉庆门""祥云天上呈佳兆,瑞鸟庭前报好音""天泰地泰三阳泰,家和人和万事和"等新居对联。有的人家还在屋檐下面挂一面镜子和一把剪刀,用来镇邪驱恶。

接近汉区的羌寨,如西羌第一村的羌族人家上梁仪式第一项,叫作"放粮口"。就是在梁木朝下一方的正中心凿出一个长、宽、深均为一寸的四方形的小孔,用来放茶叶、粮米、金银,又叫作"放金银"。茶叶、粮米是必须要放的。茶叶寓意清白,以防邪气;粮米的寓意是丰衣足食;金银的寓意自然更明白,无非是新屋落成之后,荣华富贵。当然,往里放金银不会太多,放入一点点表示意思就行。家境不宽裕的,就只放放铜钱。

"放粮口"很有讲究,只能凿两凿。木匠都备有一把刃口一寸的凿子,"放粮口"就得用这种凿子。制作时,先找到正中间的一点,然后以这一点为中心,先在左边五分处用凿子打进去一寸深,而后在右边五分处打进一寸深,打完之后不要将凿子拔出,而是用凿子往外别,将其间那块木头别出来,正好就是一个长、宽、深均为一寸的四方形的小孔。有经验的木匠师傅截切时就会注意到不将有节把的位置留在正中间,这样木纹笔直,凿子一别就别出一个四四方方的木块,别出合格的小孔。小木块别出来之后,再将靠里的一面削去两三分。然后将要放的东西一一填放入小孔内,一边放,木匠师傅一边唱颂词:"是银是金,放入粮升;当家做主,振兴乾坤!"放好之后,便将木块原样封盖住。手艺高超的木匠师傅重新封合之后,几乎就是原样,很难看出痕迹。

接下来的程序,叫作"祭梁"。"祭梁"时,主人家就要放爆竹。整个过程基本上是在爆竹声中完成的。主人将早就备好的一块四四方方的红布递上来,木匠师傅将红布正中心对准"放粮口",先将左右两个布角,用铜钱压住,而后再用铁钉将铜钱牢牢钉在梁木上。然后将另两个布角包住梁木,在"放粮口"背后一面用铜钱压住钉牢。接着,主人递上一块烫有"紫微高照"字样的菱形铜板,木匠接过放于"放粮口"处,再用铁钉钉牢四个角。没有"紫微高照"铜板的,代以一双筷子,用红丝线牢牢拴住在"放粮口"处。一切就绪,主人递过一只大叫鸡公来。木匠接过,念念有词,请来地脉龙神、鲁班师祖,再将鸡公宰了,提着喷着血的公鸡,将鸡血从梁头淋至梁尾。淋梁头时,师傅大声唱:"祭梁头,文登科,武封侯!"祭梁中时即唱:"祭梁中,代代儿郎坐朝中!"祭到梁尾,则唱:"祭梁尾,金玉满堂多富贵!"然后,木匠师傅扯下一些鸡毛,粘在正中梁上鲜红的鸡血之上,左缠右合,那形状有如飞腾的长龙。

按照行业规矩,"祭梁"用过的叫鸡公主人家不能乱动,待等上梁当天师傅收工回家时,连同红包一起交他带走。

祭梁完毕,接下来就是上梁了。随着"嗵……嗵……嗵……"三声礼炮响起,上梁的吉时到了(整个上梁仪式达到高潮),主家立即点燃香烛,进行拜祭。掌墨师傅向众人打过招呼后,便高呼:"上梁啊,大吉大利!"顿时,羌乐齐奏,喜炮齐鸣。这时,掌墨师傅唱起了《鲁班调》,内容是记叙起屋的全过程,意在祷告祖师爷鲁班,讨取吉利:

东边一朵祥云起,西边一朵紫云来;
祥云起,紫云升,鲁班派我起屋来。

然后再唱《上梁歌》。唱的时候,由两个师傅领唱,一个从东头向屋中央款款走来,一个从西头向屋中央缓缓走来,边走边唱,走一步唱一句。

一个师傅先唱道：

> 锣鼓喧天鞭炮响，恭贺主家起华堂；
> 修华堂，造华堂，赞华堂，颂华堂；
> 人满堂，客满堂，亲满堂，朋满堂；
> 钱满堂，粮满堂，金满堂，银满堂；
> 福禄寿禧满华堂，千古落成百世昌。

另一个师傅接着唱：

> 走过华堂敬个礼，有说有笑送恭喜；
> 早来帮忙莫见气，只因我家缺劳力；
> 早逢良辰兴佳期，我来拜望是良机；
> 拜鲁班，拜张良，拜石匠，拜木匠，
> 拜了师傅拜内行，上梁我是门外行。

众人随着那佳词妙句大声地应和着："要得！""好的！"
两人走到屋中央，便开始攀梯上梁，边攀边唱。一个师傅唱道：

> 手攀双龙，脚踏云梯；步步高升，节节升起。
> 上一步哟，一帆风顺；上二步哟，二龙腾飞；
> 上三步哟，三生佳运；上四步哟，四季发财；
> 上五步哟，五谷丰登；上六步哟，六畜旺盛；
> 上七步哟，七星高照；上八步哟，八仙过海；
> 上九步哟，九九归一；上十步哟，百事顺心。

另一个师傅接着唱：

> 脚踏宝地，手攀云梯；步步高升，节节升起。
> 上一步哟，一家和气；上二步哟，文武双全；
> 上三步哟，三杯玉酒；上四步哟，四面降吉；
> 上五步哟，五彩缤纷；上六步哟，六亲汇集；
> 上七步哟，齐声贺喜；上八步哟，八方支援；
> 上九步哟，永久富贵；上十步哟，万事大吉。

在唱的时候，帮忙上梁的众人和着掌墨师傅的韵调，一边唱一边将画有太极图、写有福词的梁慢慢升起，移动，梁正中的红绸布随之缓缓上升。

上到屋脊时，一个木匠师傅喜气洋洋地唱道：

　　　　鹞子翻身坐梁头，恭喜事主楼上楼；
　　　　从打今日上梁后，衣食住行样样有。
另一个木匠师傅接着唱：
　　　　我坐梁头观四方，事主住的好屋场；
　　　　前有八步朝阳水，后有八步水朝阳。
横梁由两个木匠师傅安好后，两人合唱道：
　　　　手攀屋梁，境登天堂；
　　　　送财送喜，降吉降祥。
先起东方，后起西方，燃放鞭炮，木匠师傅登高往上升，高声颂道：
　　　　脚踏云梯步步高，手把香树上香堂；
　　　　鲁班赐我八百八，我赐主家九百九。
然后每上一步唱一句：
　　　　脚踏云梯第一步，恭贺主家紫微高照；
　　　　脚踏云梯第二步，恭贺主家一品当朝；
　　　　脚踏云梯第三步，恭贺主家三元及第；
　　　　脚踏云梯第四步，恭贺主家四方得利；
　　　　脚踏云梯第五步，恭贺主家五子登科；
　　　　脚踏云梯第六步，恭贺主家六合同春；
　　　　脚踏云梯第七步，恭贺主家七子联欢；
　　　　脚踏云梯第八步，恭贺主家八兴福寿；
　　　　脚踏云梯第九步，恭贺主家久长寿喜；
　　　　脚踏云梯第十步，恭贺主家十全十美。
梁扣好后，掌脉师傅点梁。唱：
　　　　一点点梁头，儿孙后代出公侯；
　　　　二点点梁腰，儿孙后代当大官；
　　　　三点点梁尾，儿孙后代个个贤。
　　点梁毕。木匠掌脉师傅开始抛撒梁馍（犹如小馒头），边抛边唱《抛梁馍歌》：
　　　　抛梁馍馍抛得开，好比青龙游四海。
　　　　抛梁馍馍抛得高，王母娘娘献蟠桃。

> 抛梁馍馍抛到南，南海观音送子来。
>
> 抛梁馍馍抛到北，金玉满堂全家福。
>
> 抛梁馍馍抛到东，寿比南山不老松。
>
> 抛梁馍馍抛到西，子孙状元三及弟。

同时，梁下的人就一个劲地抢，边抢边嘻嘻哈哈地答："好！好！要得！要得！"

上完梁，木匠师傅要安大门，此时要唱《安大门歌》：

> 手提斧子白如银，主家请我安财门；
>
> 手拿钉子十二颗，钉起就是状元门。

上门（安门）扇时，要有一定的角度，不能正南或正北。当地羌族人民有"门对包，房对槽"的说法。

木匠师傅还抛梁馍馍箐箕时，唱：

> 恭喜主家转过手，舍得宝调宝，舍得珍珠换玛瑙。

整个上梁活动仪式结束。

（原载于《羌族文学》2015年第4期，总第91期）

执掌羊毛索卦的释比

王术德（羌族）

作为羌族最为古老的占卜术之一——羊毛索卦，其占卜过程极其繁琐，解释卦象极为深奥，未从事过多年这类实践活动是不可能运用自如的。而这种神秘、深奥的索卦能传承至今，和羌族人民与执掌占卜术的卦师之间的社会信任度是密不可分的。

羌族人历来崇尚占卜。中国最早的占卜书籍《卜辞》中关于羌族人从事占卜活动的记载有三百多处，在后来的历史典籍和羌族人的口传文化中，羌族人的生产生活中都有关于占卜活动的记载，如"释比唱经"中阿巴白苟每次出去游牧以前都要占卜放牧羊群的方位。而在历史典籍中，关于羌人在出征前祭司对战争胜负的占卜则是举不胜举。有的是由于这些占卜术过于简单，占卜变得粗浅而被人们逐渐拒绝；有的则过于深奥，没有了合适的传承者而失传；更多的占卜术脱离了占卜的实际意义而走向消亡，如占卜战争胜负因羌族人民逐渐远离战争而失传，从游牧转向农耕生活后，对游牧生活中常用的占卜术也渐渐减少。

古老神秘的羊毛索卦能得以传承，其原因是，这种占卜术是羌族人在岷江上游定居后，结合了生产、生活等内容，由羌族人民当中威望较高的释比世代传承，并加以适当的延伸和融合。

执掌羊毛索卦的是释比。部分从事羌族文化的学者有一观点，说从事羊毛索卦的叫"士拔麦若"，一般的释比不能使用该种占卜术。据笔者调查，这种观点可能有误，或者应该按地区有所分别。现在羌族地区能熟练地掌握运用羊毛索卦的人为数不多，而当中最有名的当数茂县沟口乡二里寨释比肖永庆，人称肖释比。

肖释比掌握的羊毛索卦技艺属于家传，由其父亲传授其各种唱经、巫术、占卜术等。而其父亲则是属于师承，到其父亲一代已有十二代历史了。肖释比也未曾听说过只有"士拔麦若"才能从事羊毛索卦占卜的说法，并且给笔者讲述了这样一个关于羊毛索卦来历的故事：相传，古时候有三个预感灵验的人，一个叫辛拍耶，能知晓天上事；一个叫鲁古提耶，能感知凡间事；一个叫辛迪，能感觉阴间事。但他们的预感有时灵有时不灵，于是国王迪耶麦者为了使三人的灵感预测能得到准确灵活地运用，便亲自带三人到天庭去学占卜术。天神木比塔便让掌管占卜的卦师亲自教授。然而卦师是个气量狭小的天神，他不想让凡人也掌握通天测地的占卜术，只是胡乱地教了些无用的占卜术，便让三人整天在厨房里烧火做饭。厨房的厨娘叫士普麦吉，是卦师的妻子，她不忍心让三人无功而返，便偷偷地教会三人用羊毛索看卦占卜。

学占卜术后，木比塔让迪耶麦者带着三人回人间造福凡民。回凡间的途中，辛拍耶首先用卦师教授的方法测了一卦，卦象预示前方有人割荞麦，结果路上根本没人割荞麦；辛迪也照卦师的方法测了一卦，卦象预示半路上会碰见拔圆根萝卜的人，结果也没碰见；鲁古提耶用羊毛索测了一卦，预示半路上会碰见割青稞的人，果然半路上碰见有人收割青稞，于是三人便尊奉士普麦吉为卦师娘娘，并开始用羊毛索卦为凡民占卜。

到了凡间，首富伯耶的大儿子律策到天庭修神庙，一去十三年，杳无音讯。于是伯耶找来三位占卜师来占卜律策的踪迹。辛拍耶扯卦预示律策没有在天庭，鲁古提耶扯卦没在人间，最后辛迪扯卦预示律策在阴间。原来，律策到天庭修神宫时，传信的神使故意将木比塔的话颠倒着说，木比塔本来要律策将神宫前门修九道，后门修一道，神使却让律策将神宫前门修成一道，后门修成九道。木比塔大怒，将律策打到地狱，让他修造十八层地狱。律策在地狱修造地府，已经整整十二年。测出律策的踪迹后，伯耶找来桃花圣母为律策喊魂，喊了九个月，律策才从地狱回到凡间。伯耶为律策回到人间激动不已，并将三位占卜师尊为神灵，律策也不再行木匠手艺，改学占卜、敬神、驱邪等，最终成为以后释比的祖师，羊毛索卦就此传扬开来，占卦问卜无不灵验,从而得以弘扬。

从这个故事的内容看,并没有关于只有"土拔麦若"才能打卦的说法,但故事中的厨娘士普麦吉可能就是"土拔麦若",但她只是将索卦从天界传到凡间的神灵,并不能代表一个特殊的群体。

故事和唱经是羌族文化的重要载体,可以看出,羊毛索卦起源相当久远,唱经和故事所讲述的内容在人神共居年代,同时,又说是卦师娘娘士普麦吉传授的索卦,明显带有母系社会的影子。释比在生活实践中不断地赋予它新的内涵,使其不断适应新的生活、生产方式。

对羊毛索卦的记载在《道光茂州志·与地志·风俗篇》中记载较为详细:"占卜以羊毛作索,陈各物于地,用青稞洒之,曰打索卦。"羊毛索卦在羌族地区起源很早,到了明清时期,已经相当流行了。新中国成立前,羌民家中几乎每家都要请释比打上一卦,由于羊毛索卦占卜内容包罗万象,故而请精通索卦卦师的人很多,从正月到三月,索卦释比几乎每天要给好几家人占卜一年的运势,每年每个索卦释比平均占卜数有百来次。新中国成立后,由于"破四旧"等运动的影响,索卦卦师处于濒临绝迹的境地,索卦几乎都是家传。"文化大革命"结束后,加之宗教信仰自由得到保护,才恢复了一些索卦占卜活动。据笔者初步调查,羌族地区掌握索卦的释比不足 5 人。笔者曾参与《羌族释比经典》的搜集与编写工作,在调查的 48 位释比中,现仅有茂县沟口的肖永庆释比精通索卦占卜,其余的部分释比只是知道索卦简单的操作过程,有的则一无所知。

《羌族释比经典》编写工作结束后,笔者对索卦释比又做了些调查,调查结果表明:一、羌族地区索卦释比人数大致 4 到 5 人(茂县沟口肖释比、汶川龙溪释比以及黑水龙坝 2 名),除肖释比长期有人请去打索卦外,其余索卦释比只是掌握索卦操作过程,很少被请去打索卦。二、索卦释比较新中国成立前每年占卜次数大大减少。以肖释比为例,20 世纪 80 年代每年在 20 次左右,90 年代在 40 次左右,到现在每年大致会有 50 次。新中国成立前,其父亲每年在周边村寨就要去行手艺 100 多次,新中国成立后到 80 年代初期,老肖释比出去打卦的次数寥寥可数,且多是在夜间出去。三、从笔者口头调查的近百人看,自己或是父辈请过释比打过索卦,有四成的家庭或个人非常相信，多是老年男女和家庭主妇；有两成认为看卦时有些相信，但过了就记不得了，这部分多为长期在外的和有一定文化基础的，有三成只是应付家庭的决定，这部分多是学生或20岁以下的年轻人；有一成则根本不信，这部分多为20岁以下的人。四、重复请释比打卦占卜的有五成。五、请释比打索卦占卜的多是离索卦释比较近的，大致在七成。以肖释比为例，请他的人多是沟口乡和附近的渭门乡、飞虹乡、石大关、回龙乡等地羌族人民，其余是了解羌族文化的人。

释比打索卦所要的报酬，按照占卜者的家庭经济和心意而定，过去多是拿一些主家所供刀头、敬酒之类的贡品，刀头的大小和敬酒的多少也没有规定，多是一斤左右的腊猪膘和白酒。一年下来，一个占卜卦师可赚取百十斤腊肉和白酒。现在释比打索卦不再拿刀头、敬酒，主家随意给点礼信钱表示酬劳即可，钱的数量不等，多在50元左右，一年肖释比可获得2000元以上的礼信钱。

羊毛索卦古朴深奥，在现实生活中是否灵验，笔者曾听说和调查过一些关于索卦的话题。

1996年，笔者在茂县石大关乡教书，由于当时该乡没电，夜晚同事们喜欢坐在一起谈天说地，本乡的一位教师讲了这样一件发生在当地的事：该乡桃花村的赵洪亮夫妇一连生了六个孩子都没有养活，两口子看了很多医生，跑了许多医院都没有治好，村里的老年人就给他俩建议请释比来打一索卦，他们便抱着试一试的心思请来了沟口乡的肖释比。肖释比来了后给他们家扯了索卦，说他们家神龛后面有一个洞，那是一个万人坑，如果不填上，生再多的孩子都养不活。赵半信半疑地拆开神龛的壁板一看，果然有一个洞，赵洪亮请人将洞修补好后第二年，他们家就生了一个女孩，现在第二个儿子都七八岁了。听了这件事，笔者亲自到村上问过此事件中的当事人赵洪亮，赵心存感激地证实确有此事。

笔者感觉此事非常神秘，以后一有机会，就调查关于索卦的话题。2000年到2004年间笔者从事《中国少数民族总目提要·羌族卷》的搜集整理工作，几乎走遍了附近所有的羌族村寨，关于索卦灵验的故事不少，但许多都是亡故的人和事。

根据笔者走访，从求卦者所讲看来，索卦确实非常神秘，释比占卜为何如此灵？索卦如何传承？卦师如何学成出师？带着诸多疑问，笔者采访过茂县沟口乡二里寨肖永庆释比。2004 年，笔者在翻译整理《羌族释比经典》时结识了肖大爷，肖大爷性情温和，为人和蔼，并且对释比文化有着深厚的积淀，而对羊毛索卦的掌握和理解在羌区可谓首屈一指。

肖永庆师承父亲肖德升，属于家传。肖德升生于 1901 年，未满周岁父亲亡故，九岁母亲病逝，成为孤儿。家族中的长者见其可怜，又见其机灵过人，便将他送到茂县渭门盘龙山徐官喜大释比处学艺，到 20 岁时出师，开始单独诵经作法行释比手艺。当时要出师并非易事，出师前，学徒要到盘龙山云顶洞同众老释比讲经作法占卜，通过考验方能由师父盖卦出师，肖德升通过重重考验，众释比相当满意，由其师傅徐官喜盖卦受印出师。

出师后，肖德升相当受当地羌族人民的尊重，请他诵经驱邪、占卜问卦的人很多。据肖永庆讲，当时请他父亲的每年有一两百次之多。有一次，由于忙着为一家人占卜，师父让他一同做一场大法事去迟到了，非常生气，骂道："你娃翅膀硬了，敢在鲁班头上耍锛锄了。"肖德升只得连连道歉。

作为一个有名气的释比，肖德升当时的收入相当可观，从一无所有到买田十几亩，修一幢大屋就可见一斑。

肖永庆释比生于 1942 年，当他 10 来岁时，正值"文化大革命"期间，各种宗教文化受到打击，更别说随从父亲学习释比手艺了。到 20 世纪 80 年代，少数民族宗教信仰得到尊重，随着国家对少数民族文化保护力度不断加大，肖永庆 30 多岁开始随父亲学艺，到 40 多岁才开始单独行手艺，10 多年的学艺生涯，肖永庆说只学到了父亲百分之七八十的手艺，可见掌握释比唱经、法术、占卜等并非一件易事，而操作繁琐复杂的羊毛索卦，则需要花更多的精力和时间去学习。

对羊毛索卦的传承，肖释比说，"羊毛索卦是父亲传给我的，这种卦在我们这个地方传了这么多年，要能传下去就好了，但我现在连一个徒弟也没有，我年龄也越来越大，好多人请我去打卦我都没法去了，倒不是我想赚他们的那点礼信钱，只要他们相信的东西能传下去就好了。"当我说要将他所掌握的羊毛索卦记录下来并整理成册时，肖大爷非常激动，并说，"这个羊毛索卦中

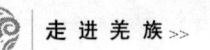

讲的都是我们过去生活中的一些事情，现在生活方式改变了，但过去的东西也不能忘记，你这样做太好了。"

和其他占卜术一样，羊毛索卦也将成为历史中的一些记忆和一种符号，但幸运的是，执掌羊毛索卦的释比还健在，我能记录下一些也是一件好事。

（原载于《羌族文学》2016年第4期，总第95期）

浅析羌戏沿革及"刮浦日"的艺术特征

王明军（羌族）

羌戏是羌族文化中的一个种类，有着久远的历史。受人员流动、文化交融、政治影响、经济发展情况和羌族文化集大成者释比的去世，羌族社会生产生活的改变影响，羌戏这一独特的文化类型也渐渐地淡出了羌族文化历史演变中。近年来，学者、专家经过多年的走访、调查，羌戏这一文化形态渐渐为世人所了解、认识和认同。戏剧作为人类文化的一个组成部分，与其他文化有着紧密的联系。无论是哪一个民族的戏，其起源都可以追溯到古代的祭祀活动，羌族的戏剧发展也不例外。

一、羌戏的历史沿革简述

羌族是一个古老的民族，有着自己独特的文化，这种文化不像汉文化一样通过文字记录传承下来。羌族没有形成自己的文字，只有自己的语言，几千年来羌族的优秀文化，就是靠人们一代一代人口传心授延续下来的。羌族有丰富的口述传统，戏剧是其重要体现之一；羌族有独特的戏剧文化，民间是其重要展演场所。以释比戏为代表的民间戏剧是羌族口述传统的体现，其中积淀着羌族人的历史与文化，结晶着羌族人的信仰和理念，凝聚着羌族人的生命及情感。

羌族是一个信仰万物有灵的民族，对万物都要进行崇拜和祭祀，释比在举行祭祀神灵、驱鬼除邪、祈福还愿时所唱颂、打斗、扮演、舞蹈的各式情景就是最为原始的羌族戏剧。从目前已掌握的资料来看，根据羌族戏剧历史的发展，有的学者认为其经历了两个阶段，即释比戏和花灯戏。释比戏是古老的戏剧，花灯戏是在释比戏的基础上发展而来。

羌族戏剧文化遗产中，释比戏最有代表性，表演者为释比或在释比举行的仪式下的群众表演。在阿坝州汶川、理县、茂县一带群众称之为"唱坛戏""跳坛戏"。严福昌主编的《四川傩戏志》认为释比戏是羌族傩戏剧种，流传于阿坝藏族羌族自治州的茂县、汶川、理县和绵阳市北川等羌族地区，羌语叫"剌喇"或"俞哦"，习称"羌戏"。由于羌族祭神、祈酒等祭仪与戏剧表演均由释比主持并扮演，故以"释比戏"相称。而马成富、郭娅的《羌族释比戏和花灯戏的源流沿革及艺术特色》认为羌族有戏剧，释比戏和花灯戏是羌族古老而悠久的戏曲种类，并列举了羌族释比戏与花灯戏的剧目，释比戏产生于羌族早期的祭祀活动中，并在漫长的历史岁月中不断得到充实发展，进而派生出羌族花灯戏。李祥林教授的《羌族释比戏：当下审视和学术反思》认为，羌族有独特的戏剧文化，释比戏、花灯戏是羌族傩戏剧种，其中积淀着羌族人的历史与文化，结晶着羌族人的信仰和理念，凝聚着羌族人的生命及情感。于一《四川羌族释比戏》认为羌族释比戏约始于明代，而成型于清代，并对其剧目、演出道具和场地、表演方式等进行了考证。

笔者为羌族人，一直生活于羌区，有幸与释比老人王定湘、杨步山、杨东青和能唱戏的民间艺人王国兵、杨金全等老人认识，对羌族地区的戏剧作了一些调查了解，并收集到了古老的戏本。释比王定湘讲，释比跳神时所演的戏目有七十二出之多，又被称作"七十二堂经"。现羌区羌戏剧目有《木姐珠与斗安珠》《羌戈大战》《祖先颂》《木姐珠剪纸救白兽》《斗旱魃》《求雨》《刮浦日》《穷夫拜年》《正月开的记》《战长沙》《装卢花》《十二杯酒》《采莲船》等。羌族有语言无文字，释比唱词靠师徒口传身授的口头传承文化。从调查了解所掌握的资料看，从其表演内容来划分，笔者认为羌戏可以分为三种类型：一是释比戏。具有十分浓郁宗教色彩，呈现羌族的历史文化和信仰习俗。释比师徒通过祭祀、举办各种祭祀仪式来展现。释比戏属于羌族傩戏中的仪式戏，其表演原始古朴，释比一人可扮演两个或多个角色，有师徒二人对打共舞同唱表演的，也有释比带队十几人共唱共舞表演的。在祭祀活动时由释比一个人来进行表演。在为病人、村寨驱鬼除邪时，由两个人来表演，一个扮演神灵降世一个扮演妖魔鬼怪。在对死者祭祀、转山还愿时，由释比带领群人共同跟舞表演，如在春天举行的夬儒节祭祀活动时群众表演的《刮浦日》。汶川绵虒地区求雨祭祀时演出的《斗旱魃》，就是在释比的指导下一人扮旱魃，藏于山林之中，羌民敲锣打鼓，口呼号子，男女手拿武器，在山林追击旱魃，以抓获旱魃进行惩戒为止。二是羌族民间生活小品戏，是在释比戏基础上发展起来的，通过说、唱、跳、舞的形式，在人们节日庆典的集体活动上进行展示，如《穷夫拜年》《正月开的记》《装卢花》《十二杯酒》等，广大群众自己演给自己来看，其内容与自己的生产生活息息相关，是一种自娱、自乐、自教的集体活动。也有在生产生活之中发生的故事，用演戏这一方式呈现出羌族人的情感生命、生活理念和人生价值。三是以手提灯笼边唱边跳为主的灯戏，也就是羌族地区所说的扎灯花唱坛戏。一般在每年的春节之时进行表演，借鉴了其他民族的戏剧表演形式，但其表演内容保留着羌族自己的特色。碎步行走，控制上身，或是走八字步，给人以飘逸秀美之感，剧中有男女表演，其特点是男扮女装。在理县薛城保留下来的《采莲船》戏，其表演还加入了本地的狮子、龙灯表演，让展演的内容更丰富多彩。理县通化乡通化村表演的"打花棒、快板说唱"也是如此，但这并不是完全照搬了其他民族的文化，而是学习其特有的形式，创新发展，注入了自己本民族的文化、故事，从而更具有民族的文化内涵。

二、释比戏"乱浦日"的出现简况

在羌族传统的农耕社会中，"春祷"与"秋酬"是最为重要的传统祭祀庆典，每年十月初一的"羌年"是最具规模的"秋酬"祭祀庆典，在羌族聚居区普遍盛行。而于春耕前所举行的祭祀活动则在汶川、茂县、理县、北川各地皆呈现出了不同的核心主题和仪式形态。其中，每年二月在理县蒲溪乡举行的"夬儒节"盛会便是另一个代表性的传统"春祷"祭祀庆典。蒲溪是羌族地区羌族文化保存较为原生态的地方，"刮浦日"就是这一地区保存的独特羌戏文化，它在释比主持的"夬儒节"这一特定的祭祀仪式场景中出现，是由传统的释比戏演变而来的一种仪式戏剧，与羌族群众的生产生活和习俗密切联系。

"刮浦日"是羌语音译词，其汉语大意为赌咒发誓，只有蒲溪还保存着这一表演形式，是在传统的祭祀活动上表演的一折群众戏。"刮浦日"其产生于何时，已无从考证，但可以找到羌戏从古走到今天的历史印迹。这是一个凝结着很多代传承人的心血，具有高度价值的传统戏剧形态。"夬儒节"这一天演出，在释比带领群众做完了祭祀活动后，由村民们在吉庆欢娱时表演。村寨百姓在神灵面前，重誓村规民约，以说唱舞的方式来教育广大群众，是一出形象生动道德说教课。

许多学者曾前往探究。日本籍的羌族文化研究学者松岗正子也多次深入村寨记录羌族人的生产生活，与当地的群众结下了深厚的情意。1994年2月，松岗正子再次到蒲溪乡作田野调查，蒲溪村为此次调查开展了新中国成立后最大型的一次"夬儒节"活动。在老释比王九清、王真元、王定湘的指导下，将传承千年、形象生动的道德说教表演"刮浦日"也呈现了出来，此后就从未再举办过。随着一个个老人的离世，这一传承了千年的独特羌戏表演濒危至极。2011年，在释比老人王定湘和1994年参加过表演的群众、文化工作者和蒲溪乡政府的共同努力下，共同挖掘整理出了羌族戏剧《刮浦日》，在随后五年"夬儒节"的祭祀活动上表演，得到了群众的喜爱和专家学者的认可。

三、释比戏"刮浦日"的表演形式

"刮浦日"由戏剧表演者入场、羊皮鼓队祭祀、主要角色登场、独白与对白交叉式表演、集体惩戒"草人"、"释比"绝技驱邪、尾声欢庆歌舞等七个环节组成。在戏剧表演的主体部分，以释比（释比不在场时一般由会首担任）开头和结尾，以代表弱势群体的角色为表演主体（包括秃子、尖沟子、聋子、哑子、瞎子、全身虱子、讨口子、跛子、掉鼻子、驼背子等），模仿造型、行为、体态、语言，甚至还会加入自己的即兴唱腔与台词，最后一个正人君子和一个小偷为客串角色，引出惩戒草人的高潮段落。此戏以一白一黑两色服饰体现，省去了复杂的潜台词，用诙谐幽默的方式讲述故事，营造氛围，用鲜明的人物形象构成了芸芸众生相。以通俗易懂、寓教于乐的形式，将积极健康和谐的人生观、价值观根植于羌族民众的内心深处，发挥着其他传播媒介无法取替的"深度教化"功能。

四、释比戏"乱浦日"的艺术特征

"乱浦日"在一方空旷的原野上表演，有着一个时间与空间安排与创造的过程，表演语言质朴，形象形态生动，神情憨厚，表演自然奔放。伴奏音乐变化自然，服饰装扮形象质朴。主要靠表演者身形和声音为主体，而不过多地依赖于舞台装置制造效果，因而形成了独具魅力的戏曲表演。"乱浦日"演出依靠丑角串联起全剧，构成独特的表演形式。

1. 释比戏"乱浦日"表演的主要内容

"乱浦日"表演是一场较为原始的演出，没有固定的舞台，一般以祭祀塔前的空地作为表演场所，群众与自然景物作为屏风，以地当舞台、天作大幕。在传统的"夬儒节"这个重要祭祀庆典上，德高望重的会首召集全寨老小，当众要对过去作奸犯科的邪恶之徒进行宣判和惩罚，表达对这些邪恶之徒的厌恶与唾弃。最后，邪恶之徒的代表被正人君子捉拿归案，得到应有的惩罚。释比作法驱邪后，村民们载歌载舞，从此安享太平。在中间出场的十几个角色讲述的是村规民约，这是羌族转山会、春祈秋酬等祭祀活动中重要的内容，借助神灵的力量让此村规民约深入人心。

2. 释比戏"乱浦日"表演的结构形式

"乱浦日"表演可分为开场、正戏、结尾三部分，开场由戏剧表演者入场、羊皮鼓队祭祀、会首登场；正戏由独白与对白交叉和集体帮腔式表演，集体惩戒"草人"、"释比"作法驱邪；结尾为欢庆歌舞。在戏剧表演的主体部分，也因各角色的不同特征及表演风格，有不同的过渡衔接结构。会首前后分两次出场。开场为"刮浦日"表演者集体出场，释比（会首）发表讲话和主持羊皮鼓祭祀。正戏为十二个（包括秃子、尖沟子、聋子、哑子、瞎子、邋遢人、讨口子、跛子、掉鼻子、驼背子、正人君子、会首）角色为表演主体，每一个角色都以锅烟在面部作简单的线条状粉饰以符合个人身份。表演者所使用的语言为羌语，以独白与对白交叉与集体帮腔式表演，尖沟子小丑与其他表演者一问一答，一唱一和，插科打诨，逗笑取乐，随性而来，没有程式化的语言，始终透着简单、原始、质朴的语言特征。

3. 释比戏"刮浦日"的伴奏乐器和道具

"刮浦日"的演出要扎制稻草人，演员要用锅烟炭灰进行装饰扮饰，要自带木拐杖、镰刀、斧头、砍柴刀或弓箭等用于惩罚恶人的武器。羊皮鼓、盘铃、响盘、大鼓、钹、锣、镲和羌族唢呐的伴奏始终贯穿其演出过程，对"刮浦日"剧情的推进起着烘托和渲染作用。鼓、钹、锣、镲的节奏影响着演员和观众的情绪，激发和推动着演员的表演激情，同时也让观众产生振奋与共鸣，是"刮浦日"戏剧演出不可缺少的部分。每一个演员演出时脸部都是用锅烟灰涂抹化妆，体现出"刮浦日"的古老原始的生态特征，也体现出"刮浦日"符合中国戏剧或傩文化中的重要特征——戴面具。虽然"刮浦日"人物角色们没有戴上面具，但用朴素的方式在脸上画上色，以区别现实中熟悉的"那一个"，从而实现后来戏剧理论上讲的"这一个"。这是最民间原始的东西，也是一种独特而原始的面具呈现。

4. 释比戏"刮浦日"的戏剧表现形式

"刮浦日"这一羌戏，把不好的一切都用一个茅草人来代替，在表演中要驱除邪恶或不好的东西时，人们都去砍杀茅草人。它运用了多种"象征"手法，如将各类触犯乡规民约的邪恶之徒化作一个虚拟的草人；选取了"弱势群体"的特殊视角，来表达人们内心真善美的诉求，以集体惩戒的方式来宣扬"惩恶扬善"民风主题。

"刮浦日"表演高潮部分就是全民参与，场内的演员转向场外问观众这样做对不对、好不好时，场外的观众在回答时，观众也就被拉到了戏里的表演中，观众积极参与到了场内的表演，观众与演员不分了，场内与场外不分了，这是一种全民的互动演出，这就是古老戏剧混沌、原初而质朴的表演形态。

五、释比戏"刮浦日"的价值探究

"刮浦日"，是由释比（会首）和群众集体创作表演的戏剧，其目的在传统祭祀庆典中，让每一个羌族人个体皆能在耳濡目染、潜移默化中接受和遵从由"神"所引导的社会道德体系，是羌族人民一个较为原始的"高台教化"，有其社会、文化的重要研究价值。

1. 释比戏"刮浦日"的活态传承意义

羌戏历史久远，文化主要靠口传身授来传承，特别是经过"破四旧"和"文化大革命"时期，民间文化的传承受到了严重的破坏。羌族文化，以释比为主体的羌戏在这一段时期内完全失去了生存的社会环境，使得一些学者误以为羌族没有自己的戏剧。近年来随着国家对少数民族民间文化，特别是非物质文化遗产的重视，羌戏的传承也迎来了新的历史机遇。在县文化部门的大力支持下，通过传承地蒲溪乡群众和当地文化人士的共同努力下，共同恢复了古老的羌戏——"刮浦日"，受到了专家学者的高度认可，以事实佐证了羌族这个古老的民族同华夏其他悠久民族一样也有古老的戏剧，也激发了更多学者研究古老羌戏的信心和兴趣。

2. 释比戏"刮浦日"的社会教化作用

羌族释比戏借助神灵的力量使其传达的内容深入人心。"刮浦日"演的是村规民约，起着惩恶扬善、教化群众的作用。

理县蒲溪乡所留存的"刮浦日"，以代表弱势群体的角色为表演主体，模仿秃子、尖沟子小丑、聋子、哑子、瞎子、全身虱子邋遢人、讨口子、跛子、掉鼻子、驼背子等造型、行为和体态，进行夸张滑稽的表演；以诙谐幽默的语言，甚至加入即兴唱腔与帮腔，寓教于乐的形式，将积极健康和谐的人生观、价值观根植于羌族民众的内心深处。它不单消遣和娱乐，也启迪着人们的思想，感化着人们的心灵，对人们的生产生活发挥着其他传播媒介无法取替的"深度教化"功能，是宣讲"惩恶扬善"的乡规民约为主题的小品剧，有着重要社会价值。

3. 释比戏"刮浦日"的文化研究与传承价值

"刮浦日"集说、唱、做、打及集体歌舞与祭祀礼仪于一体，羌戏"刮浦日"以立体的语言讲述故事，以诙谐幽默的风格见长，极具观赏性、娱乐性与艺术性。百姓是通过看戏来听故事，懂得忠肝义胆、礼义廉耻、百善孝为先，懂得道德和法制底线。其所承载的传统语言、音乐、舞蹈以及祭祀礼仪等丰富的非物质文化遗产皆可在这一载体中得到展示与活态传承，其保护价值也可见一斑。"刮浦日"其中积淀着羌族人的历史与文化，结晶着羌族人的信仰和理念，凝聚着羌族人的生命及情感。其内容映射出羌族传统的伦理纲常、社会秩序、集体意识以及道德观念，同样具有珍贵的史学、民俗学、社会学研究价值。

（原载于《羌族文学》2017年第2期，总第97期）

羌族传统大漆工艺的运用

杨 洋（羌族）

大漆又名天然漆、生漆、土漆、国漆，是我国的土特产之一，是从漆树中割取的天然漆树液，漆液内主要含有高分子漆酚、漆酶、树胶质及水分等，具有防腐蚀、防渗透、耐强酸、耐强碱、防潮、绝缘、耐高温等特点，并享有"涂料之王"的美名[1]。中国使用天然生漆的历史悠久，可追溯到几千年前。早在中国的上古时代，大漆工艺就已运用于食器及祭器等器物的表面，据史籍记载："漆之为用也，始于书竹简，而舜作食器，黑漆之，禹作祭器，黑漆其外，朱画其内。"羌族作为中国西部的一个古老民族，对中国历史发展和中华民族的形成都有着广泛而深远的影响，在大漆工艺的使用上也有着悠久的历史，从羌族的建筑、家具、生活用具、民间工艺美术的领域中都能看到"漆"的影子，可以说羌族的传统大漆工艺绚丽而夺目。然而，羌族的传统大漆工艺却长期被大部分人所忽略，也少有相关介绍，希望通过此篇文章的梳理，能够让大家领略羌族传统大漆工艺的魅力。

羌族传统大漆工艺的产生和发展与羌族人民所在地区的自然条件和社会需求密不可分。羌族主要分布在四川省境内的阿坝藏族羌族自治州的茂县、汶川、理县、松潘、黑水等县以及绵阳市的北川羌族自治县，部分散居于四川省甘孜藏族自治州的丹巴县、绵阳市的平武县以及贵州省铜仁地区的江口县和石阡县[2]，据2010年第六次全国人口普查统计，羌族人口总数约30.9万人。

从羌族人民所在地的自然条件来看，羌族人民生活的地方林木茂密，木材资源丰富，因此较多地将木材运用在建筑上和家具上，但木料如果没有经过天然生漆的处理，有遇水遇潮容易腐烂、长时间放置容易虫蛀等问题，因此使用天然生漆来对其进行保护便成了必要的需求。再者，羌族人民的主要聚居地四川为我国天然生漆的主要产区之一，"漆树在四川境内又主要分布于南坪、松潘南侧、黑水、金川、康定、雅江南缘、稻城东南侧一线以东以及青川、平武等地。"[3]从漆树在四川分布来看，漆树分布的主要区域又恰恰是羌族人民的主要聚居地，其中的九寨沟县南坪镇、松潘县、黑水县、金川县，都在四川省阿坝州藏族羌族自治州境内，据2014年末统计数据，阿坝州全州户籍人口羌族约17.1万人，占羌族总人口的一半以上。其中的平武县自古以来都是氐羌系少数民族聚居区。据2009年底统计数据，平武县全县共辖9个镇（其中有3个羌族聚居镇）、16个乡（其中有4个羌族乡：水田羌族乡、平南羌族乡、徐塘羌族乡、锁江羌族乡），羌族总人口约3.9万人。由此可见，四川境内漆树资源丰富的地区生活着大量的羌族人民，大多数羌族聚居的高山或半山地带，则更是漆树资源丰富的地区。

从羌族人民的社会需求来看，羌人的祖先过着游牧生活，最初是"所居无常"，或"逐水草而居"，以及由于自然、经济、政治等原因，在历史上羌人进行过多次大大小小的迁徙。陶制的器物容易损坏且不便于携带，金属的器物也较沉重，轻便耐用的木质的器具反而更能适应他们的需求。随着天然生漆这种涂料的发现，羌族人民开始在木质器具上使用生漆，它既可以帮助木质器物防潮防腐防蛀，还能使其触摸的手感更加温润，外观更加美观。

随着羌族人民生活方式从游牧到农耕的改变，羌族人民也从一开始的居无定所到垒石而居，形成了具有自己民族和地域特色的建筑群，建筑的形成也促进了家具及民间工艺美术的发展。同时由于在地缘上羌族与汉藏等民族接近，通过长期的不断融合，羌族不仅在生活习俗上受汉藏等民族的影响，在建筑、家具、民间工艺美术上也多少受到了以汉族为主的其他民族的影响，所以总的来说，羌族的建筑、家具、民间美术等既具有本民族的特色也糅合了其他民族，尤其是汉族及藏族的影响。相应的，大漆工艺在羌族的建筑、家具、生活用具以及民间工艺美术的运用上也多少受到汉族等其他民族的影响。

羌族的传统大漆工艺运用广泛，涵盖羌族的建筑、家具、生活用具、民间工艺美术等领域。2008年的汶川特大地震，羌族人民生活的地区受到了毁灭性的打击，约10%的羌族人民在地震中去世或失踪；大量的羌族建筑物倒塌或损坏，其中包括很多独具羌族风格的羌寨、羌族文化遗址等，也包括很多珍藏着大量羌族文物和羌族历史文化资料的羌族博物馆、文化馆、图书馆、纪念馆等，这给羌族传统大漆工艺的研究也带来了很大的障碍。原生态的羌族建筑中虽有大量使用大漆工艺，但大多已经遭到破坏或者已进行过不同于以往工艺的新的修缮，很多大漆工艺的家具以及民间工艺品也随着建筑物的破坏而遭到破坏，很多珍藏于羌族地区图书馆、文化研究中心、博物馆等的漆工艺文物以及文献资料也有丢失及破坏，另外还有一些了解羌族民间工艺的羌族文化传承者也在地震中遇难。

此篇文章，作者就当下的以及被保留下来的，有关羌族传统大漆工艺的运用进行了一个初步的梳理，并不能展现羌族传统大漆工艺运用的全貌，还希望以后能有更多的学者更加深入地挖掘。作者通过调研理县桃坪羌寨、茂县的古羌城、汶川萝卜羌寨、汶川龙溪羌人谷以及当地的博物馆、文化馆等地，并结合作者对原生态羌族文化的了解，下面将从羌族的建筑、家具、生活用具以及民间工艺美术方面来对羌族传统大漆工艺的运用进行分析。

一、羌族建筑中传统大漆工艺的使用

羌族的建筑包括民居、碉楼[①]、官寨[②]、寺庙、桥梁、栈道、作坊等，又以碉楼和民居为主。受自然条件的影响，羌族的建筑多以石砌建筑为主，部分为黄泥建筑。羌族人民因地制宜地使用当地的片石或黄泥作为建筑材料，无论是碉楼、官寨、民居还是桥梁栈道，都主要依靠石材与木材，用黏土做黏合剂修建而成。建筑的外观淳朴而有质感，与周围的环境十分和谐。其中

---

① 碉楼是羌族人用来御敌、储存粮食柴草的建筑，一般多建于村寨住房旁。碉楼的高度在10至30米，形状有四角、六角、八角几种形式，有的高达十三四层。
② 官寨是历代羌王及土司工作、学习和居家生活的地方，也是象征羌族王权、地位和高贵身份的建筑。

建筑中的门、窗、梁、柱、椽、吊脚楼、过街楼等木质结构多使用大漆工艺进行髹饰。

羌式建筑中的门多为木结构，且多用大漆做髹饰。羌族民居大门的形制在离汉区较近的汶川岷江河谷地区，由于气候较高山地区温暖又受汉族影响更深，大多为汉民居北方垂花门的样式，这种垂花门在尺度上比传统的羌族民居门宽大，且多为双开门。而传统的羌族民居大门在尺度上都较小，且多为单开门，密闭性较垂花门更好，以抵御高山地区更为寒冷的气候[4]。无论是传统的羌族民居门还是受汉族影响的垂花门都使用了大漆工艺。如图中所示的羌族民居垂花门，用黑、红两色的大漆进行了髹饰，在有雕花装饰的地方也进行了大漆的髹饰。地震后的新式羌族建筑中的大门也有漆工艺的使用，如茂县中国古羌城的城门，木结构的城门上也用棕色的漆进行了髹饰。

羌族民居的窗户也多为木结构，且多用素漆①做髹饰。如汶川县雁门乡萝卜寨的羌族民居窗户和茂县古羌城的新式羌族民居窗户都采用了木结构，并用素漆进行了髹饰。羌族民居的窗户也有受汉民居影响的花窗，甚至在室内空间中也有花窗的使用，如桃坪羌寨的室内雕花木窗，上面也能清晰地看到大漆工艺使用的痕迹。羌族民居楼顶阁楼部分的木结构门窗也能看到大漆工艺的使用。总的来说，羌式建筑上的木结构窗户多用素漆进行简单地髹饰，在窗户所呈现的形态上也受到汉族的影响。

羌族民居石砌墙体系中，多数以墙承重，但若空间跨度较大的时候，也辅以局部的梁柱构造来解决承重问题，它是墙承重的补充和完善[4]。这些梁柱大多为木质结构，并使用素漆在外部进行髹饰，如桃坪羌寨杨家大院室内房顶的木漆工艺构架，以及杨家大院室内的木漆工艺房柱，这根房柱从一楼直达六楼，撑起整座宅院，经历上千年的历史，虽经历地震，但仍耸立在桃坪羌寨中。

羌族的吊脚楼以及过街楼也多使用木结构，表面髹涂素漆，如茂县中国古羌城的吊脚楼以及桃坪羌寨的过街楼。

---

① 素漆是未调和颜料粉的生漆，涂于物体表面后呈现漆本来的颜色。

二、羌族家具中传统大漆工艺的使用

传统羌族民居中的主室、卧房以及厨房中都大量使用木漆工艺的家具，这些家具在风格上既具有羌族的民族特色，也融合了一些汉代家具的特点。在漆的颜色上多使用素漆、黑漆、红漆、金漆来进行装饰。部分精美的家具上还雕刻了十分精致的花纹，并用金漆做髹饰，或者是在家具上用色漆彩绘图案进行装饰。"家具上雕花及彩绘图案的题材多含吉祥的寓意以及对幸福生活的憧憬和渴望。如象征婚姻及爱情的羊角花、象征荣华富贵和连绵不断的串枝牡丹、象征纯洁高尚忠贞的串枝莲花，以及象征自由和对家眷恋的飞蛾等都是羌族家具中常用的纹样。"[5]

羌族民居的主室是室内活动的中心，不同于汉民居的是，由于海拔高气候寒冷等原因，在空间布局上羌族民居的主室大多以火塘①为中心，火塘同时也起到了控制整个主室家具等陈设物位置的核心作用。围绕着火塘，传统羌族民居的主室里有各种木漆工艺的陈设，如神龛、壁柜、长条凳、火塘上方熏腊肉的木架、桌椅等。神龛是传统羌族民居主室中的重要陈设，也是主室中最引人注目的地方。在传统羌族民居每家每户的主室里都供奉着神龛，神龛在主室中的位置也有严格的要求，即"神龛、火塘、室内中心柱要处在室内的一条对角线上"[6]。各家的神龛上均供奉着"天地君亲师"，它表达着羌族人民对苍穹和大地的感恩，对国家的尊重，以及对亲人和恩师的深情。羌族民居中的神龛在外形上不尽相同，根据各家的经济条件，在装饰上或简朴或华丽，但均使用木漆工艺。神龛在装饰上常出现牛角或羊角的装饰曲线，以及一些具有羌族特色的雕刻纹样，并用素漆做髹饰。神龛在主室里不仅起到了祭拜神灵的作用，也起到了一定的装饰作用。有的还在神龛的两边延伸出了固定在墙面的壁柜，用于摆放一些家居用品或装饰品，既节省了使用的空间也装饰了墙面。壁柜一般也采用木结构，并用大漆进行髹饰。围绕在火塘四周的长条凳也是羌族民居主室内的重要家具，羌家人围坐在火塘边的长

---

① 火塘是室内用于生火取暖、做饭、烧水的地方。

条凳上休息、聊天、喝茶、吃饭，进行着一些主要的室内活动。长条凳采用木漆工艺制成，一般造型简洁，没有过多的装饰。羌族人有腌食腊肉的习俗，所以在传统羌族民居的火塘上方有用于熏制腊肉的木架，木架在加工时也同样使用了大漆工艺。羌族民居主室内也有类似汉民居的木漆工艺桌椅，只是在细节上及雕刻的花纹上与汉族桌椅有所区别。

传统羌族民居的卧房内也有很多木漆工艺的家具，如床、衣柜、梳妆台、储物柜等。这些家具都使用了木漆工艺进行加工制作，有的甚至十分华美。如，在茂县古羌城拍摄的羌式木漆工艺床榻，装饰得十分精致。在其雕刻的图案上我们能看到很多具有吉祥寓意的纹样，在植物与花朵的包围中有象征多子多福的石榴、象征好运的喜鹊、象征吉祥的凤凰、象征延年益寿的仙鹤，以及象征祥瑞的麒麟等。这些精美的雕刻均用金漆做髹饰，极其华美精致。有的家具上还用到了描金[①]、彩绘及刻漆[②]的工艺。如有的木漆工艺衣柜，在装饰手法上就特别丰富，衣柜的上方用雕刻工艺，雕刻了象征纯洁高尚的串枝莲花，柜门的部分则用描金及彩绘的工艺在黑漆髹饰过的底上描绘出了花卉植物的图案，柜门的上半部分图案虽已不清晰，但还是能够看出是刻漆工艺留下的痕迹。衣柜的下半部分也用彩绘的工艺进行了装饰。还有的梳妆台及梳妆椅也是很精美的木漆工艺家具。羌族民居的卧房内还经常会用到木漆工艺的储物柜，用来放置被子床褥等，这种储物柜一般造型简洁，以实用为主。

传统羌族民居的厨房也有木漆工艺的家具，如碗柜、餐桌、凳子。如下图中拍摄于茂县中国古羌城的羌族民居厨房内的碗柜，整体采用木结构，并用红漆、黑漆、素漆等进行了髹饰。碗柜在造型上使用了一些类似建筑的装饰元素，也出现了类似牛角或羊角的装饰曲线，整个造型别致且具有民族特色。图中的餐桌也是木漆工艺的家具，用素漆进行了整体的髹涂，在装饰上运用了几何纹样的雕花，整体造型简约而不失细节。

---

① 描金是在物体表面，用金色描绘花纹的装饰方法，常以黑漆作底，也有少数以朱漆为底。
② 刻漆是漆艺的一种装饰技法，该工艺是在制作好的漆坯件上，运用各种刀具刻出各类图案，并根据画面要求进行填色、贴金、撒螺屑等装饰手法，工艺流程可归纳为刻、铲、批、作、贴、撒等六步。

三、羌族生活用具中传统大漆工艺的使用

漆工艺深入了羌族人民生活的方方面面，在生活用具中同样能看到传统大漆工艺的使用。如图中拍摄于茂县中国羌族博物馆的羌族清代司马秤，司马秤是当时的一种计量工具，图中司马秤的木质部分就能清楚地看到髹涂了素漆，素漆上又用红漆做了髹涂，并用黑漆描绘了图案。又如图中的羌族木漆工艺针线筒，针线筒是羌族服饰挂件的一部分，也是羌族妇女经常使用的工具，将其挂于腰带上，不仅便于使用，也是一个极好的装饰品，可以说既具有实用性，也具有装饰性。

图中的木漆工艺的针线筒出自茂县光明乡松坪寨，表面髹涂了素漆，并且打磨得十分光滑。整个针线筒由两部分组成，做工巧妙，携带方便，而且极具羌族特色。在使用的时候可以将藏在针筒外壁的内针筒拉出来，把针装在内针筒里，再从针线筒的另一头把线收紧，插针的内针筒就会置于针筒外壁内，同时，线也可以打结系上，这样一来就不会伤人，也便于保管。整个外壁造型优美极具光泽，对于擅长刺绣的羌族妇女特别实用。另外，在羌族的民俗文化中，针线筒还有驱邪的作用，在使用或是随身佩戴时，有出入平安和消灾多福的寓意[7]。

羌族地区也有轿子的使用，如图中拍摄于茂县中国古羌城的羌式木漆工艺轿子。图中的轿子在种类上应该是用于婚嫁迎娶的喜轿，轿子整体采用木结构，在轿子的顶部和两边的下侧都有雕花装饰，颇有民族风味，整个轿身髹涂了素漆，抬杆的部分也髹涂了素漆，但部分已脱落。

四、羌族民间工艺美术中的传统大漆工艺

羌族的民间工艺美术包括陶瓷、刺绣、竹编、金属、石刻、剪纸、木雕、漆器、漆画等[8]。羌族的民间工艺美术，以其自身的民族传统风格、浓郁的地方特色、精巧的技艺，集审美与实用于一体，充满了古朴浓郁的乡土气息。

羌族民间工艺美术中的传统大漆工艺主要体现在漆画和漆器上。其中最

经典的漆画莫过于羌族的释比图经《刷勒日》,"《刷勒日》的最早画本就是以天然生漆为主要颜料的漆画"[9],漆的化学性质决定了使用天然生漆描绘的漆画可以长久保存,并且结实耐用,这满足了释比①经常使用的需求,也满足了图经可以世代传承的需求。

《刷勒日》是羌族一部重要的宗教经典,是羌族释比的重要法器,是以图像代替文字来传承和记载羌族宗教及历史文化的重要图典。"刷勒",是羌语推算推演之意,"日"为说论之意。"刷勒日"即以图推演、说论的意思。迄今发现的《刷勒日》有多个版本,最早画本是1985年在黑水石碉楼西米河坝已故的释比遗物中发现的[9]。各个版本的《刷勒日》不尽相同,一般为折叠式两面绘画,总长在160—180厘米,宽16厘米,有的版本的图经甚至总长达320厘米,一般由多个16厘米高、10厘米宽的画牒折叠组合而成,多达100多幅。图经多使用毛笔在白色麻织布上用漆进行绘制,颜料多使用天然生漆调和天然彩色矿石,绘画技法古朴,一般为写意,间或有工笔。底色一般为白色,画面上多使用黑色、红色、黄色、绿色、蓝色。

图经所绘内容广泛,"包括神灵崇拜、驱鬼降魔、人间婚丧嫁娶等方面,即祭祀图、大葬图、婚配图、幸运图、箭位图、蛇神图、驱邪图、生肖图、商人、工匠图、属相图等部分,羌族的历史、社会发展、宗教等方面在图经中形象地再现。"[10]

在漆器方面,羌族最有特色的要算北川地区的羌族水磨漆器。"2007年,水磨漆制作工艺被公布为北川羌族自治县非物质文化遗产项目,同年被绵阳市人民政府公布为市级非物质文化遗产项目。2009年,羌族水磨漆艺被四川省人民政府公布为省级非物质文化遗产。"[11]

清朝年间,羌族人马大兴在北川创建了水磨漆作坊,近百年来,羌族水磨漆器在北川的曲山镇等地区都有生产,至今仍然有羌族的民间艺人较为完好地保存着这门技艺的原始风貌,可谓羌族民间漆艺的"活化石"[11]。羌族的民间艺人朱红志,马大兴的第七代传承人,就完整地掌握了羌族水磨漆工艺。2009年,朱红志被命名为四川省非物质文化遗产项目羌族水磨漆艺代表

---

① 释比是羌族宗教仪式的执行者和通晓羌族历史和传说的说唱艺人。

性传承人,在北川县委、县政府的支持下,在北川新县城还设立了专门的古羌水磨漆传习所,为羌族水磨漆工艺培养后续的接班人[12]。

羌族水磨漆制作的主要原料以天然生漆为主,并主要由手工制成。制作一件漆工艺品,无论大小都要经过反复地刷漆、打磨、抛光等几十道工序才能完成。羌族水磨漆工艺,在工艺品类上,有漆盘、漆盒、装饰摆件、屏风等;在制作工艺上多使用彩绘、镶嵌、堆漆①、变涂②、贴金③等;在色彩上多使用黑色、红色、黄色、金色等;在装饰题材上多使用在羌族民俗文化中象征美好寓意的装饰纹样,以及体现羌族图腾崇拜的纹样;在艺术风格上具有古朴、浓郁的民族风格和强烈的装饰意味。

羌族的传统大漆工艺曾体现在羌族人民生活的方方面面,羌族人民居住的建筑、建筑内的家具、日常生活使用的工具,包括民间的工艺美术领域都与大漆工艺息息相关,它不仅是羌族本身珍贵且优秀的民族工艺,更是全中国乃至全人类所共有的一项文化遗产,对羌族的传统大漆工艺进行传承和保护应该是迫在眉睫的。

但随着工业文明的到来,其他合成材料的发明,大漆这种古老的材料逐渐被其他材料所取代,羌族建筑、家具、生活用具中的大漆工艺都不可避免地受到了强烈的冲击;另外羌族由于人口稀少以及汉化严重,也阻碍了其民间工艺的传承和发展;此外地震也使羌族与大漆工艺相关的建筑、文物、资料等遭到严重的破坏。曾经与羌族人民息息相关的大漆工艺,不仅逐渐被大部分人所遗忘,也逐渐被羌族本身所遗忘。如今很大一部分的羌族传统大漆工艺已经脱离了羌族人民的日常生活,家具和日常生活用具都已不再使用大漆工艺,民间工艺美术领域也缺乏后续的接班人。

面对这些现状与困难,羌族的传统大漆工艺应该受到更多的关注与重视,在保护、传承和发展的道路上,既要防止现代文明对原生态民族工艺的侵害,又要在当下找到一条适合民族工艺发展的传承创新之路。

---

① 堆漆是指用漆或者漆灰在器物上堆出花纹的装饰技法。
② 变涂是利用不同的材料和工具,在漆膜上制作出各种不同装饰纹样的一种髹饰技法。
③ 贴金是利用漆的黏性,将金箔装饰在物体表面的装饰技法。

参考文献：

[1] 聂菲. 中国古代漆器鉴赏［M］. 成都：四川大学出版社，2002.

[2] 高文德，卢勋，史金波，白滨. 中国少数民族史大辞典［M］. 吉林：吉林教育出版社，1995.

[3] 双丽媛. 四川传统大漆家具研究［D］. 南京：南京林业大学，2014.

[4] 符曦. 四川阿坝州羌族藏族石砌民居室内空间与装饰特色的研究［D］. 成都：四川大学，2004.

[5] 罗毅. 羌族家具图案汉人审美渊源研究［J］. 贵州民族研究，2015（2）.

[6] 张犇. 羌族火塘设计的文化内涵［J］. 民族艺术研究，2010.

[7] 牟西. 茂县光明乡木漆工艺针线筒［EB/OL］.（2013.4.9）［2017.12.15］. http：//www. cnqiangzu. com/a/20130409/2143. shtml.

[8] 阿坝文化局. 阿坝藏族羌族自治州·文化艺术志［M］. 成都：巴蜀书社，1992.

[9] 赵曦、赵洋. 神圣与秩序——羌族艺术文化通论［M］. 成都：民族出版社，2013.

[10] 徐君. 羌族宗教经典《刷勒日》浅析［J］. 宗教学研究，1997.

[11] 张娜. 浅析北川传统手工技艺——羌族水磨漆艺传承与创新［EB/OL］.（2012-10-30）［2017-12-16］. http：//www. scac. org. cn/shownews. asp？id=184.

[12] 黄宗锐，覃贻花. 四川省非物质文化遗产之羌族水磨漆艺［EB/OL］.（2015.4.22）［2017.12.17］. http：//scnews. newssc. org/system/20150422/000557736. html.

（原载于《羌族文学》2018年第1期，总第100期）

羌族地区村落社会中的灾难应对机制研究

王永安（羌族）

一、羌族地区的地理环境及多发性自然灾害背景

从地缘上看，现今的羌族地区主要是指青藏高原东南缘，岷江上游的这片区域。打开视野，这个地区正好处在青藏高原绵延于四川盆地的过渡地带，也即处在龙门山的断裂带上。从地质学的角度去表述，这个地区正好处在"两大板块"的接合部上。地貌气候异常复杂，高原、山地、悬崖、深谷、激流、险滩遍布全境。高山、河谷海拔悬殊极大，气候垂直变化明显，属典型的高山峡谷地形。

有史以来，羌区自然灾害频发。高山高原地区地震断裂带纵横交错，发生地震灾害的几率甚高，与之相伴的滑坡、崩塌、泥石流等地质次生灾害的隐患点分布多、范围广、威胁大。再加上生态环境脆弱，山多地少，耕地零碎、狭小，土层瘠薄，地表渗透性差，水土流失严重。

深山峡谷里四处耸立着危岩，大、小河流域内形成的滩涂、湖泊以及接近高半山的地方尚有厚厚沙土、鹅卵石等，连普通人都会惊异大自然的沧海桑田，这些巨变的背后难道没有"故事"？好在现代的科技和一些专业人士的努力，使那些巨变背后的惊叹怀疑解码得有些眉目了。近年来，一些地质学家通过现场实地考察，认为岷江上游地区曾经发生过多次重大的地质事件。其中，一系列堰塞湖的形成就是一个明证。其范围在整个岷江河流域及其几

条主要支流，如叠溪谷堰塞湖、茂县古堰塞湖、文镇古堰塞湖、杂谷脑河古尔沟古堰塞湖、杂谷脑河理县古堰塞湖等。其中最典型、规模最大的堰塞湖位于茂县叠溪一带，总长超过30公里。一些专家推断，这些堰塞湖几乎在同一时期出现，并维持了相当长的时间，有的甚至长达上万年。研究者指出：堰塞湖的形成与青藏高原前缘地质的活动有密切关系。事件的发生可能与古地震有关，也可能与末次冰期大量冰雪融化，促使大规模的山体失稳有关。

古代发生的许多自然灾害，因为时代久远，记载上难免缺失。笔者只能从现今的地质地貌推知曾经的沧桑与创伤。新近的一些灾难，笔者记忆犹新，甚至常常还心有余悸。例如，1933年8月25日，岷江上游叠溪地方发生7.5级地震。此次地震因山岩垮塌，封堵河流，瞬间形成了巨大的堰塞湖。岷江两岸山势陡峭，地势不阔。汹汹的河水壅堵数月，水漫于群山之间。后因湖口不堪重负挤压，于当年10月9日崩溃，致使叠溪、茂县、威州、灌县（今都江堰）等沿岷江一线村镇严重冲毁，前后死伤逾2万人。至于公元2008年汶川"5·12"特大地震，更是震惊中外的一次人类灾难。国家对此次地震的表述是："汶川地震是新中国成立以来破坏性最强、波及范围最广、灾害损失最大的一次地震灾害。震级达到里氏8.0级，最大强度达到11度。"人员伤亡惨重，遇难69222人，受伤374638人，失踪18176人。城乡居民住房大量损毁，北川县城、汶川县映秀镇等部分城镇和大量村庄几乎被夷为平地。"

从上述可知，羌族地区自古以来因为特殊的地理环境、复杂的地质与气候造成了多发性的自然灾害。而这个区域的人们是如何去面对的呢？换言之，这个饱经患难的民族是如何应对灾难，生生不息的？或者，可以从中更多地了解到这个命运多舛的民族竟然是如此的坚韧、勇敢和智慧！从中也能得到许多人类生存发展的教益和启示。

二、羌区村落社会对灾难的认知和理解

就整个人类社会而言，灾难是在所难免的。常言道："天有不测风云，人有旦夕祸福。"差别仅在于不同地区、不同民族对灾难的理解和认识有所不同。正因为千百年来频发的各种灾祸，一方面给羌族地区的生存和发展带来

了痛苦和创伤，而另一方面，他们将灾难视为生存的常态，认为人生本来就是这么风风雨雨，苦苦乐乐。于是，他们的关注点反而转向自己的内心的自我抚慰与强大，继而转向自己的观察、体验、总结，并从中获取自己的经验和知识，以应对各种灾变和困苦。

（一）关于"万物有灵"的原始自然崇拜

众所周知，羌族自古以来崇尚天地万物。尽管特殊的自然环境给人们时常带来许多灾难，但是他们从来不怨天不怨地，从来也不离不弃自己的故土。相反，他们认为"万物有灵""万物有情""万物有恩"。所以，见到日月星辰是神，见到山是山神，见到水是水神，甚至一棵树、一块石头、一匹马、一只羊有时也会受到敬拜。他们放低了自己的身段，平和了自己的心态，以虔诚之心向天地万物祈求福寿安康、五谷丰登、风调雨顺……而内心却严于律己、反躬自省——他们认为之所以人间有灾难，不在天地万物，而在人类自身不检点、不收敛、不安分……所以灾难不因自然万物引起，而在于人类自身不善，得罪神灵而招祸。羌族民间故事《美布与志拉多》讲道：天女美布下凡与志拉多结为美满婚姻，在人间过上了衣食无忧的幸福生活。然而因为美布不珍惜丰衣足食的日子，竟然在天父面前炫耀奢侈浪费。当天父问她在凡间生活得怎样时，她说："我的阿爸呀！我在凡间一年四季种庄稼，三年来年年都是好收成，粮食吃不完，志拉多天天去打猎，每次都打着野猪老熊回家。我们生活得很好。天天有三碗剩饭喂苍蝇，青稞馍馍当女儿的屎，白白的麦面馍馍当儿子的屎。庄稼收割不过来的时候，我就用连枷条子划，粮食一半收回家，一半就掉在地里头了。"天神阿不屈各听了女儿的讲述，心里很难过，暗自打定主意要惩罚一下任意糟蹋粮食的女儿。……于是天神给凡间制造了一连串的灾难。而另一则民间故事《洪水朝天》虽然各地说法有些差异，理县增头寨的说法却更有意思。大体情节是：很早的时候，有一只猴子顺着很高很高的马桑树爬到了天上。它在天上不安分，东翻西搞的，天神叫它不要动金盆，否则，金盆的水会把地上的所有生灵淹死。猴子顽皮，却偏偏继续乱整。结果，把金盆搞翻了，大地洪水朝天，尸浮如乱草。有两姐弟见势不妙，慌忙钻进一个大黄桶里随波飘流。后来两姐弟梦中受神的点示，配成一家，继续繁衍。

以上这些民间故事当然不是信史，其真伪不需考证。故事中的灾难也各有不同，故事的主旨在于提示人们：人应该崇尚天地万物，应该敬畏自然，与自然和谐共生。人应该奉行正道，应当秉持包括公正、公平、善良、节俭、勤劳等美德，因为这些美德和善行与至高无上的神灵相通合拍。换言之，羌族"万物有灵"的自然崇拜，从某种意义上讲就是规避各种灾难的最基础的应对机制，并且贯穿于自己思想和行为的方方面面。

(二) 关于二元对立观念与自强不息的思想

羌族传统的世界观里有一个非常明显的"二元对立"的思想。这个思想是他们认识大千世界，解释万事万物和指导自己所有言行的一个准则。他们认为有正就有邪，有好就有坏，有白就有黑，有神就有鬼，有保佑的，有做好事的就有作祟破坏的等等。羌族释比一生大量的宗教活动主要就是请神、还愿和驱邪送鬼。在面对灾难和痛苦时，他们认为有邪魔作怪，必须除黑解秽。笔者在幼童时就地记得羌寨里经常有"看水"或丢"萨瓜米"（一种解秽的布坨坨）的习俗。比如一个人突然生病了，家人常请人看碗水，从水中去探知病是被谁害的，接下来释比送驱鬼。由病人在布坨坨上吐三口唾沫，庚即送鬼邪的人大声呵斥鬼怪邪魔，并将布坨坨扔于大门之外。对小痛小病都要驱邪送鬼，大灾大难就更是不用说了。

这种"二元对立"的思想，这种鬼怪作祟的推究，至今看来确有迷信成分存在。但是，从灾难认知的角度来说，也不乏是一种灾难缘由的解释。让惊慌、困苦、忿闷的灾难经受者找到发泄、讨伐和驱赶的对象，同时让多灾多难的羌区民众建立了让人不敢懈怠、不能消沉的危机感、使命感、责任感。因为，既然邪魔无时不在，自强不息的精神就是与生相伴的生存发展的需要。

(三) 关于"邪不压正"以及"上天眷顾尔玛人"的自信精神

羌族的宗教以及民间故事和大量的传说等等，都有"邪不压正""上天眷顾尔玛人"的主题思想。这方面的例证很多，仅以羌族史诗《羌戈大战》为例。"远古岷山多草原，草原一片连一片，牛群羊群多兴旺，尔玛儿女乐无边。忽然魔兵从北来，烧杀抢掠逞凶焰。"羌戈激战羌方不利，眼看败亡已成定局，但是在生死存亡之际，"木姐天宫往下看：'啊！我的子孙遭灾难！'白衣女神立云间，三块白石抛下山；三方魔兵面前倒，白石变成大雪山。三座大雪山,矗立云中间;挡着魔兵前进路,羌人脱险得安全。"以后羌戈数次决战,都在天神的暗中保佑暗里帮助下,最终战胜魔兵,从而建立了自己幸福美丽的家园。《羌戈大战》是民间叙事诗,也是神话故事,自然表现出许多虚构和宗教般的美好愿望。而2008年汶川"5·12"特大地震,羌区遭到了亘古罕见的劫难。但是在党和政府的关心支持下,在全国人民以及国际救援的无私关爱下,灾区人民化险为夷,得以重生。众多的今古灾难例证,都说明羌区民众在无数灾难面前已经建立了坚定的信念:邪不压正,在危难中定有眷顾。由于有了这些自信和精神支撑,羌族人便能从容面对。他们认为灾难是不可避免的,但灾难是能够战胜的。所以他们绝不言败,绝不放弃,相反,更加抖擞精神,在一片片废墟里重新建立自己的家园!这种自信精神也是羌族认知、解读灾难的一种重要思想。

三、灾难经历下产生的灾难应对机制

前面述及的灾难背景和灾难认知等,主要是从特殊的地理环境下,侧重指出羌区村落社会面对各种灾难的思想、精神层面的状况。但是,思想和精神是支配行为的,反过来,行为也是反映精神、深化精神,并可以进一步创造精神财富、物质财富的。在频发的灾难经历下,这个族群通过观察、总结,获得了大量的传统的经验和知识——灾难应对机制。

这些经验和知识也许是庞杂而零碎的,当然有的还与现在的自然科学尚有一定距离。但是,它是土生土长的东西,也是行之有效的东西。概括而言,它包括了灾难认知与分类机制、灾难预防、预警机制、灾难规避机制、灾难消解机制等。这些机制内在于地方性传统知识体系中,一旦发生某种灾难,羌族村落社会中的家庭或社会组织便迅速地启动,并将相关的经验知识进行传播和应用,将灾难的危险置于可控范围,并最大限度地避免居民的生命与财产受到严重的影响,从而维持着羌族村落社会的平稳运行与发展。下面,我就相关灾难应对机制进行一些粗浅的分析研究。

(一)灾难预防机制

羌区村落社会相当重视灾难预防,他们将"防患于未然"落实于生产生活，并体现在他们的社会行为之中。

台湾著名学者王明珂先生多年致力于羌区研究，他对当地山神保护有着比较详细的观察和表述："各寨有各寨的山神，几个寨子又有共同的山神，一条沟中各村寨又有更大的共同山神。也就是说，一层层由小而大的山神。保卫一圈圈由近而远的人群资源界限。更有意义的是，在各寨祭山神仪式中，长老要念开坛词（开酒坛请神之唱词），邀请周遭的山神来共享——代表着邻近各沟各地人群尊重彼此的山神，也表示尊重彼此的资源界限。"王先生的这段话，更多的是表现了"尊重彼此的山神"，而实质在于"尊重彼此的资源界线"。从预防灾难的角度看，应该还有保护和捍卫域内自然资源（生态）的内容存在。因为，特定的山神也是特定的资源界线。特定的资源界线，既是特定权利范畴，也是特定的守护职责范畴。这些权益和职责，对外来讲，的确有一定的排斥性，对内来讲也有共同遵守相关原则的义务。羌区普遍还有神树神林，这些地方任何人不能擅自进入，更不能损毁一枝一叶。笔者在走访调查中了解到这么一个事例：大约在清朝末年，理县增头下寨人偷偷在上寨神林里砍了一背柴，途经上寨时，被当地人发现，便将柴背子的绳索砍为几截……后来此事差一点引起两寨人的群体性械斗。可以看出，村落社会对维护自己的山林草场是何等的坚决。而客观上讲，对当地生态和资源的保护又具有重要价值。据当地一些老年人回忆：当初增头的森林植被比现在好得多，而野生动物和野生中药材也比现在好百倍。他们爱用一些典型事例来证明：当时在夜晚手上拿一盏油灯，可以不护不罩而走遍全村三个寨子（方圆一二十里），而灯盏不熄不灭；当时到大宝山扯虫草，一个劳力一天随便扯一两千根草，遇上草密处，可以让人脚下溜滑而倒，而现在一天难扯上十来根草，两三个月才凑上千把根草。当然，昔日的羌区村落社会对环境山林的保护，未必已上升到今天所说的生态植被保护之类的高度。无数次灾难经历中所获得的经验告诉他们：靠山吃山，靠水吃水，只有保护好山林草场，生活才会有保障，才会有安全可言。因此，这种保护，是以预防灾难，着眼平稳安康生活为出发点的。

还有，从村寨的选址、设施和房屋建筑的用材以及整体质量等方面看，也有着灾难预防的明显体现。

《后汉书》对羌区村落有过真实的记叙："……皆依山居止，累石为室，高者至十余丈，为邛笼。"范晔这段话告诉我们，早在秦汉时期，西南冉駹之地村落居止的建筑是这样一种状况。的确，羌区，特别是高半山村寨，所有房屋都就地取材，使用石头和黄泥垒建为墙，而且房屋都建在坚硬的山坡山梁上，与山岩浑然一体。其实当地人对村落建筑是用了心思的，是非常考究的。他们通过对山势地脉的长期观察后，尽量选择避免滑坡、崩塌、泥石流、地震等灾难隐患的地方。他们常言道："欺山不欺水。"所以他们尽量避开沟槽，宁肯把房子建在陡峭的山梁上，也不愿意建在地势低洼潮湿阴暗的地方。直到今天，诸如汶川克枯的铁邑寨，理县通化的则留寨、汶山寨以及木卡的八角、牛心寨等，都将村寨建立在山峰梁子上。这是当地人对生存的选择，也是以险求稳的避灾之策的现实体现。

羌区房屋建筑在用材和在追求建筑质量上也是用尽了心力的。以房顶及其所用工时为例：房顶（当地人称为房背）用木料（大梁和椽子等）和黄泥浇铸夯就，表面看很原始或者很落后，但是它很经济很实用，减震性又强，具有冬暖夏凉等优点。据老人们回忆，当初修房砌墙非常费工费时，一泥掌一泥掌（砌墙的木制工具或骨片，形如小铲），一块石一块石地相铆砌就，没有丝毫苟且偷工，往往花一年工夫才砌一层（以搭一层架子为一层）。等砌好的一层风干稳固定后才能在第二年继续砌。如此一来，一座房子，光是砌墙也得花上三四年工夫。要是砌碉楼，甚少也得花上十年八年的时间。至今，当地人对古人做事还敬佩有加，他们称为"直尔木"（意为特别讲究"牢固永久"的古人）做事！

实践是最好的试金石。"5·12"特大地震后，许多现代建筑破败残毁不堪时，人们反过来看那些古老的羌村老建筑，仍然坚挺地屹立于山梁云端处，才发现这些房子的坐落选址和工程质量是非常过硬的。前些年，曾任全国政协主席的李瑞环同志来到理县桃坪羌寨，当他看到震后的羌碉居然还完好无损，非常惊异感佩！他曾经对建筑颇有研究，便绕碉静静地观察，思考良久，发现碉楼背后有"鱼脊背"的墙棱，便认为这很符合三角形稳定性的特点。这可以说明，羌区村落历经千百年还那么坚固的民居建筑，其实暗合许多工程建筑的科学原理，也体现了当地人防灾抗灾的用心和智慧！

羌区村落建筑表面看似乎随心所欲，没什么特别讲究，其实不然。细加考察，内中大有学问。例如大部分村寨都依地势选择坐落与朝向，大门大多向东而开。以增头寨上寨为例，寨子纵横三条主巷，空间布局非常合理讲究。且在村寨中有较大的三个坝子，供人们平时的休闲娱乐或者集会之用，也可作为避灾场所。有的碉楼之间还有相互连通的暗道，这些与战争的防御不无关系。

桃坪、通化等地的高山寨子里还有一种非常独特的小房子，当地的羌语称为"祖基"。这些小房子散落于寨子数里以外的山场荒野里，面积仅有十来个平方。三面为墙，一面依山依坡而建。最值得称道的是其房顶全用石板从四周渐次相叠拼接盖成，石板上累盖数尺深厚的泥土。有的房顶因为土层厚实和年代久远，上面竟然长了茂密的荒草。以桃坪增头为例，当地现有八十多户人，有房屋一百多座（包括近代垮塌的在内），而后山有"祖基"四五十个。这么多小房子建在广大的荒野林间，其用途引起了世人的极大关注。据当地一些老年人讲，主要是用于预防灾难（如地震、战争等）的临时住所，因为房子空间小，结构简单，工程不大，易于建造，同时安全结实。当然，因为这种房子的周围还可种植一些耐高寒的作物或兼营牧业，因此，其功用是多方面的。

（二）灾难预警机制

任何事件的发生都有渐变的过程，灾难也不例外。只要细心观察、认真总结，内中必有一些道理，供人们去发现，从而最大限度规避危险。多少年来，羌区传统村落虽然没有现代科技时代防范天灾人祸的预警机制，但是，羌族人民凭借世代传承的传统经验和知识，在灾难来临之前或可能发生之前便将危险和祸患提前预告警示于村落社区。

以天文气象为例，当地有很多这方面的谚语，如"天黄有雨，人黄有病""有雨天边亮，无雨顶上光""早红不过午，夜红久天晴""久晴必有久雨，久雨必有久晴"等等，都用很通俗的语言，将天气风雨阴晴的变化清楚明白地总结传递。他们的观察细致入微，如：看到山顶起了堆堆云，他们就说要天旱一段时间；如果天上有一层水波云，他们就预言：下午就有风雨；又如当看到火塘的烟子久久弥漫难散，有经验的人会说：明天可能会天晴！

而观察一些动物的异常反应也是当地人预警自然灾害常用的方法。例如大量的老鼠或蛇出洞乱窜，或成群的青蛙在沟涧或地头云集等。当年叠溪大地震来临前夕，据说马、牛、羊等家畜不肯进圈，当时有两父子因为上山追赶不肯进圈的骡马，才幸免于难。这类灾难的教训让当地人对身旁动物的异常反应有了特别的关注。

据汶川威州镇双河村校场组的一些村民讲，"5·12"特大地震前几个月，当地一户人家的狗时常长长地"呜呜"而叫。起初很多人没有在意，以为只是这条狗的一个特殊叫法。可是当地有些老人就说，这是狗在哭，可能这家人或当地有灾情。大家当时未引起特别的注意，有些年轻人甚至还认为大惊小怪，那畜生怎会知道未来发生什么事？可是，数月以后，当"5·12"特大地震造成了巨大灾难，人们才回忆起数月以来狗的哭声以及一些老民的提示，开始相信一些动物的异常反应的确可以起到预警灾难的作用。

自古以来，通信是灾难预警的重要依据。而羌区村寨往往居住分散，从一个村走到另一个村，近者一两个小时的路程，而远的常常须得半天、一天的路程。寨与寨之间也许只是两山对峙，隔河相望，甚至相互间听得见鸡鸣狗吠之声，可是因为山河阻隔，须得爬坡上坎，相互间的联系与交流就十分困难；就算是同一个村寨的人，也因为田连而地隔，山高而沟壑深，相互间的接触和来往也较稀少。但是，一旦有了灾情或什么紧急之事，大家就少不了联络关照，这些就少不了信息的传递。最传统最古老的方法是在山顶或其他险要处烧烟火为信号，向四周村寨发布险情。此种方法一般用于早期的战争或群体械斗，但是小范围的（主要是指一个村寨内的）忧事难事，比如某个家庭死了人，往往在房顶上鸣枪放炮（一般为三声枪响或三声铁铳声响），男人们在房顶上大声"欧吼"三声，周围村众便知晓某地某家之死讯。大家便非常自觉、非常及时地到当事人家悼亡相帮。这方面羌区有一个不成文的老古规，即喜事有请才来，忧事不请自到。"忧事不请自到"这种老规矩是羌区应对灾难困苦的传统。

羌族有很长的游牧历史，后来的农耕也与牧业和狩猎等生产方式相互补充。养狗驯狗也与当地的起居安危联系得紧密。以狗看家护院是村寨人户的常见方式，用狗狩猎更不用说，但是用狗预警险情就比较特别。然而当地一

171

些老猎户通过精心特殊的驯养训练，做到了让猎犬成为主人全方位的助手。增头有一个故事，说的是有一个猎人被"门滋格皮"（类似大猩猩的动物）抓住，随同主人上山的猎犬斗不过"门滋格皮"，返身飞奔向家人告急，家人村众循着猎犬来到事发地点，成功地营救了猎人。这个故事虽然有些离奇，但是当地人如遇上灾情危险时，利用狗的奔跑速度、嗅觉以及狗通人性的特点，用狗来传书带信，用狗的特异性来了解相关信息，也是常见的。

岷江峡谷深幽，悬崖峭壁比比皆是，历史以来山岩崩塌，通村道路被滑坡和泥石流等损毁的情况时有发生。过去，一旦发生伤亡事故，一般都得请释比念经，并在出事地点甩面人或插纸旗，这些无疑也有警示村众提防危险的意思。

（三）灾难救济、灾难消解机制

灾难预防、灾难预警是应对灾难的一部分，准确地讲它还只是一种"准备"，或者还只是"大兵压境"前的"待战"阶段。真正的灾难应对，体现在灾难的救济、灾难消解的心性反映和具体的解救行动之中。

1. 较强的自发性管理是应对灾难的组织保障

新中国成立前，羌区村落社会处于短暂的官方介入和长期的无政府状态之中，例如，局部地方的确出现过"土司""土舍"以及地方豪强的管理。但是，土司制度持续时间并不长，同时，部分土官对民众的危难疾苦漠不关心。因此，民间一旦有灾难，老百姓自发性的管理机制起到了决定性的作用。

比较有代表性的是一年一度的"山王会"和茂县一带举办的"瓦尔俄足"。理县通化、桃坪、木卡、蒲溪等地举办的"瓦基戈""夬儒会"等，其作用是村众共同商定田间看护、修桥补路和其他公众事宜（也有休闲娱乐、庆典等成分存在）。但是，它其实更主要的是体现了一种契约制度。这个制度有固定的活动场所（或称"议话坪"），并且延伸为研究决定村务事宜的一种习俗和规矩。组织者和发起人的产生自有特点：它不是上方哪一级组织的任命，也不是有钱有势者专属的特权，而是"轮流管理""轮流坐庄"，一般一年为一轮。轮值者是组织者，任期内都争先尽职尽责，大有"超前恐后"的思想，所以，在轮值当年遇上村方大小事务，都形成了有人管、有人组织落实的"自我管理模式"。

民间自发产生"轮流管理"的模式还派生了许多其他自我管理的组织方式。例如，公布"执事单"就是一个很好的组织模式，即村方哪一家有喜忧两事，或者村上要组织办理什么公众事务，大家通过民主推荐，产生总管、支管、司礼、司厨、司茶等职务，并予以张榜公布，晓之大众。这就是常见的"计开执事单"。在此执事单里有总揽全局的负责"总管"，有分管专属职责的人员，分工明确，职责清楚，而张榜的作用在于让大家尊重、承认和支持执事人员，同时接受大家的监督管理。

理县增头村有一座清朝嘉庆年间所立的碑，是纪念当时因为修路捐资和投工投劳的功德碑。捐资多者有十二两银子，而少者仅有一二钱银子。捐资人多达七八十人，而领首人为十三人。这些领首人既是修路的倡导者、组织者、领导者，也是奉献银两和劳力的普通人。这座碑虽然不是张榜公布的"执事单"，但是内部的组织和管理也是十分明确的。

"5·12"特大地震发生时，增头村的大部分家庭主劳力都在大宝山扯虫草。强烈的地震造成山崩地裂，飞沙走石。当时，笔者一位堂姑被飞石打断腿脚，身上多处受伤。受惊吓的人群半天才汇聚一起。清点人数，才发现有三四个人失踪。为了早点脱离危险，大家决定立即分头寻找失踪人。为了实现这些目的，大家便按照老传统，通过民主推举总负责人，搜寻人员、担架人员以及回家报信人员、留守看棚人员等人选，做到临危不慌，有序拆棚返家。大宝山到增头老家有六七十里山路，却因地震破坏，道路泥泞不堪，加之沿途余震不断，危险重重，但是大家在临时执事人员的组织领导下，冒着生命危险，有序安全返家。笔者的堂姑也因及时护送到县医院而脱离生命危险。这桩事情是群策群力的体现，也是当地人应对灾难的一个活生生的例证。

民间轮流管理和组织，有很多自身的特点和优势。首先，它是自发性的，它的自发因事而产生（包括灾情），也就是说，有了事情就有了管理组织。其次，它是临时性的，也即有事就有组织，事情办妥了，其使命也就自然终结了。这说明行使管理职权的相关"执事人员"，任务清楚，职责分明，追求绩效的主观能动性强。同时因为是临时的，对当地民众就没有"官管"的感觉和压力，也形不成"管理者"的特权对公众的负担。其三，它的民主性强，"执事人员"由公众推举，公信力强，再加上"管理者"和"被管理者"同属一个群体，大家想什么，急什么，了如指掌，考虑问题、决策问题非常接地气。而且在一个村落社区因为多少次"轮流管理"的推行和沿袭，许多能办事，办成事，办好事，公道正派的执事人员脱颖而出。

2. 全力减灾救灾，"有什么灾，施什么救"是应对灾难最基本的手段和措施

灾难的类型很多，对不同类型的灾难只能用不同的方法和措施去解决。这就是当地老百姓常说的"兵来将挡，水来开沟"，或者叫作"看菜吃饭，对症下药"。但是，追求的目标却是一致的。这就是：将灾难的危险置于可控范围，并最大限度地避免居民的生命与财产受到严重的损失。羌族地区村落社会面对的灾难很多，仅梳理几个具体消解灾难场景，以进一步了解当地人是如何临危而不惧，遇挫而更勇的。

岷江上游是干旱河谷，历来就有"十年九旱""十年九不收"之说。少量的河坝地带可以灌溉，而大量的高半山村寨，因为不具备灌溉条件而只能全部"靠天吃饭"。因此，旱灾是羌区最为普遍的自然灾害。为了克服旱灾，当地人通过千百年的观察实践：一是选择了一些耐旱耐高寒的作物，如燕麦、莜麦、青稞、荞子，稍后又引进了胡豆、洋芋等作物，主要的蔬菜如圆根、白菜、莲花白、萝卜等。二是河谷地带风沙大，最不经干，而高半山林木丰茂，水土涵养好，因此当地人将居住的村寨和农田选择在高山林边，并且海拔也一高再高，直至耐高寒作物不能生产为止。三是传统以来实行刀耕火种，即以大面积"烧火地"的方式来经营土地。虽然没有深挖重垦，精耕细作，但其好处是不严重破坏水土。由于经营的土地面积广大，当地人便有"广种薄收"的说法。意思是虽然亩产量不高，但是由于土地播种的面积大，总体收成也还是不少。

遇上大天干，当地人就少不了拜龙神、朝海求雨。羌区普遍信仰龙神，各地都建有规模不等的龙王庙，都有故事情节大体一致的龙王传说。比如理县增头寨的《拜背姑都姐》、汶川龙溪的《阿达英姐》等，最后虽然结局有些悲剧，但最终表达的是龙王留恋、认可某村某寨的旧情，只要某村某寨的人来求雨，自然是有求必应的。这些神话故事从一个侧面反映了旱灾旱情在羌区曾经频繁出现，反映了当地村落社会的愿景和追求。直到今天，理县增

头寨的人遇上天干，仍会组织几十个人到几百里以外的海平坝去求雨。理县西山寨的人也在数百里外的九龙池去求雨。求雨的过程充满了宗教色彩。数十人敲锣打鼓，沿途十多个村寨响应、接待，并要在海子附近鸣枪放炮，"欧吼"连天。现在看来，用科学的眼光很好解释，就是震动空气。当初的人并不知道科学原理，但是，他们将雨求下来了，旱情缓解了，当地人又过上了有希望的日子，这是他们最需要解决的燃眉之急。

羌区除了干旱，还有水患。水患也许是因为雨水过涝，形成滑坡、泥石流等灾害，也许是地震造成了山崩地裂，从而形成堰塞湖，还有道桥毁坏等。羌区盛传大禹治水的故事，并且史学界也一致公认"禹兴于西羌"，并将自己的家乡称为"神禹之邦"。根据羌区的地质地貌看，堰塞湖等水患显然是真实的，而大禹作为代表人物进行水患治理也应该是真实而不谬的。大禹用疏导的方法来治理，后来李冰父子总结治水"深淘滩，低作堰"等，应该是以羌人为主体参加治理岷江水患的经验总结，只不过这些典型的经验被统治者归于"领导者的智慧"了。事实上，与灾难接触最紧密的是基层的老百姓，参加第一线劳作并容易获得经验的也应当是基层的老百姓。从都江堰至今可以看到的鱼嘴、杩杈、堰坝以及分流疏导的古老工程，应该都是包括羌区劳工参加下所取得的劳动成果，自然也是防治水患、消解水患的典型例证。

新中国成立前，在理县通化，汶川威州、绵虒，茂县凤仪等地，即在岷江及其多处支流上都建有索桥。索桥最初以竹、索、木为之，后来才演化为木桥或铁索桥。还有一种桥更为独特，那就是独索桥，在湍急的河流上以一根竹索或麻索为桥，用竹筒或铁筒为滑轮，从此岸到彼岸，仅凭一索一轮来往行渡，像蜘蛛一样。这些大胆的创制，应该是当地羌人战胜水患，解决自身交通运输困难的应对之策，是冒险之举，也是生存所迫，更是生存智慧。

以简单的生活应对灾难苦情，更是羌区救灾减灾最为适用的生存手段。各种灾难都会涉及人的衣食住行，都会对生存带来危机和挑战。比如地震将房屋损毁，羌区村落里的人一般都会到开阔安全的地方修建临时的过渡房。这些过渡房很简单适用，就是用几根小圆木作为支架，扎上密密的茅草，他们称为"草棚子"，既能遮风挡雨，也能减少安全隐患，即使有余震或其他次生灾害，由于草棚子建材简单轻巧，破坏力也很小。直到今天，农村还普遍用草棚子作为田间管护的房屋。而最初的防灾避险的功用，由于板棚等房屋的推行而渐渐淡出人们的视线。

羌区村落的居民往往能以最简单的生活、最原始古朴的生活方式来，赢得生存的主动权，仅举几例：

草鞋是最适用最便宜的鞋子。它的材料主要是当地的一种野生树皮子，或者用玉米苞谷外壳、麻皮、布巾巾等为之。编织草鞋也很简单，熟练者一天可以编织三四双。草鞋的最大优点是轻便适脚，而且由于材质粗糙，防滑性强，是爬山走险路最可靠的鞋子。当地人常说："草鞋不论大小，婆娘不论大小。"指的是草鞋伸缩性强，编织大一点小一点无所谓，都很适脚（当地人称为"巴脚"），很轻巧，适合避难逃灾。

在灾难中，食物短缺是常有的事。岷江上游本来山多地少，土地贫瘠，饥荒之灾是常有的事。当地人为了生存，除了勤耕农田外，不得不寻求野生可食之物，如野菜、野花、野果、野菌，以及通过狩猎获得。

为了应对灾情和战况，当地人制作了很多干粮和吃食。如馍馍、炒面、糌粑、盐菜、酸菜、蒸蒸饭酒、蜂蜜，以及晾干的鹿儿韭、飘带葱、火葱、蒜苗、独活茎、香头苗、野芹菜等，都不需要锅灶烟火，在短暂时间内，非常方便应急灾难，解决口腹之需，用现代时髦的称呼就叫作"快餐食品"。

值得称道的是当地人称为"草荐"的一种床上用品。它是一种用麦秆或芦苇秸秆所编织的一种床垫。它的好处是干爽除湿，而且不择地点，无论是在木板上或者在泥地上，铺上去就可以安枕而卧。"5·12"特大地震时，机关单位逃难的人们为了安宿一夜，火急火燎地四处寻找木板纸箱作床上的铺垫，而大难之时往往一板一木都很金贵，哪里有这些东西？因此许多人只好通宵蹲守熬夜，而山寨村民在最危险的时候都将草荐"救"出来。

灾难和疾病仿佛是一对孪生物。羌区村落社会面对各种伤病，一是依靠"释比"驱邪送鬼，同时依靠羌医羌药予以救治。这些羌医积累了千百年来临床实践经验教训，往往地域特点浓、病情病根熟、救治效果强。羌医往往以家庭为单位传承，具有很强的保密性，有些家庭至今还恪守着秘方传儿不传女的家训。因此，各村寨的羌医都有各自的拿手绝活。例如有的强于牙科，有的优于胃病，有的擅长医治跌打损伤，有的专攻妇科之红崩、白带等等，但是，据笔者了解，羌医更擅长骨伤科，如汶川羌医蔡光正两兄弟，茂县曾爱国、李兴民等等都以接骨损伤之医术闻名于世。

3. 不屈不挠的精神，友善互助以及自尊自重的品德是应对灾难最根本的精神支柱

上述提到的应对灾难的各种措施和办法，更多体现于"技"的层面，但是，不屈不挠的精神，友善互助以及自尊自重的品德，才是他们应对灾难最根本的精神支柱。面对那么多灾难，他们从不屈服，仍然顽强地生活在大山里，以百折不挠的精神重建家园，永远不放弃自己的追求和希望。直到今天，羌族人面对亲人的生离死别都不主张眼泪相向，尤其是男人们面对自己的女人的死亡时，更是羞于在人前落泪。当地人普遍忌讳在别人家里诉苦和掉眼泪，他们认为会把悲伤传给别人，是很不吉利的事。相反，羌族人在丧葬中保留了歌舞的习俗。他们用皮鼓、响器、铁铳（现在的鞭炮）以及举寨人的锅庄，大声地"欧吼"等等，庄重热闹地送行过世之人，仿佛为壮士告别，以迎接新的战斗的人生。

羌区人民认为面对困难人应该振作，应该自救，而不应该哀哀以求。当地人也不喜欢向别人叫苦示弱。听一些老人讲，当年过年吃肉很有限，却要用一块肥肉擦拭铁火圈（或叫三角）。有客人来访，一看到三角油亮亮的，便羡慕主人家有肉吃；还有年节之后，一家人临出门前要用肥肉将嘴唇涂抹得油腻腻的，让别人觉得这家人油荤充足，年过得很好……

羌区社会人与人之间乐于相帮和关爱。前面谈及，当地人忧事不通知别人，这也正好符合他们坚韧自救的精神，社会亲众也不会因为主家未通知而视而不见，充耳不闻。相反，他们会以"他人之苦就是我之苦"的精神前来相帮相救。当地人常说的一句话就是"一家忧事百家忧愁"，一个人或一个家庭乃至一个村落的力量总是有限的，社会相帮的力量是无穷的。有了"一方有难八方支持"的精神和传统，这个族群才是强大而安稳的，也是受到社会尊重的。汶川"5·12"地震发生后，羌区到处山体崩塌、交通阻塞、物资缺乏，而逃难和寻找亲人的人每天川流不息于"成阿""成九"公路沿线。当时最大的困难就是这些流动人口的食宿问题。在这十分危急关头，茂县县城附近的村民挺身而出，煮大锅饭、大锅肉，搭板棚、帐篷，慷慨无偿地向这些难民提供帮助。这些难民与当地村民非亲非故，只因为他们有难，便会尽力帮助。

　　羌区村落社会群体内部的确也存在一些纷争和纠葛，个别甚至还有世代的旧怨恩仇。但是，这个族群历来都是村落大局利益的维护者。当外在的因素（自然或人为的）破坏或侵犯了村落利益，他们就会搁置争议，拧成一股绳，一致对外。个体的我变成了村落的"大我"。他们十分强调"我们村""他们村"，这是一种村落群体自尊、自重、自爱的表现。这里又举一例："5·12"地震时，汶川牛脑寨房屋倒塌，人畜死伤严重，整个村落面临巨大的生存威胁。震后第三天上午，天空上飞来了几架直升机，并空投了帐篷、衣服、棉被和很多干粮，可是，这些空投之物在高山强大的风力影响下，大部分却落在荒林、岩石和沟涧中，只有很少部分才降落在社场和田间。当地村民在悲伤和绝望中看到了党和政府送来的温暖，他们的确太需要这些救命的物资了，但是，他们没有乱拿乱抢，更没有私藏。在当地党员、村干部以及一些老民的组织指挥下，所有空降物——从四面八方收集在社坝里。数天后，当解放军地面部队抵达牛脑寨，通过核对物资时，发现所有空投物一件不少。部队首长很感慨地竖起了大拇指。当地人也觉得自己很有面子，自豪地说："我们牛脑寨人！"

　　灾难是人类的梦魇和魔咒，也是人品人性等方面的试金石。当灾难来临时，我们的确需要及时地竭尽全力找到应对之策。但是那些精神层面的力量，更是应对各种灾难的动力和支撑。羌区村落社会经历数千年的风雨沧桑，至今还岿然挺立，充满生机与活力。在探寻这个民族面对灾难的诸多应对之策时，不屈、互助、自尊等方面的人品、素质绝对是一个不可或缺的重要内容。

四、村落社会与政府机构的灾难应对机制的异同及启示

　　从上述灾难预防、预警以及救灾机制诸方面的表述中可知，羌区村落社会的灾难应对机制，通过数千年的地方性知识积累，发挥了自身非常有效的积极作用，其特点是主动性、灵活性、应变性强。但是毋用讳言，村落社会的灾难应对有其自身的局限性。当灾难范围、时间长度、灾难程度超过地方

社会的应对能力与承载极限性时，其应对机制便无能为力。从汶川"5·12"特大地震的经历，可知与政府机构的灾难应对机制相比，村落社会在此方面的短板与缺失很明显，主要表现在：

第一，羌区传统村落社会面对灾难虽然有一些自发性的民间自治组织，但是这些组织比较松散。政府机构通过正规法律程序所产生的管理机构，从干部素质、管理水平等方面都明显具有优势；再加上从最基层的"两委会"，到乡镇、县、省乃至中央、层层强大的党政机构，为处理大小公益事务，特别是应对各种灾难危机，提供了强大的组织保障。

第二，羌区传统村落社会在生产力低下的历史背景下，在对灾难的认知和应对手段等方面有大量信神信鬼的迷信成分存在，这对防灾减灾客观上造成了不小的阻力和限制。政府机构依托现代科技文明成果，对灾难的预防、预警和恢复重建等方面都有科学全新的理念、方式和手段，显示了前所未有的控制灾情的先进性和优势。

第三，面对巨大的灾难，国家通过法律和政策赋予的职权，可以动员各级政府、社会组织以及国际合作等力量，筹集资金和物资，以强大的物质基础和良好的市场环境，为恢复重建提供经济技术基础和环境。相比而言，村落社会自身毕竟资财有限，特别是面临大灾大难，能够动用的资金财物更是杯水车薪，无济于事。

第四，村落社区比较强调村落利益，地域保守性强，而政府机构能够站在全局的高度应对灾变，谋划未来，具有长远和战略眼光。

总之，政府机构在灾难应对方面相比于村落社会显示出巨大的优势，但是村落社会也有不可小视的长处，两者之间并不是相互排斥相互对立的关系。根据汶川"5·12"特大地震所提供的经验教训来看，二者之间应该相互借鉴、相互补充、互惠共生。

第一，政府机构的管理具有很强的宏观性。组织机构、法律、政策以及方法措施等都不可能包罗万象、万无一失，村落社会在应对灾难上所发挥的作用却体现了非常具体的微观性。可见，二者的结合可以更有效地应对灾难。"5·12"地震时，许多基层组织的负责人因灾情而失联，一时间组织者和主心骨出现空缺。危难中，一些民间组织恢复了往昔的作用。这些事例告诉我们；对于一些民间组织（包括一些传统节日、聚会）应当加以适当保护，引导其依法行使一些社会事务的管理职能。

第二，羌区群众信仰"万物有灵"，敬畏大自然，客观上有保护生态、保护家乡村落的作用，对保护村落资源也有可取之处。新中国成立以后，特别是改革开放以后，国家对土地、山林、矿产等资源的管理都有明确的法律和政策规定，但事实上执行力很不到位。比如，某村山场里有虫草、有森林等，四面八方的人都来采挖、砍伐，这对地域经济和生态都是极为不利的。国家有待从保护生态的战略眼光出发，补充完善相应的政策措施。

第三，国家对防灾减灾以及恢复重建的许多政策、法律，也包括措施、规划和决策等等，总体是可行的，但是有的地方难免存在与具体问题脱节或不太适用的问题。因此，尚有必要适当保留一些"土办法""土措施"，以进一步补充完善政策。举一例子："5·12"地震时，整个岷江上游交通通信彻底中断，当地人就用古老的信息传递方法（如烧烟火等）来相互联络，在短期内确实取得了一定的救灾作用。这些事例提示我们：在国家大规模进行基础设施建设时，传统信息联络方式可否适当保留，并对相关人员进行培训。经验告诉我们，有时候"土办法"往往有意想不到的好效果。毕竟，现代科技也难免有"盲点"。

第四，国家西部大开发的政策和"5·12"地震后恢复重建的举措，让羌区村落真正实现了跨越式发展，但是也存在开发过热和保护不足的问题。村落传统对资源的利用相当保守、谨慎，其合理的内涵，政府机构值得借鉴。

第五，羌区村落是个小社会，但面对灾难，它自身有着比较健全的应对机制，其中优秀的文化是最核心的精神支柱。因此，政府机构有必要进一步保护传统文化，包括宗教的、哲学的、文学的，也包括风俗习惯以及大量的地方性传统知识等，只有这样，才能进一步实现自立、自强，才能更加坚强有力地应对各种灾难和挑战。

五、小结

羌族地区地质与气候的复杂性、脆弱性引起频发的自然灾害，给当地的环境和生业带来巨大的破坏。羌区村落社会用自己独有的视角去认知、解释灾难,不仅不怨天尤人,却常反躬自省,检点责己,力求与大自然和谐相处。他们用"二元对立"的观念解释灾难成因,自强不息,在最艰难危急时也能找到自己生存的希望。

通过灾难的经历,羌区村落社会积累了大量的应对机制,如灾难预防机制、灾难预警机制以及救灾、消解机制等。这些机制与地方性传统知识、传统风俗习惯以及民族精神情怀息息相关。一旦有难,这些机制就迅速启动,最大限度控制灾情,以维持村落社会的平稳运行与发展。在预防机制里,羌区村落社会强调资源界线,其实质是强调"守土有责"。这对环境保护无疑是有价值的。对村落、房屋、建材以及建筑质量等的讲究与坚守,其实是未雨绸缪预防灾难的典型例证。当地人通过对天象变化的观察,通过对一些动物的异常反应的关注,见微知著,总结出灾变前的一些预兆,以此预警。当灾难来临时,羌区村落社会并非一盘散沙,而民间自管管理的诸多方式实现了一定的有序化,亦即在灾难面前实现了"有人做事,有人管事"的局面。羌区村落社会顽强不屈、友爱互助以及自尊自重等精神和品德,是战胜灾难、自保自救最核心的动力。

政府机构与羌区村落在应对灾难方面都有共同目标,各有优长,相比而言,村落社会的灾难应对有其不可回避的局限性,而进一步强化党政领导,进一步实现法律政策保障以及尊重自然、尊重科学等将是村落社会长期的任务。与此同时,政府也得进一步尊重村落传统经验和知识,并应进一步发挥基层民间自我管理的积极性,特别在保护生态、控制过度开发等方面有待借鉴村落传统做法。总之,救灾的经验告诉我们:在灾难应对机制上,政府机构和村落社会不是相互对立排斥的,而是互补共利的共生关系。

(原载于《羌族文学》2018年第2期,总第101期)

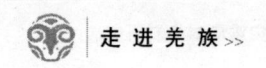

汶川历史文化和汶川精神的现实表达

李道萍　杨国庆

一、汶川精神的内涵、外延及其本质属性

汶川精神是怎样的一种精神？是汶川文化的精神，还是汶川历史的精神？是抗震救灾的精神，还是重建家园的精神？是汶川县人的精神，还是整个中华民族的精神？在当前或者今后一段时间，这些问题都是很有必要弄清楚的。为什么呢？因为2008年5月12日特大地震是以汶川命名的，使得汶川从一个具体的地名上升到了一个抽象的符号，也就是说，"汶川"这个词语在这次旷世灾难之后，既远远超出一个地理地域的基本界定，同时也超出一个行政管辖的基本范畴，升华递进成为举世瞩目的、附加有其他内质的一个特定符号。影响深远的汶川特大地震，历史性地成为人类21世纪初倍受关注的一个世界焦点，与接踵而来的北京29届奥运会、纽约华尔街金融危机一样，不可逆转地成为2008年度牵动全球神经的世界大事。

"汶川精神"就是在这个特定时期体现出来的一种精神。那么，应当怎样来正确理解这个"汶川精神"呢？其实，这是一个客观实际的现实问题，又是一个十分严肃的历史问题。之所以现实，是因为正在经历，正在凝结，正在发生，正在弘扬和书写；之所以是历史，是因为过程与结果一样重要，世界需要最终是好的结果，也是期待的结果，但是，从不忽视过程的曲折和丰富、主要和本质的区别。

对汶川精神的理解，要有一个健康的观念。首先它不是一个狭隘的地方精神，也不是某个人兴之所至或某一些人别有用心的一个称谓。本质上讲，"汶川精神"是整个中华民族精神的一个部分，是当代中国精神的一个组成部分，绝不是一个简简单单的普通名词。

其次，必须明白"汶川精神"的实质是什么，究竟有哪一些具体的所指和确定的含义？"汶川精神"最核心的实质就是人的精神。它是以"5·12"特大地震为前提，以震中"汶川"这个地方词语来命名的一种新的精神，就像绿色有嫩绿、浅绿、深绿、墨绿一样，"汶川精神"也有几种逐步加深的层次，从大的方面说来有3个层面清晰、相互交织影响的含义。第一层含义，也就是"汶川精神"的结点，毫无疑问是汶川人的精神，这种精神不是今天想当然才忽然产生的，而是从五六千年甚至更早以前的旧石器时代英雄祖先开始，在岷江上游的姜维城和营盘山等地逐渐发育、繁衍并且代代传承下来的精神，是开天辟地、战天斗地的精神，是大禹治水"导江岷山"的精神，古蜀人开疆定国的精神，沧海退去成家园的精神，是勇于自救、敢于抗击种种灾难的精神，并且由此扩展开去，是中华大地上整个灾区人民的精神。

第二层含义是"5·12"汶川特大地震之后瞬间凝成的志愿者精神。这是当代中国品质一道最为靓丽的景观，是当代中国人伦理、道德、修养、价值、人性的自觉流露和适时表达。这种精神，一直从震区之外四面八方源源不断地涌来，没有性别、年龄、姓名，没有约定、私心、报酬，唯一目标就是灾区，唯一目的就是救人，唯一选择就是把人间温情亲手交给孤岛绝境中的同胞，将个人利益与生死置之度外。这是何等单纯，又是何等高尚！这是中华民族五千年文明积淀与当代世界文化交流，作用在当代华夏子孙身上的一种热血张扬和自觉放光的精神。

"汶川精神"的第三层含义就是国家精神。这种精神的存在，是以一个民族、一个国家脱离别的民族和国家的殖民和奴役而独立于世界的一种主张和反映。国家精神在中国，即中华民族的精神，是中国共产党领导下的民族精神。这种精神集中体现了五十六个民族的发展意志和前进选择。历史证明，没有共产党就没有新中国，是无数智慧勇敢的中国人民用鲜血和生命浇灌和呵护完成的革命真理。在这个政党的坚强领导下，战无不胜的中国军人在第一时间出现在"5·12"汶川特大地震现场。那时的天空还很昏暗,那时的余震和次生灾害正在此起彼伏交替发生,大地动荡不安中的受灾群众与当地党政一道正在咬紧牙关奋力自救。中国军人和全国各族人民,在党中央和国务院的统一部署和指挥下,万众一心,众志成城,勇敢抗震救灾,昼夜不息,终于夺取举世震撼的伟大胜利,书写出人类历史上成功抗击自然灾害的崭新篇章。

这就是"汶川精神"。从时态和内容上来看,"汶川精神"还应该包括两个方面的内容,一是抗震救灾的精神,二是灾后恢复重建的精神。灾后恢复重建的主体是灾区每一个乡镇、每一个行政村,另一个主体是对口援建的省市,双方心心相连,携手建设美好和谐魅力新家园。这两方面内容,在本质上,共同阐释着汶川精神横空出世、非同凡响的中国品质。"5·12"特大地震的震中汶川与其他震区一样,是受难不幸的,然而在中国社会主义制度"一方有难,八方支援"的救助和援建思想之下,各个重灾区千家万户又是三生有幸的,除了及时得到生命的营救之外,还得到世上罕见的心理营救和人性关爱。因此,汶川精神不仅是一个地方一个时期的特定表现,而且是一个国家着眼长远、平衡发展的综合体现。一些国家在人道主义的旗帜之下,也许可以实现抗震救灾,但是,将灾后物质家园和精神家园的恢复重建与抗震救灾融为一体,是难以做到的。

"汶川精神"的出现,绝不是时代偶然,而是历史必然,是改革开放30年之后,中华民族精神在重大灾难面前的又一次提升和演绎,是当代中国人精神财富的一种自然凝结和释放。"汶川精神"在全世界,也只有在中国才能获得如此具体、充分的体现和传递。可以说,这种宝贵的"汶川精神",预示着中国未来的方向是正确的、明朗的,也是不可阻拦的。

二、汶川历史文化的时间空间分布

"汶川"这个名称的出现,远不止是新中国成立以后的一个行政区划名称。从中华典籍和相关碑刻中,可以清晰地看见"汶川"这个词已有近2000年的历史了。荡开文字继续向前,深埋在汶川山水土地中的文物和文化积淀层，都会清晰地演绎汶川历史的真实。因此，以汶川时间、汶川地理、汶川文物、汶川遗迹、汶川变迁等为时间空间的经纬，去认识汶川历史文化的具体分布及其特征，在今天尤为重要。

汶川历史时间空间分布的层次。第一层，"汶川县"称谓可追溯到南北朝时期梁代，即公元502年，使用至今已有1500多年的历史，其间虽有辖治变更、县治迁移，但名称沿用至今。第二层，再次出现"汶川"一词是在东汉初年，距今也有1800多年的历史了，即2004年3月三峡电站建设中考古队在重庆发掘出土的《汉巴郡朐忍令景云碑》记载"术禹石纽，汶川之会"，这是已知史料对汶川的最早记述。第三层，汉武帝元鼎六年（前111年），从设置汶山郡算起，汶川建制的历史已有2000多年了。第四层，秦朝蜀郡湔氐道，在今威州古城坪，即三国后称姜维城。第五层，战国时期石棺葬。第六层，大禹传说及大禹遗迹。第七层，新石器时代的文物。

这些时间空间的存在，都有相应的地理、文物和遗迹一一对应。这里，以新石器时代为例来说明。在海拔1400米到2100米之间的汶川大地上，沿岷江及其支流的台地上，广泛分布着新石器时代古文化遗址，除姜维城古文化遗址外，比较典型的还有阿尔新石器时代、西周至汉代遗址，文化堆积厚度约0.4米，土色黄褐，土质疏松，包含物有红烧土、炭屑等，出土有青铜罍、山字格青铜剑、夹砂陶片等。石狮子、崖边新石器时代遗址，在威州镇增坡村，岷江二级台地上，土色黄色，土质疏松，有少量夹砂红陶出土，采集有磨制石器（窖藏）、陶片残片、夹砂陶片。布瓦、龙山新石器时代遗址在威州镇布瓦村，杂谷脑河三级台地，台地发育较好，土色浅黄，土质疏松，采集到陶片、红烧地块、炭屑、泥质红陶钵、小平底罐。簇头新石器时代遗址在绵虒镇羌峰村，坡度较大，层次可分为黄褐色土、黑炭土、褐土三层，均夹有红烧土颗粒，采集有磨制石斧、喇叭形花边口沿陶片、附加堆布纹陶片、穿孔陶片。四角地新石器时代遗址，在威州镇秉里村，第一层为灰土层，第二层为红褐色土，第三层为灰屑层，底部有石垒房基，之上叠压着汉代堆积，出土有方格纹陶片，两层文化层平铺叠压，其他为灰土堆积灰坑或墓葬，附近草坪坪、紫果坪、坟后头新石器时代遗址，同属这个村庄。高坎新石器时代遗址，在绵虒镇板子沟村，岷江二级台地，台地发育较好，有石棺葬，土质疏松，土色灰褐，采集有附加堆纹陶片、弦纹陶片、花边口沿陶片。器型有绳纹压印花边口罐、喇叭口高领罐。龙溪村、布兰村新石器时代遗址，在龙溪乡龙溪村，巴夺沟三级台地，有文化堆积土色黄褐，采集有夹砂红陶小口罐、灰陶罐残片。后寨新石器时代遗址在雁门乡芤山村，岷江二级台地，采集有夹砂褐陶片。

这些古文化遗址与其后历代变迁所遗存传播下来的历史文化，在汶川县域中的乡镇村彼此呼应，相互印证，以物质非物质的方式，在时间空间上始终保持着连续性、相融性，客观地反映出汶川历史文化的丰富性、多样性、典型性，同时呈现出从高海拔向低海拔、从山野到谷底的转移和变迁。踩着秦汉时期及其前后的丝绸之路，经过魏晋三国唐宋元，直到明清改土归流的茶马古道，再到民国和新中国成立之后，没有一处地方没有相应的历史文化的鲜活记忆得以存留延续。这些层次清晰、内容丰富的历史文化资源的存在，为汶川灾后恢复重建的文化传承和物质表达赋予和提供了千年一遇的历史契机。

三、灾后恢复重建中的汶川物质表达

汶川，大禹故里，熊猫家园，一个贯穿古今的名字，一片神秘古老的大地，一处值得称颂挚爱的家园，4084平方公里的土地上，羌藏汉回各族儿女生生不息，因为2008年5月里氏8.0级特大地震受难而得到国际国内热切关注和帮助，成为举世瞩目的崭新舞台、中国社会主义国家崭新的"三基地一窗口"。按照《国务院关于印发汶川地震灾后恢复重建总体规划的通知》，汶川县震后恢复重建遵守《汶川地震灾后恢复重建总体规划》中"总体要求"中"基本原则"的第七条"传承文化，保护生态。要保护和传承优秀的民族传统文化，保护具有历史价值和少数民族特色的建筑物、构筑物和历史建筑，保持城镇和乡村传统风貌。避开自然保护区、历史文化古迹、水源保护地以及震后形成的有保留价值的新景观。同步规划建设环保设施。"第八条"因地制宜，分步实施。要从当地实际情况出发进行恢复重建，充分考虑经济、社会、文化、自然和民族等各方面因素，合理确定重建方式、优先领域和建设

时序。要统筹安排、保证重点、兼顾一般，有计划、分步骤地推进恢复重建。"在此历史关头，汶川县在恢复重建中充分体现了汶川历史文化、世界文明、国家意志、汶川精神等精神文化的传承发展，同时，在物质层面建设上取得了引人瞩目的伟大成就。

首先，将优秀的历史文化资源和汶川精神纳入科学规划的13个乡镇定位之中，威州镇为"世界汶川，中国羌城"，绵虒镇为"大禹故里，三官绵虒"，映秀镇为"世界汶川，天地映秀"，龙溪乡为"释比发源地，神秘羌人谷"，克枯乡为"汶川西大门，威州卫星城"，草坡乡为"花谷藏香，绿色草坡"，雁门乡为"羌王遗都，书香雁门"，三江乡为"水乡藏寨，梦幻三江"，水磨镇为"世界汶川，水墨桃源"，银杏乡为"藏羌驿站，魅力银杏"，漩口镇为"博爱新镇，山城漩口"，卧龙镇为"世界遗产，熊猫之乡"，耿达镇为"生态熊猫家园，休闲宜居新镇"。

其次，在科学重建中，将历史文化和汶川精神集中注入汶川县城威州镇形象中。2000年3月，四川省人民政府将汶川县城列为省级历史文化名城，2008年11月，文化部公布实施羌族文化生态保护实验区，威州镇是这一实验区的核心区的一个结点，在恢复重建思路和实际规划建设中，都将羌族文化精神元素和现实生活场景一并纳入，活态而优美地展示着"世界汶川，中国羌城"的独特魅力。威州镇岷江东岸是汶川城市地标建筑群的重要地段，为第一建筑群体，中轴线从岷江大桥进入老城区入口片区，以羌族风格布局为建筑风貌，突出羌居、羌街、羌餐、羌绣、羌物特色，为第二建筑群体，具备水寨文化特点的西羌文化街，是县城民族民俗文化的地标性街区，为第三建筑群体，汶川体育馆、新汶川大酒店、汶川行政中心，通过青年广场（避灾广场）和谐连接，交相辉映，为第四建筑群体。而汶川一中、汶川一小、汶川二小、汶川博物馆为社会事业展示体系，都具有中国羌城的地标代表性，在汶川恢复重建中都占据重要位置。整个县城，尤其注重山、城、路、水、园等空间形态的和谐呼应，恢复重建南沟南门建设，凸显"三国姜维故垒，唐宋茶马名城"的历史底蕴，彰显三国文化，打造主题文化广场，开展主题文化活动，使整个县城生活既具有羌族文化氛围又具有当代中国风尚。

第三，让优秀古老的羌族文化在山水中继续凝聚，应时崛起，以龙溪乡民俗博览馆为例。龙溪乡被誉为羌人谷，是羌族聚居区，世代居住着羌民族。千百年来，龙溪一直是古羌冉䮾部落的繁衍生息之地。唐朝天宝元年置郡，乾元元年，改为霸州（《旧唐书·志第二十一地理四》），"宋改亨州，又改霸州，故治在今四川理番县东南新保关西北"（《中国古代地名大辞典》）。明代设堡，清朝为理番中三枯辖地。龙溪羌族语言属羌语南部方言，与其他羌语土语相比，有诸多特色。羌人谷民俗文化博览馆由羌家民居、民俗大观、龙溪资源、中国羌绣、农耕文化等五个部分组成，集中展现了羌人谷绚丽多姿的风土人情、人文景观、自然风光、物产资源，让羌族人文山水风采在这里得到延续和展示。大门外观以羌族民居石墙为特色，为大气的木门，装以羌族独有的木锁，门左侧立一尊"泰山石敢当"。综合厅以羌族碉楼建筑艺术和羌族释比图经为主体，兼以羌绣、羌族石砌工艺等民族元素，通过图片展板和实物，展现出羌族宗教信仰、婚姻丧葬、羌族悠久的历史，地面用当地实木和青石板镶嵌。羌绣厅厅顶铺满实木楼板，地面同样为实木和青石板相间，四周用实木框做展台，大量实物辅以少量图片，展示羌族刺绣和织布技艺。自然资源厅用大量实物标本和图片表现龙溪乡丰富的自然资源。羌家民居由堂屋、火塘、卧室和工具室组成，顶铺实木楼板，地面同为实木和青石板相间，堂屋中间两根圆木立柱为中柱，柱上挂生活物件，当中一个方桌、四个长木凳。火塘摆放古老的铁三脚，正对火塘的靠墙设神龛。火塘另一半为厨房，即灶房，砌老式"抱鸡婆"灶台，墙上有一尊羊神位。卧室为夫妻共居，有老式大花床、万字格衣柜、素衣柜、连二柜、木箱、首饰盒等物，并置竹篼数个，正对花床是睡凳，靠窗处有书桌。工具室内搭有农具架，上面能挂锄具、斧头及老式火枪。靠堂屋的板壁还有刀具架，插套刀具，下方和左右有犁头、背篼、风车、蜂罩等生产生活用具。

根据国家文物保护的法规和相关政策，汶川对县境内文物保护进行分类，展示了汶川灾后恢复重建人居家园和精神家园的新形象，深入挖掘了汶川悠远的华夏历史文脉与深厚的华夏文化底蕴，打造大禹故里。据《史记》记载"禹生于西羌"，东汉熹平二年（173年）《汉巴郡朐忍令景云碑》，碑文隶书洋洋数百字，历千余年仍完好，当中明确记载"术禹石纽，汶川之会"。唐代诗人杜甫在游历岷江上游时，在绵虒古镇禹王庙中留诗一首："禹庙空山里，秋风落日斜。荒庭垂橘柚，古屋画龙蛇。云气生虚壁，江声走白沙。早知乘四载，疏凿控三巴。"《益州记》记载："石纽村者，今其地名刳儿坪，坪上原有禹王庙，社稷坛，今已颓毁"，现在依然存留有遗址。飞沙关口绝壁上刻有"石纽山"三个大字，长1.6米，宽0.6米，字体苍劲古朴，虽经地震蹂躏而保持完好，仿佛神助。县城威州镇南门入口处，树立着高大巍峨的青铜大禹像，旁边是大禹广场。焕然一新的汶川县城设置了三个避灾场所。一个是体育广场，这是一个现代而具有民族特色的广场。"5·12"地震时，这里是汶川县城内最大的一片开阔地，抗震救灾临时指挥部就设在这里。第二个是汶川文化广场，在县城中轴线上的校场街，占地约10亩，背后就是设计独特且极为醒目的汶川博物馆。第三个就是锅庄广场。整个县城重建的格局就是以三个避灾场所为中心。

  从成都逆岷江而上，在进入汶川县城的路口，标志性人文景观是一座巨型的大禹塑像，大禹披蓑戴笠，扶锸撑腰，放眼山水。这是由广州雕塑院副院长许鸿飞设计制作的，高16米，宽12米，由纯铜铸造，重28吨，历时5个多月完成。大禹是华夏民族的祖先，汶川是大禹故里，大禹雕塑的落成不仅仅是为了追溯历史，更重要的是激励汶川人民延续大禹精神，重建美好新家园。旁边的穗威大桥是汶川县城第二个标志性建筑。这座大桥总造价为6500万元，融合众多高科技。首先是立于岷江河心的大桥主座选用了新型橡胶支座隔震，该技术是广州大学周福霖院士的科研项目成果，首次使用在桥梁上，对隔震、抗震、保护桥梁将起到很好的作用。其次，为了表达连心桥的寓意，以广州简称"穗"、威州镇简称"威"为大桥命名，还在桥栏上雕刻了云朵和木棉花图案。云朵表达了羌族是云朵上的民族之意，木棉花则是广州市花。这些都是广州人千里驰援的伟业，也是两地友谊的见证。

  绵虒镇的灾后恢复重建，凭借国道213线穿越石纽山和古绵虒镇的交通优势，重点建设绵虒古镇和三官庙村，在策略上以"建筑为形，文化为魂"，建设发展大禹文化旅游区。以岷江河谷为主线，恢复重建飞沙关、禹帝祭坛、刳儿坪、绵虒古城、里坪、三官庙等区域，总面积约4.18平方公里。在指导思想和原则上，确立"留古意，树权威，立宝物，搞活动，说故事，做衍生"，努力创建国家 4A 级文化旅游景区，总体实现"大禹故里，三官绵虒"的城镇文化立意。

在石纽山脚下，建立中国第一个大禹祭坛。这个祭坛从岷江东岸，依山而建，是大禹文化、大禹精神的体验地。修复从祭坛到石纽山刳儿坪的盘山古道，为世人体验观赏刳儿坪石刻提供标示牌、行走路线和休息亭阁，满足世人追寻"人文先祖功盖千秋，立国治水，功高德厚"的中华文明情思，胸怀大禹之德，心颂大禹之功。而在镇内，修复绵虒古城城门、城墙、文庙和老街民居，修建大禹广场文化公园。公园面积约 3600 平方米，地面为禹贡九州图，在城门与广场之间新塑大禹铜像，与大禹祭坛九州帝王青铜像、县城治水英雄青铜像相呼应，共同形成大禹文化核心区标志性的大禹精神形象。

第四，将当代优秀的援建精神以具体的广场、桥梁、道路、楼所、园林、碑刻等方式物化，呈现出代代铭记传承援建精神的具体可观的新铸形象。根据 2008 年 6 月 11 日国务院办公厅公布的《汶川地震灾后恢复重建对口支援方案》，广东省对口援建汶川县。2008 年 7 月 24 日，出台《广东省对口支援地震灾区恢复重建工作方案》，由 13 个市对口援建汶川县 13 个乡镇：广州市对威州镇，佛山市对水磨镇，东莞市对映秀镇，中山市对漩口镇，珠海市对绵虒镇，江门市对雁门乡，惠州市对三江乡，汕头市对草坡乡，湛江市对龙溪乡，肇庆市对克枯乡，茂名市对银杏乡，揭阳市对卧龙镇，潮州市对耿达乡。2008 年 8 月 7 日，广东省对口援建汶川县工作组进驻县城威州镇，正式启动援建工作。改革开放初期，广东人以"广东效率"和"广东速度"唱响全国；在震中汶川恢复重建中，他们同样以"广东效率"和"广东速度"创造着"汶川奇迹"，生动诠释了社会主义制度可以集中力量办大事、破难事的实践真理。在汶川大地上，每一个乡镇都受到了广东省市的对口援建，因此不同程度都留下了崭新的精神文化标志性形象，碑刻是其中之一。每一处碑刻都是对每一个崭新世界的讴歌和书写，每一处碑刻犹如大地上高声朗诵的诗篇：威州镇的广东援建汶川纪念碑、映秀镇的汶川青少年活动中心碑刻、绵虒镇的珠海市对口援建绵虒石刻、水磨镇的水磨羌城陶瓷碑刻、绵虒镇高店子大禹祭坛的景云碑、威州镇堡子关桥头的"红军桥志"碑刻、映秀镇遗址公园的东莞援建碑、龙溪乡羌人谷文化活动中心的湛江援建浮雕、草坡乡的草坡乡重建石刻、雁门乡汶川中学大门内壁援建汶川一中竣工碑、威州镇校场坝汶川博物馆前的广州对口援建威州碑刻，等等。

在县城威州镇有横跨岷江的穗威大桥、两江汇流堡子关的广州亭，在震中映秀镇有莞香广场、东莞大道，在水磨镇有禅城桥、佛山广场、佛山陶瓷碑刻、岭南文化墙，在三江镇有惠州公园，其大门第一楹联为："飞鹅盘龙，天涯芳邻，重建家园，深谋远虑，一载成功，迎来大地回春；惠州三江，海内知己，酣战震灾，保境安民，三年重任，期盼东风送暖。"第二联为："园中草木护白鸽；江上山村育国宝。"园内匾额为"五龙护宝"，第一楹联为："天经地纬书远古雄史，智水仁山抒今朝豪情。"第二联为："山谷序主人起舞客高歌，水云乡烟雨偏晴晴宜好。"都温情记忆了援建的艰辛、奉献与成就，让人们感受到援建精神与国家意志、社会主义制度的优越性。

四、重建和发展振兴中的汶川精神表达

在灾后恢复重建中，汶川始终坚持保护和弘扬汶川文化和民族文化的原则，创作出一批影视、音乐、舞剧、文学、摄影、民俗艺术等多方面的作品，展现了有着特殊意义的汶川精神。

在汶川精神文化重建和发展振兴的表达中，首先是国家意志精神和国家制度优越性的书写和展示，这就是"三基地一窗口"。它指把重建后的灾区建设成为爱国主义教育基地、社会主义核心价值体系教育基地、民族团结进步教育基地和展示中国发展模式、发展道路勃勃生机的窗口。"没有共产党就没有新中国，只有社会主义能够救中国。""举全国之力办大事。""一方有难，八方支援。"都生动表现在汶川13个乡镇118个行政村的恢复重建之中，尤其在县城威州镇和震中映秀镇。在映秀镇漩口中学遗址上的漩口中学遗址纪念碑和绵虒镇高店子大禹祭坛的《大禹颂》碑刻，最能代表汶川精神本质。其碑刻内容分别为："2008年5月12日14时28分，我国发生了以四川汶川为震中的特大地震。这是新中国成立以来破坏性最强、波及范围最广、救灾难度最大的一次地震，震级达里氏8级，造成巨大人员伤亡和财产损失。//地震发生后，在以胡锦涛同志为总书记的党中央坚强领导下，全党全军全国

各族人民万众一心、众志成城,迅速展开了气壮山河的抗震救灾工作。抗震救灾期间,香港同胞、澳门同胞、台湾同胞以及海外华侨华人踊跃为灾区提供援助,许多国家和国际组织以各种方式给予宝贵支持。//沧海横流,方显英雄本色。中国人民以无所畏惧的英雄气概、团结一致的强大力量、可歌可泣的伟大壮举,夺取了抗震救灾斗争的重大胜利,谱写了中华民族发展史上新的壮丽诗篇!""大哉神禹,千秋仪型。身执耒耜,首戴笠铃。云水襟怀,天地立心,峨冠伟岸,生民立命。字曰高密,睿圣哲人,华夏初祖,九州同钦。//伟哉禹功,地平天成。洪水滔滔,焦思劳身。巉尧述舜,导东人居,顺天之道,应民之心。东别为沱,推及九河,九州治东,始自岷汶。江淮四渎,朝宗于海,山河一统,水生文明。中华文明,满天星斗,禹启儒源,洪范五行。物孚民生,福赐至今,生态赖水,兴废由人。孔子箴言,尤应记取:微禹微禹,吾其鱼乎?//圣哉禹政,华夏国则,民惟邦本,本固邦宁。忧民之忧,民忧其忧,乐民之乐,民乐其乐。禹谟垂范,公忠国格,纲纪初定,制度初设。画别九州,任土作贡,赤县攸同,四隩既宅。致慎财赋,初立国本,德政礼刑,国基初则。言行忠信,博爱谓仁,惩恶扬善,扶正祛邪。小康大同,待望于民,铸金九鼎,国宝国运。华夏立国,固若金汤,历五千载,与时俱进。天地同寿,日月齐恒,数典肇祖,随公景公。//吾颂大禹,兴于西羌。皇帝宗孙,江源之胤。华者花也,夏者大也,夏后华族,晟于禹禘。西兴东渐,中原凝聚,世界之林,傲然屹立。天地氤氲,万物化醇,长江黄河,五岳昆仑。华夏儿女,炎黄子孙,尧都舜壤,神禹是魂。大美中国,人文化成,民族大爱,四海同根。生民以来,功莫先者,千秋铭记,唯禹是瞻。"

可以说,在科学重建中,文化重建与物质重建同等重要。"加强文化建设、实现文化兴县"是汶川恢复重建的一个指导思想,从三方面强调:一是认识文化,要从灾后科学重建需要文化为魂、需要文化聚力、需要文化调控、需要文化点睛。重视文化建设就是凝聚文化的力量,要为汶川注入新生的灵魂;二是认清文化。要从积极保护羌禹文化、大力弘扬感恩文化、深入挖掘农耕文化、切实培育企业文化、精心打造旅游文化、高度重视建筑文化方面,加强文化建设,打造文"化"汶川,着力发展六大特色文化;三是活跃文化。

要从加大文化投入，夯实文化阵地链；共享文化资源，形成文化生活链；激活文化资源，串接文化产业链；挖掘文化底蕴，打造文化保护链；加强队伍建设，筑牢文化传播链。加强文化建设，实施文化兴县。

站在人类文明的高度、祖国的高度、时代的高度，确立汶川的品质。从高处看汶川在历史长河中的过去、现在、未来，从而提炼出文字精练、内涵深刻的文化精髓。广东对口援建汶川的成就和功勋，在汶川博物馆以一幅书法《岷江放歌》得以铭记："两年光阴一瞬间，汶川已换新容颜。岷江滔滔奔腾急，听我放歌援建篇。映秀重建由东莞，水磨图画自佛山。广州威州手牵手，江门雁门肩并肩。汕头浇水草坡绿，茂名培土银杏鲜。更喜克枯吐新蕊，全凭肇庆引甘泉。惠州潮涌三江岸，揭阳光照卧龙岭。中山漩口花并蒂，湛江龙溪人同源。绵虒小镇珠海建，大禹巍然耸云端。潮州工艺耿达现，熊猫宝贝喜乔迁。艳阳高照新汶川，五星红旗映蓝天。华灯初放威州镇，锅庄广场舞翩跹。羌藏汉，同辛甜，羌红哈达挂胸前。粤川兄弟团结紧，共建美好新家园。五加二，白加黑，广东精神处处传。千里岷江流不断，援建赞歌唱不完。"

汶川文化重建与物质重建同步，还表现在对于民族文化元素的借鉴和吸收上，展现在主体建筑的定位，文化馆场的建设，文学杂志的出版，文化研究机构的成立，文化节的举办，文化书籍的编写出版以及文化节目的慰问演出方面。在文本文化建设上，尤其以文学、诗歌、散文、书画、美术等形式，充分体现了汶川灾后恢复重建所取得的巨大成果。《震前汶川100个经典记忆》《震中汶川100个惊心动魄》《震后汶川100个精美画卷》三本书共同构成汶川精神文化重建的一个独立体系。众所周知，汶川灾后恢复重建是国家的一个伟大行动，震后汶川自强不息，开拓进取，铭恩奋进，从而取得了举世瞩目的辉煌成就。尤其是第三本书，图文并茂地再现了在党中央、国务院的亲切关怀下，在各级党和政府的坚强领导下，全国人民万众一心、众志成城战胜自然灾害的英雄事迹，再现了在特大自然灾害面前中国人民不怕牺牲、不怕困难的精神和战胜困难的坚强决心与信心，弘扬了伟大抗震救灾精神，再现了在改革开放的今天，以人为本的人本理念，人间关爱的真情，军民团结的鱼水之情。

中国作家协会 2008 年度重点扶持作品——《汶川之歌》，出版为长诗《汶川羌》，将汶川和羌族的历史文化第一次以诗歌的形式展示在世人面前，在 2010 年全国第 20 届书博会上，四川省委宣传部、省作协、四川出版集团、新华文轩联合举办隆重首发仪式。专家评审时认为，"在汶川作者杨国庆（笔名羊子）眼中，汶川是一片神秘古老的大地，有着丰富独特而耐人寻味的文化底蕴和历史资源。'5·12'特大地震发生后，世界仅仅知道了灾难的汶川，对古老而现代的汶川缺乏了解和认识。他的长诗《汶川之歌》将对汶川精神属于人类精神范畴进行形象、鲜明、具体、生动、深层的抒写和思考，让世界通过诗人的视角和情思，看见汶川特别的美，欣赏汶川永恒的歌。作品以'我'为抒情主体，立足当代，抒写岁月天空下汶川社会和自然的生态，揭示出汶川山河给予这片土地上的人们苦难与幸福、自足与奋进，并将古蜀文明与岷江文明有机地结合起来，让世界的目光走进汶川，走进岷江上游，认识社会发展的一种步伐。"

四川省新闻出版局启动灾后恢复重建农家书屋项目以来，先后为汶川县农村配送了一定数量的图书、光碟、杂志、书架等。为进切实推动农村基层文化建设，丰富广大农民群众的文化生活，使人民群众基本文化权益得到更好保障，汶川县图书馆干部职工，以感恩、报恩之心，全心全意为全县乡村农家书屋的规范化建设服好务，主动到已经建好公共活动中心的村，帮助建设农家书屋，将图书进行逐册分类、排架、标架、上架，并对村图书管理员进行业务指导。截至目前，汶川县已完成了威州镇秉里村，雁门乡萝卜寨村，绵虒镇三官庙村、绵丰村、板子沟村，银杏乡东界脑村、兴文坪村，映秀镇老街村，漩口镇集中村、蔡家杠村、红福山村、水田坪村，水磨镇衔凤岩村、老人村，三江乡麻柳村等 15 个村和水磨镇 1 个社区农家书屋的规范化建设。

汶川不止存在于今天，姜维城、布瓦村、秉里村、阿尔村、簇头村、芤山村、龙溪村等所在地的古代遗迹告诉我们，五六千年前，从新石器时代开始，汶川人一代代开拓，一代代推进，汶川一直就是人类生存的一个重要家园。今天汶川是过去汶川的传承和延续，必须在时间上、空间上、文化上、生命理想上进行对接、传递、延伸、拓展、上升、递进。因地理、气候、人口、经济、交通、交际、风俗、素质等诸多因素，汶川县城在历史上没有形成属于自己的鲜明的城市文化形象和精神标记。迄今,县城已完成精神再聚和形象再塑。

民族文化中的羌绣获得前所未有的关注。羌族妇女们把自己打扮得像桃花般美丽,借以表达心中的喜悦奔放之情。绣在领口、袖口、衣襟、肩背等处的花纹,是生活在大山深处的羌女长期与大自然和谐相处,崇拜大自然、敬畏大自然,从大自然中提炼出来的结果。刺绣的图案寓意深刻:牡丹象征幸福,瓜果、粮食象征丰收,鸟巢象征喜庆,狮、猫象征欢乐,鱼、龙象征吉祥……刺绣的针法花纹繁多:团团花、火盆花、灯笼花、方格子、万字格、八瓣花、蛾蛾戏花、云云花、缸体边表达着团花似锦、鱼水和谐、绵绵瓜瓞等美好心意。这些刺绣品是羌族青年男女的定情信物,也是独具羌族特色的艺术品。

影视剧出现了电影《欢迎你到阿尔村》,电视剧《汶川儿女》,大型舞台剧有《大爱汶川》,音乐作品有《多谢你》《映秀花开》《东门开》《云朵上的那喷喷》等等,将汶川历史文化及大禹精神传承下去,深受群众喜爱,成为汶川精神重建的巨大成就。大禹祭坛、汶川博物馆、龙溪羌文化民俗馆、映秀地震博物馆、汶川青少年活动中心等物质空间中,多姿多彩多样式的实物和图文得以完整展示,彼此呼应,层次有序,这是汶川上下在全国人民的大力支持和期待信任下,众志成城,攻坚克难取得的历史性成就,值得代代弘扬,代代铭记。

结语

本文侧重研究汶川历史文化与汶川精神在现实社会中的有机结合,在充分挖掘汶川社会发展一定是建立在优秀的历史文化与伟大的时代精神相融前提下,进行科学有效地开拓创新,从而准确把握汶川灾后恢复重建在当代及今后一段时期的重要地位和巨大显著的促进作用。在汶川特大地震后,以本土的立场和视角,去关注和建构属于汶川品质的文化研究,有助于发挥文化创新,为中华民族伟大复兴做出地方贡献。

(原载于《羌族文学》2020年第4期,总第111期)

参考文献

[1] 曹顺庆. 中外文化与文论. 18 [M]，成都：四川大学出版社，2009.8.

[2] 张曦. 持颠扶危——羌族文化灾后重建省思 [M]，北京：中央民族大学出版社，2009.9.

[3] 羊子. 岷山滋养：一个真实的汶川 [M]，北京：团结出版社，2017.12.

[4] 中共汶川县委宣传部、汶川县文化体育局. 震后汶川100个精美画卷 [M]，成都，四川民族出版社，2011.7.

[5] 王颖杰. 释舞说禹 [M]，北京：光明出版社，2012.7.

[6] 羊子.《汶川年代：生长在昆仑》[M]，中国少数民族文学发展工程出版扶持专项丛书，北京：团结出版社，2017.12.

羌族最基本的几个问题

杨国庆　李道萍

引子

我预备进入这个民族,也就是说我即将完全地感受和表达这个民族曾经或者现在的辉煌与痛楚,梦想与沦陷。

我,只是这个民族硕大机体中的一个细胞,一个可以言语自如的真实的细胞。从这个现实的个体生命所蕴含的信息和所散发的气息,同时代的或后时代的眼睛、心魂和思想,都可以不同程度地去接近这个磅礴而缥缈的远古族群。

这个民族,有一个从甲骨文开始的名字——羌。因为中央集权的地理位置,沿途的典籍大都将其地理方位与种族合二为一——称其为西羌,今天则名之曰羌族,被称作华夏大地上五十六个民族之一,由此而产生了诸如历史的、伦理的、文化的、民俗的、民族的、宗教的等等关乎炎黄子孙源流支派问题的有意无意的混淆,甚至颠倒。

正本清源是学术的使命和本意。多少严谨的考古学家、民族学家、历史学家、宗教学家、文学家,几乎都在皓首穷经、兢兢业业、脚踏实地、实事求是地解读历史文化的积淀,抨击并且纠正那些无意的谬传与故意的曲解,还历史文化以客观的本来面目。这些人格高伟、灵魂洁净、硕果累累的知识分子,需要付出多么巨大的勇力与坚贞,去撕破一层层笼罩在生命之中的有形与无形的诸多蛛网。令人类欣喜的是,正因为他们的坚守与拼搏,许多文

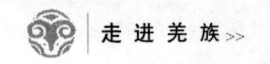

化本体渐渐得到恢复，建设和归位，虽然其间的时间和空间还显得如此漫长、痛苦、坎坷，乃至绝望。但是，他们别无选择。

"羌"是地名，还是族名？

在现在的书籍中，普遍认为，羌是一个族名，最规范的莫过于商务印书馆出版发行近200次的《新华字典》附录部分中《我国少数民族简表》的记载，民族名称：羌（qiāng）族，主要分布地区：四川。应该说，这是一种比较准确的民族定位了。

除此之外，凡是涉及与此民族有关的书籍和论文中，莫不把"羌"作为一个民族——中国一个少数民族来看待，尤其是在谈论到这个民族历史文化的渊源与发展，这个民族与其他众多族群有着源流关系的时候，没有一个反对过这样的一种客观定位。

然而，在当前现实生活中，因为研究者、学者、民族学家、读者等较过去对这个民族产生了较大研究、阅读兴趣的时候，这个民族本身的悠远灿烂和当前现实的狭小紧促，让一部分人产生了相当大的怀疑，甚至否定和反对，说"羌"是一个地域相当广泛的地名，今天的羌族并非古代的"羌"，古代的"羌"是一个泛指概念，今天的羌族是一个具体的民族称谓，它们之间存在着很大的区别，在言论上分割着古羌与现代羌族的一脉相承的关系。由此，便引发出了我作为一个后学的这么一次认真的思索和表达。

习惯成自然。一旦我们个体或者群体的认知世界确认了的事件，经过了时间空间和文化的大浪淘沙而没有抛弃的，绝大多数时候，便没有人会去怀疑和反思。如果真是要那么去做，无非有两个目的，一是出于思想家的职责，正本清源，纠正习惯性的谬误，还事实以本来面目；一是好事者的动机，在于混淆视听，干扰现实中的秩序，以期达到不可告人的目的。

对于"羌"，我是严肃的，科学的，认真的，因为父母和祖先的身体里流淌着这个种族的血液，因而，我对这个民族有着无法割舍的情怀，责无旁贷的传承，义不容辞的担当。但是，我的第一要务，是平心静气地埋下头来，抛开固有见识，仔细去看清自身族群的来龙去脉。

首先，我看见了学术界已经形成的一个共同定论。掐指算来，学术研究的目光进入这个民族的领域，与华夏大地上多数种族一样，是近现代以来的事情了。早先主要的研究专家有章炳麟、马长寿，美国博士葛维汉，英国传教士托马斯·陶然士等。而重大研究成果的取得是在当代，以费孝通、任乃强、冉光荣、李绍明、孙宏开等教授为代表。"羌，又称西羌，是古代我国西部历史悠久、分布广泛、影响深远的一个少数民族。"有的专家为了稳定的需要，采用了这样一种陈述："羌族是祖国大家庭中历史悠久的兄弟民族之一。"态度中和，感情充沛，叙写客观明确，符合社会稳定和健康发展。如果实际需要，还可以明确地说，羌族是中国当前五十六个民族之一。然而，这个民族历史到底有多么悠久呢？最早的汉字样式——三千多年前的甲骨文中就有关"羌"的明确记载，但是因为商代文字记录者的需要，没有像今人渴望的那样见到"羌"的主要活动方式、活动范围，即使这样，我们也不难推导出在这些文字产生之前，"羌"作为一个明显古老的族种，就更早更广泛地生存、活动、繁衍着，这个民族的影响深远也就不足为奇了。民族文化专家何光岳先生在其专著《氐羌源流史》中说，"羌族起源于青海河曲、湟水及甘肃大夏河、洮河、渭河上游一带的高原草原，以放牧羊群为主要经济来源，也以羊为图腾，是炎帝神农氏姜姓的一个分支。""羌人部落繁多，主要分布在青、甘、藏、新、滇、川西、陕北、宁夏及黔西广大地区，故通常被称为西羌。"很显然，古羌人在这些地域的长期生活，为往后西南众多少数民族的形成、分化、自成一派创造了坚实的社会准备、生物准备和生产准备。

其次，我又看见了与前面定论相呼应的一种观点，涉及这个种族与其他民族的源流关系。著名的民族学家李绍明先生在其论著中说："多数学者认为古老的羌人与现今的藏缅语族各民族存在族源上的联系。现今的羌族是古代羌人的一支后裔，而古老羌人的众多支系已在历史长河中逐渐发展为现在的藏缅语族的各族。"也就是说，古羌人是中国西南各少数民族的共同的源头，包括现代羌族，都是这个古老庞大族群的分流、分支、分系。也就是说，现代羌族与依然活泼的周边的少数民族，有着同根共祖的兄弟姊妹的血脉关系，是左手右手十根连心的关系，而不是只知其一不知其二的父子关系，也不是水火不相容的矛盾关系，更不是颠倒伦理秩序的儿子比老子大的关系。但是，在古羌生物信息、文化符号、族群心理、行为模式、语言形态等方面的继承、延续、发变等方面，现代羌族的内涵更多倾向于遥远的古羌。对于这点，任何一个稍微明理的人都是可以比较轻易地想得通顺的。当然，不得不承认，我的陈述重点，更多地放在了西南这片灵山秀水之中了，如果稍微客观公正一点推开来说，与古羌有着儿孙关系的种族，在地理方位上，还可以是中国的中部、东部，甚至中南部。

第三，在现实中，西南地区有的少数民族主动承认自己是羌族（古羌）的后裔，譬如中国旅游热点——云南丽江，其大地上孕育、传承着东巴文化的纳西族，在旅游经济发展的今天，只要一听说游客中有羌族人，便主动拉着羌族人的手，亲热地说："我们是羌族人（古羌）的后代。"言语质朴而动情，叫人内心温热良久。再者，土家族，其当代人也毫不隐讳地说，"我们是古羌人的后代。"还有彝族人，也乐于承认自己是古羌人的后代。另外，还有炎帝，在其族源的认定上，绝大多数民族学家都毫不含糊地认同其人其族皆为古羌。《诗·大雅·生民》中歌唱周朝的始祖母为"姜嫄"，就明确传达了周朝的王族及其民众对于古羌的客观认定，由衷的感恩与歌颂。

第四，"羌"的最早出现，包括其创字本意，可以是一个种族，不然，中国最早的字典——《说文解字》中不会清晰地记载为："羌，西戎牧羊人也。从羊，从羊，羊亦声。"以羊为生产、生活的必需，以羊为族种延续的物质依存和以牧羊为主要的生产方式，因此，这个民族崇拜羊图腾也就在情理之中了。在东汉，文明发展已经进行了数千年，中央集权早已经完成，所以，将集权范围之外的西部，概而论之且不乏蔑称曰"西戎"，而在早先的《史记》记之曰"西羌"，足见在西汉时代，保守点说，汉室以西的地区，至少是以古羌人为强势主体部族的聚居区了。历史再往前推，殷商时期相对成熟规范的甲骨文，根据童恩正先生统计，有关河湟地区古羌人的词条多达305条，内容涉及"伐羌""出羌""获羌""用羌"，足见商朝与古羌之间的矛盾斗争是相当剧烈的，也不难看出当时"羌"的强大与好战给予商的威胁与侵扰，也是相当突出的。

诚然，上述部分已经比较客观地佐证了"羌"的种族性，而非地域性，但是，在中国历史，乃至世界历史上，以地区地名代替种群的事件也许并非没有。譬如因为受到西班牙女王支持的航航海家哥伦布的偏执，地球上才多出了这么一个"新大陆"——"西印度群岛"（后人了解事实真相后，为区别东半球亚洲的印度半岛而特意称呼的），同样多出了这样一个"新种族"——印第安人，美洲大陆上真正的土著居民。如此说来，我也基本同意部分学者提出的"羌"最早也许也有过泛指地域的说法，但在这里，需要特别强调的是，即使是这样，"羌"一旦与一定背景下的一个特定种族的社会含义发生了同一关联之后，近一点来说，从距今三千多年前的甲骨文时代开始，我们就可以客观地承认了，"羌"这个民族在另一个民族（商）典籍中是统一的称谓了，并在往后诸多的汉文典籍中有明确记载，是毋庸置疑的了。由此，今人也就不必要再度劳心费力，再次回到当初混沌不开的那个时代的多层称谓上去，否则，我们的认知世界将会再一次陷入混乱无序的境地。

岷江文化或江源文明的缔造者究竟是哪个民族？

关于岷江文化或江源文明这个事实，在历史上是客观存在的，它的悠远与光辉灿烂，与远在河南的同时代的"仰韶文化"是可以相提并论的。但是，在今天，在这里，我的旧事重提仿佛会让人觉得新鲜、另类、好玩。因为，如此正面的文化定位，相对来说并不普遍，也不光彩夺目，反而会给人以哗众取宠、故弄玄虚的坏印象。基于此，我不得不作如下独立的陈述，就教于读者、专家。

首先说说岷江。这是一条不容忽略的性情复杂的古老的江水。约在二三十亿年前，四川大部分地区还是汪洋一片。七千万年前，最后一次地壳运动——四川运动之后，岷江才从此劈开茫壮的岷山，将大量泥沙卵石带出上游，倾泻到四川盆地的西部，历经数千万年的地质沉积作用，形成宽广的岷江冲积扇（也就是后来沃野千里的成都平原），并且一路向南汇入长江。与众多母性的山河一样，这条江水同样满面红光地孕育出了属于自己的文化或文明，而且古老、宏大，影响深远。

其次是岷江文化。地球上人的出现，不过二百多万年的历史。在岷江上游的河谷地区，根据不断的考古发掘和研究，人类的活动已经相当频繁，足

201

迹相当广泛，文化发育也相当成熟。这个文化或文明的存在，已经有三个尤具规模和典型特征的遗址，做了实实在在的交相辉映的印证，那就是营盘山新石器时代文化遗址（茂县凤仪镇）、姜维城新石器时代文化遗址（汶川威州镇）、箭山寨新石器时代文化遗址（理县薛城镇）。从这三个地方的考古发掘清理中发现，旧石器时代（早、中、晚期）遗留下来的数量上万的物件，具有代表性的而且保存完好的有石球、石刀、石凿、石锛、石斧、陶丸、水晶球、玉珠、玉刀、玉环、骨针、骨锥、陶罐、陶碗等，包括人类活动遗留的积淀层、火塘、灰坑、踩踏面、烧窑点、聚居点等等都是如此清晰、生动、丰富和完好。令世人完全吃惊的，是在营盘山遗址发掘出了两具形态保持完整的人体骨架，其姿态的坚贞挺拔令人深深震撼，并在其下颌、脚踝处发现有对穿的小圆孔，如此的情状似乎在诉说着五六千年前这俩古人所遭受的不公正待遇，展现着自我身心的强悍和威武不屈的凛然豪情。这三个遗址，呈倒三角形分布在岷江上游的中心地带，在地理上南北往来，东西照应，共为一体，将文明的火光照亮整个岷江上游的山山水水。为了便于规范认知和准确流传，我按照习惯上文化的命名方式，将这一地区的文化遗存统称为"岷江文化"，与同时代的，如大汶口文化、仰韶文化等地域文化相区别，相比照，相联系，以期推动岷江上游这一文化宝藏的更加严谨、深入、科学的研究和更加广泛、持久、合理的传承。

这样看来，岷江文化的定位该是很安全，也准确了，怎么又多出一个"或江源文明"了？这又牵涉了与此相对应的另外一个文化定位——江源。

何为江源？它与岷江到底是什么关系呢？

这得从中国历史文化的渊源说起。早在明朝以前，人们对河流山川的认识已经较为丰富、客观了，但竟一直将岷江作为浩浩长江的主要源流，且以"江源"称之。江源者，长江之源头也，即岷江也。根据后来的考古发掘成果，江源文化的形态已经产生很久而且成熟这一历史真实，我便自然地沿用了这个历史术语——江源，因而"岷江文化"又可称为"江源文明"。此其一也。原因二，从岷江一以贯之的整个流域来看，"岷江文化"或"江源文明"的流布和更生，有着由上而下的顺流而行的传播（转移）特性。考古专家徐学书先生就曾经阐述过："岷江上游新石器文化的箭山寨类型是早期蜀文化主源的川西平原（成都平原）北部新石器时代的源。""而据考古发现，川西平原上的早期蜀文化遗存在文化渊源上同川西平原北部新石器文化之间有着明显的联系，以三星堆文化为代表的早期蜀文化主要是平原北部新石器文化的基础上发展起来的。"由此进一步判定，"岷江文化"或"江源文明"与后来的宝墩文化、三星堆文化、金沙文化在文化的承传上有着必然的无可更改的一脉关系。即便如此清晰，依然还有不少的专家、学者对此信心不足。

那么，岷江文化或江源文明的缔造者究竟是哪一个民族？是的，我知道，关于这个问题的回答，似乎整个世界都早已经踮起了脚尖，竖起了耳朵，在翘首等待着。至此，我才陡然想起一句俗话，初生牛犊不怕虎。仿佛是历史选取了我这个后生晚学，在这里暂且做一回文化上的牛犊吧。

旧石器时代，好早啊，五六千年前的历史了！关于那个时代的文字记忆，在中国，在世界很多国家都是空缺的了。今天的人们，生活在祖先们曾经与自然抗争相处的大地上，既是一个福分，又是多么自然，合乎规律的事情啊。想从今天文字典籍枯竭的情形下，仓促定义今天聚居族群就一定是那个时代种群的延续，好像有些武断，不太符合科学的精神。我说过，我是羌族人，至今依然生活在岷江上游的大地上，从感情和文化归宿上讲，是多么希望那种辉煌和荣光属于我们这些绵绵子孙。然而，我不能。如果有恨，我想先从秦王嬴政开始吧，他的"六王毕，四海一"而统一度量衡，本是顺应历史发展的大好事，但他的"焚书坑儒"叫多少后人的心灵四处流浪而找不到精神的家园。本来，文字记录在那个年代就少之又少，显得弥足珍贵，但是，嬴政的霸气和嬴政的意气，或者说嬴政时代的意气和霸气让曾经辉煌的远古族群身首异处，魂飞魄散了。所以，这些后来的儿孙们，尤其想通过多种努力来寻根，以期安妥已经漂泊了数千年之久的魂魄。

这样说来，客观存在的岷江文化或江源文明的缔造者，就一定不是羌族人（古羌）了吗？也不尽然。至今，一样坚贞和严谨的文化专家学者，依然令人尊敬地从多方寻找论据来证明古羌曾经的生活范畴、生产水平、社会形态的辐射面，早在新石器之前就已经囊括了整个的岷江上游、川西高原、青藏高原，乃至于横断山区、云贵高原。虽然，这样的努力，对于这个族群是一件近似于亡羊补牢的幸事，但是，毕竟，无论是从文化挖掘的角度，还是从人道关怀的角度，这些高贵的知识分子正以其优秀的文化品质和高尚的追求在感召着我们，引领着我们，让我们在深深景仰和获得沐浴的同时，提醒我们还应当加快自身文化涵养和文化探索的脚步。

《羌戈大战》中存留有多少重要的历史信号？

在我的成长经验中，十六年不间断的学校学习，加之所处家乡近一个世纪的追随大流，羌族的传统文化几乎只是零星地存留在我记忆的底层了，遥远而稀疏，真实又缥缈。因为工作和事业的需要，才开始自觉进入羌族历史文化的领域，修补这空缺的一课，乍一看去，羌族文化实在幽邃残破得可以。

《羌戈大战》是其中一部依然散发着现实热气的诵唱史诗，保存在羌族村寨的令人敬重的释比老人的心海里，陈述着岷江上游羌族人的历史渊源。但是，我挑剔的目光还在询问：《羌戈大战》到底存留有多少个重要的历史信号，并且真实？

那么，一起来看看，这部唱诵史诗所叙述的整体内容。

早先的羌族人在广袤的大草原上安居乐业，自由幸福地生活着。某一天，"魔兵"忽然从北边而来，烧杀抢掠，残害羌人，来势汹汹。抵挡不住，羌人只好边撤边转移，九支部落中的一支就来到川甘交界的"补尕山"，继续放牧生活。在此，首领阿巴白苟获得桦皮经书，里面用羌文记载着羌族历史文化。在记诵学习的同时，阿巴白苟掌握了诸如神事、军事、人事的本领。一时疏忽，经书竟被"白毛公山羊"啃吃。从此，经书失传。杀羊、绷羊皮鼓、击鼓诵经之习俗由此衍生。

可惜好景不长。"魔兵"并没有因此善罢甘休，再次前来骚扰侵袭。激战数日，这支羌人险遭覆没，万幸中却得到天神"木姐"的帮助，抛下三块白石化作三座大山，才将"魔兵"得以阻断。从此，也"与众羌绝远，不复交通。"

阿巴白苟继续率众前行，来到"热兹"水草地，地广、草绿、森林茂密、水清清，于是筑城修寨建家园，过上了心念已久的安宁生活。殊不知，在"热兹"边沿的"日补坝"（岷江上游的地名）上生活着的"戈基人"前来偷抢羌人的牛羊，次次得逞，次次量多。阿巴白苟与其论理，"戈基人"却蛮不讲理。双方交战，难分胜负。

恰逢此时，天神也在山野草场放牧神牛。"戈基人"也将神牛偷杀吃掉。天神木比塔很是生气，派人查询，终知是那蛮横、不敬神灵的"戈基人"所为，便在暗地里帮助羌人三败"戈基人"。第一次，羌人用木棍战败拿麻秆的"戈基人"，死伤不少。第二次，羌人用白石头战败拿大雪团的"戈基人"，死伤众多。第三次，羌人躲藏悬崖下的岩洞，诱导"戈基人"跳岩寻找乐园，死伤无数，剩下的"戈基人"也不知去向。阿巴白苟派九子率众深入"格溜地"，各自占尽大山沟谷。从此，这支从西北逃逸而来的羌人便聚居在岷江上游一带，修房造屋，且耕且牧，幸福快乐地生活到今天。

从整个内容来看，诵唱史诗《羌戈大战》歌唱了羌族人对于顽强的祖先迁徙定居的深情牢记，不忘创业的艰辛与执着，内心充满真切的感怀与感恩，情节简洁轻快，事件清晰明了，人物鲜明硬朗。这是居处在岷江上游的古羌的一支对于原初族群的一种动情的追思，仿佛一曲幽沉、铿锵的羌笛曲。

但是，我要探究的是史诗中的历史信号，重要的、真实的、数量确切的文化信息。这种较真的探索，多少有点考古的意味了。

既然是史诗，首先要弄清这个历史事件中的两个主体——羌人、戈基人。这是方位相对的两个族群——一是北方的羌人，一是南方的戈人，二者遥眺相对，彼此毫不相干。但是，因为北方频繁的征战，使得原聚居地的羌人遭到严重打击，其中这支辗转迁徙，血泪斑斑，印满长长征途。这一点，从历史的角度看，河湟地区的羌人被侵袭攻打应该是客观事实，因为在甲骨文中早有这样的记载——"伐羌""出羌"，"出"和"伐"都是征讨、侵占、功打的意思。也就是说，《羌戈大战》中关于羌人从北南迁、定居岷江上游的事件是真实可靠的。

第二，"魔兵"是谁？他们席卷而来的时间，准确地说，应该与中国历史的哪个朝代相呼应呢？毕竟，羌人所受到的"伐羌""出羌"，好像各个朝代都发生过。这真是个问题。商朝明确记载对待羌人的残酷和频繁征战，到了周朝反而被尊奉为远祖渊源。根据《后汉书·西羌传》的记载，初步推测《羌戈大战》的"魔兵"当为春秋战国时期的秦兵，因为从春秋到战国以来，诸侯各国群雄并起，难听周天子号令而各自征战。秦西征东战的历史是清晰的。而且，正因为秦与羌人聚居地紧紧毗邻，长期以来，为了逞强诸侯、消除后患，就对其进行过严厉的打击、驱逐和并吞，最终以更强大的军事力量，让青藏高地上生活了数千年的羌族受到彻底重创，从此，古老的族群开始被迫地向西、向南、向西南各地迁徙，当然，其中也有坚持留守下来的。《羌戈大战》记录的只是停留岷江上游的这一支。还有"或为牦牛种，越巂羌是也；或为白马种，广汉羌是也；或为参狼种，武都羌是也。"

第三，几个地名在地理上一串联，形成了一条自北向南的迁徙路线。大草原、补尕山、热兹水草地、日补坝、格溜地，这五个先后出现在史诗中的地名，根据羌语的翻译，这支羌人的迁移，应当是从甘南草原出发，翻过甘川交界的山脉，经过热尔大草原，来到岷山地区的松潘一带，随即顺岷江而下，在茂县地带开始与戈人交手，连续打败之后，自然进入到岷江上游各支脉的高山河谷之中，过着半农半牧的定居生活，直到今天。在笔者故乡有个古老的习俗，每年开春都要到遥远的草地（若尔盖一带）去购买牦牛，在释比老人的主持下进行祭拜，然后放生。这就是"还（huán）牦牛愿"。这个活动至少透视出，《羌戈大战》中羌人南迁的事实是有现实依据予以照应的。马长寿先生的《氐与羌》一书，对此也有认真的研究。

第四，在史诗《羌戈大战》中，我们清楚地看见了这支羌人的到来是费尽心血，排除了灭顶之灾之后而获得新生发展的。但是，令人遗憾的是，在阅读上总有一种"只见树木不见森林"的感受。为什么呢？因为这部史诗诵唱，忽视了更多更加宽阔的族群信息，只注重了今天的"我"的由来，而忘却了昨天的"我们"的记忆。所以，《羌戈大战》并非完整意义上的民族史诗，而当是民族史诗中的一个章节，是古羌这棵参天大树上的一个分枝而已。对于这点，我相信，更多的读者会认同我的主张，岷江上游的羌族不是古羌的浓缩，因而，也就没有十足的理由，从其当前的现状去窥看到这个族群曾经的古老幽深与辉煌灿烂，但是，不可否认的是，从现实的这个族群的社会基因出发，也能够寻觅到古羌融传给这支后裔的相对明显的一些特质。

第五，羌文经书的出现与丢失，依然是个谜。在史诗诵唱中，仿佛神来之笔，部落首领阿巴白苟在万般危急之际，得到民族经书，并将其内容牢记在心，旋即被风卷一般消失得干干净净，无影无踪。这种神话色彩浓郁的叙述，与后面天神木比塔、女神木姐的出现助羌的意义与作用有惊人的相似。既然是后人追忆自己的祖先，当以史实为重，文采与叙述方式次之。经书（天书）与天神在《羌戈大战》的来去自如，真让人有些头晕目眩。然而，这样的内容，这样的族群，这样的村庄，这样的老人，代代口耳相传，实在是匪夷所思啊。反过来，我想，如果没有经书的滋补，没有神灵的护佑，这支部落不就真的销声匿迹了吗？

第六，牧羊、杀羊、食羊是羌族（古羌，现代羌人）由来已久的生活和生产方式，《羌戈大战》中这个内容的唱诵与汉文典籍的记载是完全一致的。将山羊皮拿来绷成鼓面，用以敲击，伴奏阿巴白苟的诵唱，关于这点，史诗与现实又有了切实的交错、汇合。今天，击鼓诵经，成了释比文化的重要表现形式。岷江上游释比老人在唱诵经文的时候，离不了手中的鼓，少不得咚咚入韵的鼓声，这与史诗中当年阿巴白苟丢失经书之后，敲击羊皮鼓成了他获得记忆流淌的一个前奏和伴奏是完全相符合的。《羌戈大战》的神秘和真实，在这里得到了一次淋漓的体现。

第七，关于"戈基人"。其实，这是南迁的羌人对于先他在此生活的人的一种称呼，是羌语音译，意为野蛮人。那么，这种人到底是什么人呢？综合一些史料，相当一部分民族学专家认为，南迁羌人所蔑称的"戈基人"，其实是更加远古的羌族的一支，只是彼此之间少了往来，甚至断了几千年的联系。因此，彼此相见，互为陌生，互为寇敌。有人说，戈基人形体高大，力量强大，主要从事农业耕种。又有人说，戈基人就是窑人（尧人），形体矮小，面容萎靡，臀部长有短尾，行将死亡，尾巴干缩，自知将死而携带少量饮食于洞穴，封洞食尽而自毙，其洞曰"窑人洞"。近些年文物贩子猖獗，在笔者故乡常有发掘，获土陶碗碟若干。而"戈基人"埋葬的坟墓、皆石棺，规模庞大而且层叠有序。据考古研究，大都是从战国到西汉早期的墓葬。

第八，关于阿巴白苟。看得出来，阿巴白苟是《羌戈大战》这部史诗诵唱中的一个部落首领，是他带领了这支群落，完成了起死回生的战略大迁徙。今天的释比文化中，阿巴是晚辈释比对前辈释比的一个尊称。由此，我们反推着进入这部诵唱史诗，不难发现，其实，在这次族群被迫转移的整个过程中，完成整体的转移部署与具体指挥的人，不是一般的首领，而是传承着自身历史文化的释比老人。由此看来，加入适当的神性的内容也就不足为奇了。因为羌族自古以来，就是一个崇拜万物有灵的族群，即使延续到今天，依然不改这种特性。

第九，族群受难与迁徙。对于现存族群心理的遗传，更多的是悲怆、抑郁、宿命、认命。从安宁游牧到飞来横祸般的杀戮侵略，到一波三折的被动辗转，险遭灭顶之灾。这些苦难与惊恐，这些希冀与抗争，这些压制与忍辱负重，像风霜雨雪一般萦绕在这个族群的心灵深处，不得释放和解救，让族群的个体饱尝生之艰难。你听，那沉郁凄切的羌笛曲，到底是谁在呼天抢地地呜咽？你看，那些踢踏旋转的群体牵手的舞蹈，究竟是谁在穿越时空苦苦地徘徊？

啊，《羌戈大战》，是经血横飞的族群的苦难与一往无前的美好诗篇。无数个非同小可的历史信号，早已经无可更改地渗入了族群个体的生命深处，代代相袭，同样需要肝胆相照来用情地洗涤和慰藉。唯有洗涤的灵魂，才是历史长河中最宝贵的灵魂；唯有慰藉的生命，才是历史长河中最坚实的生命。这，就是我对《羌戈大战》中存留的最为重要的历史信息的一种正面解读。

白石崇拜与羌族的南迁是否有必然的联系？

随着社会的进步，物质生活的相应提高，精神文化需求的多样化，旅游经济得到了长足的发展，岷江上游这片古老而神秘的大地，也日渐掀开了其撩人心扉的面纱行走在世人的面前。羌族，作为上游山河中主体的族群，其苍凉幽邃、磅礴多姿的民族特性，像芬芳的花朵一样散发着幽幽的气息，吸引着一批批饶有情致的游客，这之中不乏令人仰止的鼎新文化的学者、专家和文学艺术家。

看见羌寨中家家户户的石头修砌的房屋上，赫然供放着三块雪山一样的白石，心中不免疑问，房顶之上乃高洁之处，其主墙顶面的中央位置摆放这些白石，该不会有什么特殊的含义吧？当然，这肯定有自己的讲究。

房顶供放白石头，是羌族这个民族灵物崇拜的一个体现。

我们知道，世界上任何一个古老的民族，在与比自己更加强大的自然界作抗争的时候，主观上为了征服、改造和利用大自然，然而在实际行为中却要表现出无与伦比的敬畏、感激和朝觐，因为那时自然界的威力实在是强大啊。从而，在人类的认知领域中，自然而然生发出了与客观自然界相并行的灵性自然界。万物有灵，多神崇拜，是这方面最为突出的文化结晶。绝大多数情况下，人类崇拜大自然，更多将心灵和目光投注到地球上的草木山川、江海湖泊。

羌族崇拜白石，除了人类共有的原始的社会心理而外，还有与自身族群的生产生活密切相连的一些客观缘由。

首先，很多人在接触这个族群的时候，会很自然地从其族人那里获得，根据释比的诵唱史诗《羌戈大战》，这些生活在岷江河谷的古老族群的后裔们，是从很遥远很遥远的北方的高地草原上下来的。因为遭受到"魔兵"的连续追杀，被仙女"木姐"救护，他们的祖先才得以逃离魔掌，继而在岷江河谷打败了土著的"戈基人"而在此繁衍生息的。其中，其祖先在与"戈基人"交锋的时候，就仰仗了白石，将手握白雪团的"戈基人"给击败了。为了铭记这一生死存亡的历史事件，感恩白石的神功，族群的人们就将富有神灵的白石头奉为佑族的伟大的神灵之一，村村寨寨、家家户户都把白石供奉在房顶上，祖先一样地崇拜和祭拜。

如此说来，白石崇拜就是羌族南迁之后才勃兴起来的？没有战略转移的族群南迁，也就没有这一极富民族个性的灵物崇拜？我认为也不尽然。

纵观羌族的发展历程，在《羌戈大战》中描述的这支羌族的迁徙定居之前，包括青藏高地、岷山地区、横断山区、云贵高原，甚至中南半岛一带，羌的生活生产范围是相当广大的，因为文字典籍这种记忆方式的空缺，加之后来以中原文化为中心的强势主体文化的形成和主宰，这些数千年、甚至上万年前极为宝贵的人类气息便随着时光的远去而烟消云散。也就是说，至今依然生存在岷江上游大地上的古羌的后裔，是在自身族群的演绎过程中，只是记住了其中"我"的段落，而从全面的"我们"来看就显得零星而且片面。同样，对于白石崇拜的认知和理解，单凭《羌戈大战》一种说法就以为一定不过如此，那未免会显得仓促，乃至肤浅了。

在定居岷江河谷之前，这个族群在地球上的文献记载，始于殷商的甲骨文，也即是说，到了所谓的甲骨文时代（距今三千多年前），古羌的身影和声音，才初步映入世人的眼帘，传入耳际，并且，在后来的，包括二十四史在内的历史记录中也是若有若无，断断续续，而且都是以"他者"的方式出现的。因此，对于像古羌这样幽深的民族的研讨与探索，学术态度应该是相当的考究，既不能人云亦云地说"单个""有"的存在，亦不能大而化之地讲"整体""无"的苍茫与缥缈。

在这个古老的族群记忆里，说实在的，在所谓的南迁之前，他们对周围的自然世界已经有了自己独到的理解和一系列特殊的交流方式。根据甲骨文和考古的发现来推断，羌族是一个早已经脱离了原始狩猎时代而进入了游牧定居时代的古老民族。他们早已经学会了驯养野物，牧养羊群，制作工具，修房造屋，衣食住行，也早已经抛弃了原始的茹毛饮血、觅洞而居的方式，其社会分工、社会结构和文化肌理已经形成。火的发现和利用，是推动族群发展和社会凝聚的其中的一个关键。那时，在进入游牧定居之前，羌人的祖先也已经熟练地掌握了使用白石取火的先进方法，即用两个雪白的石块相互敲击发出火花，继而点燃柴草，煮食、烧烤、温暖身心。这样朴素而简单的白石，给予那个时代的羌人，不仅仅是实际的火光与温暖，而且，在其敬畏自然的心灵深处，对白石灵性的膜拜也是根深蒂固，无以割舍了。在其族群的认知心理里，忘记对于白石的崇拜和感恩，等于放弃部族的团聚和族群的护卫，等于失去社会的依靠和生存的信念。这是白石崇拜最为根本的渊源，远远早于诵唱史诗《羌戈大战》。其实，仔细看来，不难发现，在《羌戈大战》中，在白石助羌战败戈人之前，白石崇拜就已经深入这个族群的血液中了。不是吗？羌人被"魔兵"不断追赶，在快要灭族的时候，是仙女"木姐"抛下三块白石变作三座大山阻绝"魔兵"才获得喘息逃生机会的。如果没有生活中对于白石的长期的认同与膜拜，谁会料想在这千钧一发之际"白石化山"的救命之举呢？三块白石，化作三尊神圣不可侵犯的神灵，被供奉在家居的最高处、灵性弥漫的房顶上，也就成了这个族群感恩和通灵天地以获得庇护的最佳方式。

至于《羌戈大战》中白石与白雪的对仗，是聪明稽滑的羌人与憨厚忠实的戈基人在战术上的较量。因为对于白石的颜色、形态、功能和作用的认识，在古羌的世界里相当深刻，运用也是游刃有余的了，而所谓的"戈基人"是一个不讲细节、注重豪气的族群，他们哪里会不知道石块的硬度与白雪的强度，在交战之际，羌人在技巧上占了先机，而"戈基人"并没有仔细推敲自己的作战罢了。试想，交战双方站在苍茫的雪地上，各自面前堆上一大堆的白雪和白石，谁会走上前去，先来验证一下"武器"的真伪？这是涉及生死存亡的民族大事，并非小儿的快乐游戏。谁曾料想，仓皇南逃的羌人经过战争的苦难之后，再次面对如此的劲敌，情非得已才施用这个小小伎俩来"智取"，终于获得一次死里逃生的胜利机会。这样的事件背景下，依然崇拜山水的羌人，对于白石的崇拜在过去的基础上更进一个心意，是再明显不过的了，而不当是白石崇拜的直接缘起。

再者，羌族自古就是一个尚白的民族，这种习俗至今依然盛行——白山羊祭祀，白麻布制衣，白灶灰画地敬神，白帕戴孝白衣守孝。在修房造屋、祭山、拜祖之前，释比老人引领众人选取一只硕壮彪悍的雪白山羊，干干净净，整整洁洁，漂漂亮亮，大大方方，恭恭敬敬地敬献给山神、水神、寨神、祖神和各方神灵，坦诚表白家族、村寨的祈求与感恩的心愿，婚丧嫁娶、衣食足性、播种收获、放牧饲养，不忘四方神灵的庇护和保佑。所以，在羌族人这里，白色是没有污秽的心灵虔诚的颜色，白色是物质与精神统一的美好的象征。鉴于历史以来的诸多功用，白石成了羌族人仰视和顶礼膜拜的高洁之物，永久地镶嵌在屋顶之上和族群的精神世界之中了。

（原载于《羌族文学》2020年第4期，总第111期）

后　记

《羌族文学》发展了三十余年，积累了许多有价值的文本，读者反馈也很热烈。编辑部经过认真商讨之后，组织力量进行选编。鉴于时间和精力等方面因素，只选择了其中"走进羌族"和"阅读与欣赏"这两个重要栏目，精选出具有典型性的文章，半年后终于编审成册。为保持原刊物风格和特色，我们把原栏目之名沿用为选本书名。

在再次编审中，我们还发现，这些文章中还是存在一些有待商榷和完善的地方，经过仔细阅读和认真修改，终于为读者奉献出品相更佳的这个读本。

这里，对下面五种情况作一个说明：

第一，有的原标题与内容不相称，有的标题过大，有的标题过于笼统，有的标题与内容不相映衬。为对作者和读者负责，我们做了忠于文本的标题修缮。

第二，关于羌、羌人、羌族、羌族人等概念的使用。我们认为，羌是大概念，羌族是小概念，二者有源流的关系；羌和羌族中的个体和群体，视其情况可分别称为羌人、羌族人。

第三，为规范建构羌族文化，统一将"三坛经"改为"三堂经"。

第四，有文章中对羌族地区某一地方的地理方位、空间分布等表达不准确，我们结合实际，做了相应的修改。

第五，关于羌语音译同，统一以"释比经典"中使用的为准。

我们认为，这个选本的出现，应该是一次很好的学术交流机会，是对于羌族历史文化和现实社会的考察、研究、认识的坦诚交谈。以文学为名的刊物出现这样的栏目，我们也觉得十分宝贵，希望有更多的同仁加入进来，共建多元一体的中华文化。

最后，我们要特别感谢西南民族大学文学院教授、博士生导师、《羌族文学》学术指导徐希平先生倾情为本书撰写序言。

编　者

2021 年 6 月